本文库获得厦门大学哲学社会科学繁荣计划项目
“中国发展道路的理论与实践研究”（2013-2017年）的资助

厦门大学马克思主义与中国发展研究文库

马克思无产阶级专政与民主之关系新论

刘洪刚 著

中国社会科学出版社

图书在版编目(CIP)数据

马克思无产阶级专政与民主之关系新论/刘洪刚著.—北京:中国社会科学出版社,2016.6
(厦门大学马克思主义与中国发展研究文库)
ISBN 978-7-5161-8348-9

Ⅰ.①马… Ⅱ.①刘… Ⅲ.①马克思主义—无产阶级专政—关系—民主—研究 Ⅳ.①A811.64

中国版本图书馆CIP数据核字(2016)第133283号

出 版 人 赵剑英
责任编辑 田 文
特约编辑 丁 云
责任校对 张爱华
责任印制 王 超

出 版 中国社会科学出版社
社 址 北京鼓楼西大街甲158号
邮 编 100720
网 址 http://www.csspw.cn
发 行 部 010-84083685
门 市 部 010-84029450
经 销 新华书店及其他书店

印 刷 北京君升印刷有限公司
装 订 廊坊市广阳区广增装订厂
版 次 2016年6月第1版
印 次 2016年6月第1次印刷

开 本 710×1000 1/16
印 张 17
字 数 269千字
定 价 65.00元

《马克思主义与中国发展研究文库》
编　委　会

主　　编　张　彦

副 主 编　白锡能

编委会成员　孔明安　石红梅　白锡能　冯　霞　冯颜利
朱冬亮　严书翰　苏　劲　李建发　吴宣恭
张　彦　张有奎　张艳涛　陈武元　陈振明
林东伟　庞　虎　胡培兆　贺东航　徐进功
徐梦秋　徐雅芬

马克思主义是引领中国发展的理论指南
（总序）

近代以来，面对中国“二千年未有之大变局”，种种迥异的思潮和主义粉墨登场，又纷纷黯然退去了，唯有马克思主义在复杂多变的国内外形势下成长壮大并取得最终胜利。这不是偶然因素造成的结果，而是具有历史必然性的社会发展规律之体现。在马克思主义的指引下，我国确立的社会主义基本制度为当代中国一切发展进步奠定了根本政治前提和制度基础，随之而来的社会主义建设道路探索为新的历史时期开创中国特色社会主义提供了宝贵经验、理论准备、物质基础，改革开放以来，我国成功开创并坚定不移地沿着中国特色社会主义道路前进，取得了史诗般的成就。在可以预见的今后很长时期内，马克思主义将是继续引领中国发展的理论指南。回望过去，展望未来，我们可以毫不夸张地说，不了解马克思主义，就不了解中国二十世纪以来的历史、现状和未来。

马克思主义的引领不是马克思主义的简单套用，而是要求我们必须把马克思主义与发展变化的时代特征和中国实际相结合，与时俱进，不断推进马克思主义的理论创新，从而使得马克思主义始终保持旺盛的生命活力。苏联解体的深刻教训之一就是把马克思主义教条化了。马克思主义经典作家反复强调，任何固守本本的思想都是要不得的，马克思主义基本原理的实际应用随时随地都要以当时的历史条件为转移。当然，修正主义以发展马克思主义的名义放弃马克思主义的基本立场和基本观点的做法是我们绝对不能同意的。

目前，中国特色社会主义现代化和中华民族的伟大复兴已经不是遥远的梦想，而是现实可期的事业。然而，我们必须充分估计到面临的困难和问题。如何加快完善社会主义市场经济体制和加快转变经济发展方式，如何坚持走中国特色社会主义政治发展道路和推进政治体制改革，如何扎实推进社会主义文化强国建设，如何在改善民生和创新管理中加强社会建设，如何大力推进生态文明建设等等，这些都需要我们从马克思主义的基本立场和基本观点出发给予理论的解答。

厦门大学《马克思主义与中国发展研究文库》基于马克思主义与中国的紧密联系，试图贡献自己绵薄的力量，深化马克思主义理论研究。《文库》的基本思路之要点在于：一是坚定的马克思主义立场。我们坚决反对种种否定马克思主义和要求埋葬马克思主义的错误观点，力求阐扬马克思主义的当代意义，为马克思主义的合法性辩护。二是强烈的创新意识。我们偏重于深入研究马克思主义经典文本并突破成见的创新之作，偏重于结合时代新特征新情况创造性地发展马克思主义的前沿研究。三是凸显中国问题。我们聚焦于中国新形势下的各种深层矛盾和话题，青睐于从马克思主义角度对中国问题的深入分析和研究。四是倡导“让马克思主义说中国话”。我们竭力避免食古不化和食洋不化的作品，始终不渝地追求具有中国特色、中国风格、中国气派的学术话语体系之佳作。

编者

2013 年 5 月

摘　　要

长期以来，无论是在西方学术界还是社会主义国家，无产阶级专政几乎都被理解为专制统治，区别只是对象的不同而已。对西方学者而言，马克思的无产阶级专政意味着对包括无产阶级的整个社会的专制统治；对社会主义者而言，马克思的无产阶级专政就是对敌对阶级和势力的专制统治。这是对马克思的极大误解。作为世界文明大道发展上产物，马克思的思想并没有离开人类民主政治发展的长河。本书旨在研究马克思无产阶级专政与民主之关系问题，重新认识马克思的无产阶级专政理论，以澄清国内外学术界对马克思的误解，并在此基础上辨别其中有价值的要素和具有时代局限性的内容，重新评价这一理论，推进马克思思想的学术研究。

本书围绕无产阶级专政与民主之关系这一中心问题，运用语言学政治学、比较研究和理论联系历史的方法，展开以下几方面的探讨：首先，分析了不同时空条件下民主与专政术语的内涵，梳理了马克思的民主与无产阶级专政概念，初步澄清二者之关系；其次，依据文本阐述了马克思无产阶级专政国家的制度构想，在制度层面阐明无产阶级专政与民主的内在本质联系。再次，全面比较了马克思无产阶级专政与代议制民主的异同，进一步阐明马克思无产阶级专政是一种什么样的民主。复次，考察了东西方社会主义的理论和实践及其与马克思无产阶级专政的关系，联系历史反思马克思无产阶级专政民主制度的逻辑自洽性和现实性问题。最后，回答了如何在新的时代条件下重新评价马克思的无产阶级专政理论，建设社会主义民主政治。

本书通过研究得出了如下主要观点：第一，马克思的无产阶级专政是一个三位一体的民主理论体系，无产阶级专政即无产阶级民主，既不是对整个社会的专制统治，也不仅仅是对敌对阶级的专制统治。在价值目标上，无产阶级专政是资本主义社会向共产主义社会过渡时期的国家形态，其价值目标是实现所有人的全面自由发展，这与民主的自由与平等价值诉求是一致的。在国家性质上，无产阶级专政是社会绝大多数人的政治统治，这与民主的人民统治内涵是一致的。在政治制度方面，无产阶级政治统治采用的是一套直接民主与间接民主相结合的有限集权民主制度体系，奉行人民主权、社会制约国家、集权和社会收回国家原则，其具体制度包括人民武装制度、议行合一的集权政府制度、代议制度、普选制度、社会勤务员制度和社会自治制度，其核心是要保证人民对国家及政治权力的控制。第二，无产阶级专政国家的有限集权民主制度体系是一个有机联系的整体，只有其中各个制度要素共同作用，才能真正实现人民的统治。苏联社会主义模式只是有选择地实行了立法权和行政权合一的集权政府体制，而没有相应的普选制度、社会勤务员制度和社会自治制度，因而不能有效防止权力的集中，最终导致无产阶级专政的变质。第三，马克思关于无产阶级专政的制度构想既有其经验依据，又有一些简单化理想化的成分。同时，这套制度设计在一定程度上忽视了代议制民主规范、限制和制约公共权力的积极作用，也缺少无产阶级专政下的政党制度规范。第四，尽管存在时代的局限性，但是这并不意味着马克思的无产阶级专政理论已经过时。恰恰相反，马克思的无产阶级专政作为一种新型民主理论，促进了人类民主思想的发展和民主政治实践的进步，在当今时代仍有重要的价值，是认识当今世界西方民主的理论武器和指导社会主义民主政治建设的理论指南。第五，现代社会主义国家，一方面要坚持马克思思想有价值的内容，即人的全面自由发展的价值目标，人民主权和人民自治的民主原则，国家权力的社会制约和人民监督理念，切实建设社会主义民主政治；另一方面要立足于时代，扬弃其中的理想化成分，批判地借鉴和吸收代议制民主的积极因素，构建符合本国国情的社会主义民主制度，保障和实现广大人民的民主权利。

关键词：马克思；无产阶级专政；民主

目　录

导　　论

一　问题的提出和选题意义

（一）问题的提出

专政和民主是一对很容易引起人们争论的概念。历史上，人们对这两个概念以及二者之间的关系有着多样的，甚至对立的理解。当今世界，民主已经成为具有普遍意义的政治价值和制度体系，民主化亦成为世界进步潮流；而专政，尤其是无产阶级专政，由于种种原因，却遭到了人们长期的误解和否定。西方自由主义学者往往把专政等同于专制独裁，把专政与民主截然对立起来。他们认为马克思的无产阶级专政理论是一种专制思想，如果付诸实践就会导致极权主义。卡尔·波普尔就认为同柏拉图和黑格尔一样，马克思也是民主的敌人，是专制主义的代表人物，马克思的一切政治理论“不仅是错误的，而且是致命的错误”①。在波普尔看来，“马克思主义政党的政策可以被描述为一种使工人怀疑民主的政策”②。虽然《共产党宣言》曾写道：“工人革命的第一步就是使无产阶级上升为统治阶级，争得民主”，但“只要它作为第一步被接受，那么，争得民主也会丧失”③。西方新自由主义代表人物哈耶克也指出：“一个真正的‘无产阶级专政’，即使形式上是民主的，如果它集中管理经济体系的话，可能会和任何专制政体所曾做的一样，完全

---

① ［英］卡尔·波普尔：《开放社会及其敌人》（第二卷），郑一明等译，中国社会科学出版社 1999 年版，第 193 页。

② 同上书，第 256 页。

③ 同上书，第 257 页。

破坏了个人自由。”[①] 对哈耶克而言，“社会主义从一开始便直截了当地具有独裁主义性质”[②]，社会主义苏联和东欧国家正是由于马克思理论的“原罪”，才会走向极权主义和专制独裁。

在社会主义阵营中，第二国际修正主义代表人物伯恩施坦从代议制民主立场出发，把民主定义为“不存在统治阶级”，即“一种社会状况的名称，在其中任何阶级都不能享有同整体对立的政治特权”[③]，批判和否定了马克思的无产阶级专政理论。他认为“马克思和恩格斯在创立他们的关于无产阶级专政的理论时，心目中是以法国革命的恐怖时期为典型例子的”[④]。无产阶级专政意味着无产阶级掌握政权而成为享有特权的统治阶级，实行恐怖和独裁统治。在伯恩施坦看来，马克思主张的无产阶级专政“属于低下的文化”，“是一种政治上的返祖现象”[⑤]，是一种过时的理论，已经和现代社会民主政治不相符合了，必须予以放弃。他说：“在社会民主党的代表在一切有可能的地方实践上都已经站在议会工作、比例人民代表制和人民立法（这一切都是同专政相矛盾）的立场上的这一时代，坚持无产阶级专政这一词句究竟是什么意思呢？这一词句今天已经如此过时，以致只有把专政一词的实际意义去掉并且赋予它随便什么削弱了的意义，才能使这一词句和现实相一致。”[⑥]

即使在社会主义国家，对无产阶级专政的传统认识也是把其理解为对少数敌对阶级和势力的镇压，有意识或无意识地把专政与民主对立起来，强调对人民实行民主，对敌人实行专政。在实践中，由于社会主义首先在经济文化相对落后的国家建立起来，现实的无产阶级专政还没有实现比资本主义更加美好的共产主义社会；以高度集权为特征的苏联社会主义模式使得无产阶级专政逐步走向了领袖的独裁专制，为苏联解体和东欧社会主义国家转向资本主义埋下了伏笔。当今的社会主义国家正

---

① ［英］弗里德里希·奥古斯特·哈耶克：《通往奴役之路》，王明毅等译，中国社会科学出版社 1997 年版，第 71 页。

② 同上书，第 29 页。

③ ［德］爱德华·伯恩施坦：《社会主义的前提和社会民主党的任务》，殷叙彝译，生活·读书·新知三联书店 1965 年版，第 189—190 页。

④ 同上书，第 149 页。

⑤ 同上书，第 195 页。

⑥ 同上。

在进行全方位的改革，但仍旧没有完全摆脱传统社会主义体制的束缚，面临着继续深化改革和建设社会主义民主政治的繁重任务。这在某种程度上也强化了人们把专政视为专制的认识。

然而，作为科学社会主义的创始人，马克思毕生都在为实现无产阶级和全人类的解放而努力奋斗。他创立了唯物主义历史观和剩余价值学说，证明了共产主义是实现所有人的自由的理想社会，无产阶级专政作为向共产主义过渡的国家形态是克服了资产阶级民主（即代议制民主）弊病的真正民主。马克思无产阶级专政理论与现实社会主义实践的矛盾和困境促使我们思考：什么是无产阶级专政？无产阶级专政与民主是什么关系？马克思的无产阶级专政理论与现实社会主义的无产阶级专政实践是什么关系？如何认识和评价无产阶级专政理论？要回答上述问题，我们需要从现时代出发，理性分析马克思关于无产阶级专政及民主的论述，重新检查无产阶级专政与民主的关系。

（二）选题意义

研究马克思的无产阶级专政与民主的关系，对于全面认识和反思马克思的政治思想，对于客观、批判地认识民主的理论与实践，对于深入认识社会主义国家无产阶级专政理论与实践及其民主政治建设，都具有重要的意义。

无产阶级专政理论是马克思政治思想的重要组成部分，尤其是马克思国家理论的核心理论。列宁就曾明确指出：“只有承认阶级斗争、同时也承认无产阶级专政的人，才是马克思主义者。”① 同时，无产阶级专政理论是建立在马克思对资本主义国家的批判、革命学说以及共产主义理论基础之上的。研究无产阶级专政与民主的关系，有助于完整、准确地理解马克思的理论体系和思想主题，有助于认识代议制民主理论的优点和不足，有助于认识无产阶级专政与民主的内在本质联系，构建社会主义民主理论。

研究马克思无产阶级专政与民主之关系，有助于廓清理论是非，澄清对马克思思想的误解。由于马克思阶级斗争理论和无产阶级专政学说的对抗色彩，以及20世纪的社会主义无产阶级专政实践出现过较为严

① 《列宁全集》第31卷，人民出版社1985年版，第32页。

重的错误，马克思这一理论遭到了人们的误解。国际共产主义运动内部出现了伯恩施坦与考茨基、卢森堡，以及列宁与考茨基的争论。原本信奉马克思主义的社会民主党也逐渐采取多元化的指导思想，放弃了马克思的无产阶级专政主张，接受了自由主义民主理念和制度。西方自由主义学者更是借助苏联社会主义实践把马克思的无产阶级专政理论歪曲为专制主义和极权主义，视马克思为民主的敌人。阐明马克思无产阶级专政与民主之间的真实关系，恢复这一学说的本来面目，有助于消除对马克思思想的种种误解，起到正本清源的作用。

现实的社会主义并不是建立在马克思所设想的高度发达的资本主义基础之上，但其核心的社会经济政治制度又是按照马克思的设想建立的。研究马克思无产阶级专政与民主关系，一方面，有助于理解当今社会主义国家的政治现状，以理性批判为武器，反思现实的无产阶级专政，推动社会主义国家的民主政治发展；另一方面，有助于总结无产阶级专政的历史经验和教训，结合当代世界民主政治发展的潮流，站在今天时代的高度客观评价马克思这一思想，为推进社会主义国家的民主政治建设提供理论支持。

二　国内外研究状况

（一）国外研究综述

国外对马克思无产阶级专政理论及其与民主关系的研究很早就已展开。在马克思的时代，巴枯宁、蒲鲁东、魏特林、拉萨尔等就与马克思（恩格斯）进行了思想争论。第二国际时期，伯恩施坦、考茨基、卢森堡和列宁等理论家对马克思的有关思想进行了争论，提出了许多有价值的见解。20 世纪 20 年代以来，马克思无产阶级专政理论受到更大的关注：以苏联为代表的社会主义国家继承了马克思对资本主义的批判，着重阐述了无产阶级专政的积极意义；西方自由主义学者则结合苏联模式展开了对马克思无产阶级专政理论的批判和反思；西方左翼学者和西方马克思主义者则试图理性反思和重构马克思的政治思想，以此来批判资本主义和苏联社会主义。

1. 马克思无产阶级专政理论

关于无产阶级专政概念。有学者认为马克思、恩格斯没有对无产阶级专政加以具体的说明，也未曾就无产阶级专政写过专题文章，他们没有关于无产阶级专政的学说，也没有形成系统的理论。[①]

多数学者认为马克思有关于无产阶级专政的学说，并形成了不同的见解。萨托利认为马克思的无产阶级专政不是一个国家，而是要以作为专政者的无产阶级去消灭国家，专政不过是革命的另一个说法。[②] 穆罕默德·塔巴克也指出马克思没有把无产阶级专政设想成一种国家形式，公社与国家是对立的。无产阶级专政的职能是承担社会改造的监督者角色，使政治和经济这两个领域处于无产阶级的直接统治之下，消灭私有制，消除劳动异化的条件。[③]

有学者提出了对立的观点，认为马克思的无产阶级专政是一种国家形态。美国学者 F. 凯恩认为，马克思的无产阶级专政是从现存的异化国家到国家消亡的第一个阶段，即社会主义阶段。但异化在无产阶级专政阶段是否已经克服这个问题上，马克思前后是不一致的，他对怎样能拥有不是凌驾于社会之上而又统治社会的国家没有作出清楚的回答。[④] 在埃尔斯特看来，无产阶级专政是从资本主义社会向共产主义社会转变的一个政治时期。专政在马克思的时代和他的著作中并不一定意味着与民主不一致，它包括了一种形式的超合法性，一种违反宪法的政治统治："无产阶级专政是以多数人的统治、超合法性、打碎国家机器和代表的可撤换性为特征的。"[⑤] 迈克·李维（Michael Levin）指出，马克思的无产阶级专政是由无产阶级革命产生的直到阶级差别消失的国家。国家权力将由无产阶级掌握，并成为其维护统治的工具。[⑥] 对达里尔·格拉瑟（Daryl Glaser）而言，马克思认为为了实现共产主义，在社会

---

① 参见［俄］尤·斯·诺沃帕申：《无产阶级专政的神话》，《国外社会科学》2005 年第 6 期。

② 参见［美］乔·萨托利：《民主新论》，冯克利、阎克文译，东方出版社 1998 年版，第 521—522 页。

③ 参见曲延明编写：《重新认识马克思的无产阶级专政理论》，《国外理论动态》2001 年第 5 期。

④ 参见［美］F. 凯恩：《异化和无产阶级专政》，《国外社会科学》1980 年第 11 期。

⑤ ［美］乔恩·埃尔斯特：《理解马克思》，何怀远等译，中国人民大学出版社 2008 年版，第 420 页。

⑥ Michael Levin, *Marx*, *Engels and Liberal Democracy*, New York: St. Martin's Press, 1989, p. 122.

革命之后有一个国家存在的社会主义过渡阶段，其任务是发展生产力和维护革命成果。①

关于无产阶级专政的制度设计。学者们关注的主要是无产阶级专政与巴黎公社的关系，形成了三种代表性观点。第一种观点认为巴黎公社即是无产阶级专政。例如穆罕默德·塔巴克认为，巴黎公社是无产阶级专政的一种形式，是工人阶级非官僚主义的、直接的政治组织，实现了政治权力非制度化。② 第二种观点认为无产阶级专政和巴黎公社是马克思设想的向共产主义过渡的两种不同模式。无产阶级专政是中央集权和独裁主义的，而巴黎公社则是分权和参与的。无产阶级专政更符合马克思、恩格斯的思想。③ 第三种观点认为马克思没有明确说明无产阶级专政国家的本质，以及它是否在社会主义开始消亡，无产阶级专政与巴黎公社之间的关系并不明确。马克思可能会倾向于列宁关于无产阶级专政的论述：对工人阶级及其同盟实行民主，对资产阶级和反对社会主义的阶级实行专制。④

布伦德（F. L. Blender）认为马克思没有准确地阐明无产阶级专政和向共产主义的过渡时期这两个概念。在马克思那里，存在两种对立的无产阶级专政模式：一种是民主的无产阶级专政，即无产阶级直接控制国家和生产过程；一种是集权的无产阶级专政，由无产阶级政党、官僚或技术专家控制国家，国家控制生产过程。⑤

2. 无产阶级专政与民主的关系

西方部分学者认为马克思的政治理论是一种专制思想，如果付诸实践必然导致专制主义和极权主义。在卡尔·波普尔看来，马克思是民主

---

① Daryl Glaser, "Marxism and Democracy", in Andrew Gramble, David Marsh and Tony Tant (eds.), Marxism and Social Science, London: Macmillan Press Ltd, 1999, pp. 239 – 258.

② 参见曲延明编写：《重新认识马克思的无产阶级专政理论》，《国外理论动态》2001年第5期。

③ Michael Levin, *Marx, Engels and Liberal Democracy*, New York: St. Martin's Press, 1989, pp. 122 – 129.

④ Daryl Glaser, "Marxism and Democracy", in Andrew Gramble, David Marsh and Tony Tant (eds.), Marxism and Social Science, London: Macmillan Press Ltd, 1999, pp. 239 – 258.

⑤ F. L. Blender: "*the Ambiguities of Marx's Concepts of* '*Proletarian Dictatorship*' *and* '*Transition to Communism*'", in Bob Jessop and Charlie Malcoln-Brown (eds.), Karl Marx's Social and Political Thought (Volume Ⅲ), London and New York: Routledge, 1990, pp. 355 – 383.

的敌人，是专制主义的代表人物，他的政治理论是错误的。马克思主义政党的政策是使工人怀疑民主，虽然《共产党宣言》指出“工人革命的第一步就是使无产阶级上升为统治阶级，争得民主”①。西方新自由主义代表人物哈耶克也指出：“一个真正的‘无产阶级专政’，即使形式上是民主的，如果它集中管理经济体系的话，可能会和任何专制政体所曾作的一样完全破坏个人自由”②，民主只是一种控制的幻梦。对哈耶克而言，“社会主义从一开始就具有独裁主义性质”③，苏联和东欧国家正是由于马克思理论的“原罪”，才会走向极权主义和专制独裁。美国实用主义学者悉尼·胡克也认为马克思所谓的民主只不过是一种“神话”，根本不可能实现，苏联将这种“神话”变成了法西斯的专政和血腥的统治。④ 齐格蒙德·克兰斯贝格认为马克思的根本思想是用暴力改造社会，而不是热衷于什么民主理论。马克思不能对自由、平等和民主的特性加以理论的阐明和叙述，不了解民主是一种使人民能根据自己的理想和价值观念来不断寻求最美好最公正的制度安排。⑤ 在社会主义者中，伯恩施坦从代议制民主的立场出发，认为马克思主张的无产阶级专政“属于低下的文化”，“是一种政治上的返祖现象”⑥，是过时的理论和主张，必须予以放弃。

有西方学者则针锋相对地指出马克思的无产阶级专政是一种民主模式。戴维·赫尔德把马克思关于无产阶级革命后的政治权力组织称为“政治的终结”。他认为马克思设想争取政治终结的斗争将经历社会主义和共产主义两个阶段。在社会主义阶段，即无产阶级专政时期，自由主义国家的权力组织将被实行直接或委托民主的“金字塔”结构的公

---

① 参见［英］卡尔·波普尔：《开放社会及其敌人》（第二卷），郑一明等译，中国社会科学出版社 1999 年版，第 256—257 页。

② ［英］弗里德里希·奥古斯特·哈耶克：《通往奴役之路》，王明毅等译，中国社会科学出版社 1997 年版，第 71 页。

③ 同上书，第 29 页。

④ 参见［美］悉尼·胡克：《理性、社会神话和民主》，金克等译，上海人民出版社 1965 年版，第 289 页。

⑤ 参见齐格蒙德·克兰斯贝格：《卡尔·马克思与民主》，《国外社会科学》1983 年第 3 期。

⑥ ［德］伯恩施坦：《社会主义的前提和社会民主党的任务》，殷叙彝译，生活·读书·新知三联书店 1965 年版，第 195 页。

社委员会政权组织取代，这是一种根本区别于自由主义民主的新型民主。委员会以人民的共同意志为依据行使立法权和行政权；所有委员会代表、政府人员、地方行政长官、法官由选民直接选举产生，受选民约束；最小的社区实行自治。在赫尔德看来，马克思的巴黎公社式的民主克服了自由主义民主的困境，即由于分权原则而导致的国家权力缺乏责任的根本缺陷。[①] 马斯泰罗内指出马克思阐述了巴黎公社是参与式民主制度的新政府形式，指出了打破占有者阶级统治特权的道路，公社的组织是实现自由的、联合的劳动的榜样。[②] 德雷珀（H. Draper）认为，在马克思、恩格斯那里，无产阶级专政就是无产阶级统治。在马克思的时代，专政并不意味着专制独裁，并不与民主相对立，往往被用来指称人民的大规模民主运动和集会。马克思所做的仅仅是把专政与阶级联系起来。[③]

在社会主义阵营中，第二国际思想家和活动家卢森堡认为马克思的无产阶级专政就是无产阶级民主。“无产阶级的历史任务在于，当它走向政权时，在资产阶级民主的位置上，创造出社会主义民主以代替之而不是取消一切民主，……社会主义民主不是别的，就是无产阶级专政。”[④] 卢森堡进一步指出：无产阶级专政“必须是阶级的事业，而不是少数领导人以阶级的名义实行的事业，这就是说，专政在每一步上就必须依靠群众的积极参与，必须直接处于群众的影响之下，必须接受公众的监督”[⑤]。第二国际的另一位思想家和活动家考茨基也批判了伯恩施坦等人的改良主义观点，并赞同卢森堡的观点，认为无产阶级专政不是一个人的专政，而是阶级专政，是无产阶级的统治。[⑥]

---

① 参见［英］戴维·赫尔德：《民主的模式》，燕继荣等译，中央编译出版社 2008 年版，第 126—136 页。

② ［意］萨尔沃·马斯泰罗内：《欧洲民主史：从孟德斯鸠到凯尔森》，黄光华译，社会科学文献出版社 1998 年版，第 185 页。

③ H. Draper: “*Marx and the Dictatorship of the Proletariat*”, in Bob Jessop and Charlie Malcolm-Brown (eds.), Karl Marx's Social and Political Thought (Volume Ⅲ), London and New York: Routledge, pp. 289 - 315.

④ 《国际共运史研究资料》第 4 期，人民出版社 1982 年版，第 45 页。

⑤ 同上书，第 46 页。

⑥ 参见［奥］考茨基：《无产阶级专政》，载于《考茨基言论》，生活·读书·新知三联书店 1966 年版，第 258—305 页。

在社会主义国家中，苏联和东欧社会主义国家领导人和学者对无产阶级专政与民主关系的论述和研究也很多。这些研究有学术层面的，但更多地受到了意识形态的影响，其代表人物有列宁、罗伊·麦德维杰夫和亚历山大洛夫等人。列宁继承了马克思分析资本主义民主的阶级方法，赞同马克思的无产阶级专政。列宁指出无产阶级民主要求的不仅仅是普选权，而是工人获得政权，打碎资本主义的国家机器，建立共产主义社会。列宁还高度评价了巴黎公社，认为巴黎公社是新兴无产阶级国家的雏形，巴黎公社的民主措施指明了无产阶级革命的目标。罗伊·麦德维杰夫的《社会主义民主》和亚历山大诺夫的《论苏维埃民主》围绕着社会主义与民主的关系，资产阶级民主的实质、社会主义民主的具体建设等问题展开讨论，他们基本上继承了列宁的观点。

3. 研究述评

总体来看，西方学者的研究主要表现为对马克思无产阶级专政理论的反思和重构。所谓反思就是在梳理有关文本的基础上，结合历史发展阐述马克思的思想的合理性和局限性。所谓重构就是试图把马克思思想与现实结合起来，建立一种符合时代和现实的理论。从研究方法看，西方学者运用了多种方法：部分学者通过文本重新解读马克思的无产阶级专政理论；部分学者从历史和比较的角度研究马克思无产阶级专政理论；部分学者从马克思思想总体出发阐述马克思无产阶级专政理论，反思马克思的思想的不足。从研究视角看，他们主要从思想史的视角论述马克思无产阶级专政理论及其与民主的关系，把马克思视为政治思想史上的一位重要思想家，持相对客观的立场。但也有部分学者从意识形态出发，全盘否定马克思的思想，缺少实事求是的学术态度。

社会主义阵营学者的研究主要表现为对马克思的无产阶级专政理论的辩护，即在批判资产阶级民主基础上，认为马克思的无产阶级专政是一种真正的民主，并以此来论证现实无产阶级专政的合理性。从研究方法看，虽然有比较严肃的学术研究，但也受到意识形态的影响。从研究视角看，主要是基于现实的需要来解读马克思的无产阶级专政理论，带有工具主义和教条主义的色彩。

（二）国内研究综述

改革开放以来，国内研究马克思的无产阶级专政理论及其与民主关系的文献很多。研究马克思政治思想、政治哲学和马克思主义政治学的著作，都会涉及这个论题。研究马克思主义无产阶级专政和民主理论的文献也会论及马克思的无产阶级专政与民主关系问题。直接研究马克思无产阶级专政和民主思想的文献也非常多。这些文献阐述了无产阶级专政的概念、性质、职能，无产阶级专政与民主的关系等问题。

1. 马克思无产阶级专政理论

学者们一般都认为无产阶级专政理论是马克思革命理论和国家学说的重要内容。有学者甚至认为这一理论是马克思学说的核心，是马克思在总结革命实践经验的基础上提出的纲领性口号，是一个完整的理论体系。①

关于无产阶级专政的概念。洪韵珊认为马克思、恩格斯没有对无产阶级专政的概念作出明确的阐述。② 徐育苗则指出马克思、恩格斯从国家的阶级内容（即国体）和历史地位两方面给无产阶级专政下过明确的定义。③ 在刘佩弦看来，国体角度的无产阶级专政是整个无产阶级的专政即无产阶级统治，是全体人民参加管理的国家，对无产阶级和广大民众实行民主、对少数剥削阶级实行专政。历史地位角度的无产阶级专政指的是共产主义的第一阶段（即社会主义阶段）向共产主义高级阶段的政治过渡时期。④ 但大多数学者认为无产阶级专政是由资本主义社会向共产主义社会转变的过渡时期。金雁和秦晖提出了第三种看法。他们认为马克思的无产阶级专政是在战争状态下以暴力对抗暴力的临时独裁，与专制概念是不同的。马克思、恩格斯是在专政的本意上使用这个概念，即专政是一种战时独裁，意味着民主的中断，与法治不容，但在

---

① 参见张震廷：《无产阶级专政理论在马克思学说中的地位——兼论亨特和德雷珀的“新观点”》，《复旦学报》（社会科学版）1982年第4期。

② 参见洪韵珊：《无产阶级专政学说的历史和现实》，四川省社会科学院出版社1983年版，第24页。

③ 参见徐育苗、李晓惠：《关于无产阶级专政理论的几个问题——与洪韵珊同志商榷》，《湖北大学学报》（哲学社会科学版）1986年第1期。

④ 参见刘佩弦、曾曼西：《关于过渡时期与无产阶级专政问题》，《教学与研究》1980年第1期。

革命后期不能再实行革命专政。①

关于马克思无产阶级专政理论的发展历程。学术界大致分为以下几个时期：1842—1848 年是无产阶级专政理论的萌芽、确立和形成时期；1848—1852 年是无产阶级专政理论的提出和系统阐述时期；1852—1883 年是无产阶级专政理论的科学论证和丰富发展时期；1883—1895 年是无产阶级专政理论的进一步发展时期。② 在无产阶级专政理论形成的标志上学界存在争论：第一种观点主张以 1848 年《共产党宣言》的发表为标志；第二种主张以《1848 年至 1850 年的法兰西阶级斗争》和 1852 年 3 月 5 日马克思给约·魏德迈的信为标志；第三种主张以 1871 年《法兰西内战》的发表为标志。③

关于无产阶级专政的制度设计。有学者认为马克思的无产阶级专政不是一种国家形式和官僚制度，而是巴黎公社模式。无产阶级专政打碎了资产阶级旧的国家机器，废除了官僚制和特权制。④ 但有学者指出巴黎公社不是无产阶级专政。⑤ 多数学者都认为无产阶级专政是一种新型的国家，即由国家向无国家过渡的半国家，无产阶级掌握国家政权，实行政治统治。⑥ 无产阶级专政实行共和政体在马克思、恩格斯的思想历程有三个阶段和三种形式：1848—1852 年的议会制共和国；1871 年的

---

① 参见秦晖：《专政、民主与所谓“恩格斯转变”——19 世纪后半期社会主义政治理念述评》，《炎黄春秋》2008 年第 1 期。金雁、秦晖：《“无产阶级专政”与“人民专制”——1848—1923 年间国际社会主义政治理念的演变》，《当代世界社会主义问题》2007 年第 3 期。

② 参见中国社会科学院哲学研究所：《无产阶级专政学说史（1842—1895）》，吉林人民出版社 1979 年版。洪韵珊：《无产阶级专政学说的历史和现实》，四川省社会科学院出版社 1983 年版，第 7—23 页。

③ 参见马积华：《马克思提出无产阶级专政学说的时间商榷》，《社会科学》1981 年第 2 期。

④ 参见李参：《无产阶级专政与工人自治政府》，《新疆大学学报》1981 年第 2 期。戴安良：《对马克思无产阶级专政理论的再认识》，《理论与改革》2006 年第 6 期。董德刚：《对无产阶级专政的新认识》，《理论视野》2009 年第 5 期。

⑤ 参见秦晖：《专政、民主与所谓“恩格斯转变”——19 世纪后半期社会主义政治理念述评》，《炎黄春秋》2008 年第 1 期。金雁、秦晖：《“无产阶级专政”与“人民专制”——1848—1923 年间国际社会主义政治理念的演变》，《当代世界社会主义问题》2007 年第 3 期。

⑥ 郁建兴：《马克思无产阶级专政和民主学说新论》，《毛泽东邓小平理论研究》2002 年第 1 期。

巴黎公社式共和国；1891—1894 年的民主共和国。[①]

关于无产阶级专政职能。无产阶级将通过公社组织成为社会改造的监督者，国家将执行监督经济向共产主义过渡的政治职能，使政治和经济两个领域都处于无产阶级直接统治之下。[②] 与此同时，无产阶级专政国家对少数剥削阶级实行镇压，维护无产阶级的政治统治。

2. 无产阶级专政与民主的关系

国内学者主要有两种观点：一种观点认为无产阶级专政理论是一种与民主对立的思想，无产阶级专政是一个必要的过渡性的政权形式。无产阶级需要利用它来保证无产阶级的统治，其目的是要消灭将多数人的劳动变为少数人的财富的阶级所有制，使个人所有制成为现实，从而实现国家和社会的合一，最终达到政治终结后的真正的民主。无产阶级民主就是对人民的民主，无产阶级专政就是对敌人的专政，是国家的两种不同的职能。[③] 另一种观点认为马克思的无产阶级专政就是无产阶级民主。郁建兴等认为马克思是在无产阶级作为最大多数人获得政治统治的意义上阐述了无产阶级专政概念。无产阶级专政是指无产阶级的统治，一种代表大多数人利益的政治权力，就是无产阶级民主。这是一个超越了资产阶级自由主义民主的新民主概念。[④]

3. 研究述评

国内学术界对马克思无产阶级专政理论有着相对系统的归纳和阐发，集中论述了马克思无产阶级专政的发展脉络、理论构成、历史地位

---

① 参见严家其：《国家分类和无产阶级专政国家的政体问题》，《国内哲学动态》1979 年第 11 期。华清：《马克思恩格斯关于无产阶级专政形式的思想》，《社会主义研究》1990 年第 2 期。

② 参见戴安良：《对马克思无产阶级专政理论的再认识》，《理论与改革》2006 年第 6 期。

③ 参见牟宗艳：《政治终结进程的民主——马克思的理想民主模式评析》，《当代世界与社会主义》2004 年第 2 期。

④ 参见张凯飞：《试论无产阶级专政的实质》，《学习与探索》1981 年第 1 期。王先胜：《无产阶级专政实质新说》，《湖南师范大学社会科学学报》1987 年第 1 期。郁建兴：《马克思与自由主义民主》，《哲学研究》2002 年第 3 期；《无产阶级专政和民主学说新论》，《毛泽东邓小平理论研究》2002 年第 1 期。贺然：《重新解读马克思的民主批判理论》，《湖北社会科学》2005 年第 7 期。孙永芬：《历史地透析马克思恩格斯的民主思想》，《科学社会主义》2008 年第 1 期。

等。学者们总体上对马克思无产阶级专政理论持肯定态度并为这一理论进行了辩护，认为它实现了对资产阶级民主的超越。从研究方法和视角看，国内学者主要是从马克思的文本入手，结合现实的需要阐发和归纳马克思的无产阶级专政理论。

国内学术界在研究马克思无产阶级专政理论中取得了积极的成果和进步，但仍然存在需要解决的问题。国内大多数研究基本上是建立在价值判断的基础上进行的，研究的基本思路是预先设定马克思思想的正确性，然后阅读、寻找有关文献予以证明。即使有一些争论，也是在总体认可马克思的前提下展开的。与此同时，对马克思无产阶级专政的研究也没有完全摆脱意识形态的束缚，带有工具主义的色彩。这就很难真正做到对马克思无产阶级专政理论进行学术研究。在研究方法上，国内学者主要是通过马克思文本的分析得出有关无产阶级专政的观点，没有进行批判性思考和比较分析。这样导致的后果是就马克思论马克思，或者为现实辩护而误解、曲解马克思。

任何思想家都会受到时代的局限，不会也不可能提出一劳永逸地解决所有问题的万灵理论，马克思也不例外。目前国内外学者对无产阶级专政的制度设计、无产阶级专政与代议制民主的关系还有待于深入的学术研究；关于无产阶级专政的内在自洽性和不足、无产阶级专政与巴黎公社的关系并没有达成共识，还存在较大的学术探讨空间。本书试图深入剖析马克思的无产阶级专政与民主的关系，结合历史发展以反思这一理论的合理成分和具有局限性的内容，得出新的认识，以求进一步推进对马克思思想的学术研究。

三 研究思路和研究方法

（一）研究思路

正确认识马克思无产阶级专政理论的核心问题是无产阶级专政与民主的关系问题，这构成了本书的研究对象。阶级是马克思思想的核心概念，在马克思的大部分著作中都充满了阶级分析，这是理解马克思无产阶级专政与民主关系的关键，这也是本书研究的基本线索。

马克思通过阶级分析不仅论证了无产阶级专政的必然性、过渡性和历史定位，而且阐述了无产阶级专政与民主的内在关联。在马克思看来，资本主义社会中资产阶级和无产阶级之间的阶级斗争必然导致无产阶级专政，这个专政是由资本主义向共产主义转变的过渡时期，其任务是保持无产阶级政权，进行社会改造，发展生产力，消灭阶级，为实现人类解放和真正的自由准备条件。马克思通过阶级分析批判了代议制民主的虚假性和异化的危险性，并在此基础上结合短暂的巴黎公社实践，建构了无产阶级专政的制度体系，以克服代议制民主的弊病，完成无产阶级实现人类解放的历史任务。

本书将围绕阶级这一线索从以下几方面展开对无产阶级专政与民主关系这一核心问题的探讨：首先，梳理马克思时代的民主与专政概念，在此基础上阐述马克思的无产阶级专政概念，初步展现无产阶级专政与民主的关系；其次，以马克思文本为依据，实事求是地呈现马克思对无产阶级专政的制度构想，在制度层面展示无产阶级专政与民主的关系；再次，通过与代议制民主的比较分析，进一步展示马克思无产阶级专政的民主属性；复次，结合马克思逝世后东西方社会主义实践，客观、全面地理解马克思无产阶级专政与现实的关系，反思马克思无产阶级专政理论的不足和缺陷；最后，探讨马克思无产阶级专政作为一种新型民主的当代价值以及如何在新的时代条件下发展马克思的思想。

（二）研究方法

1. 本书涉及的研究方法

（1）文本学和语言学政治学研究方法。本书从马克思论述阶级、专政与民主的著作出发，阐述作者所表达的本意。与此同时，马克思的思想还要结合语言学政治学中的语境来加以理解。语境“指的是构成历史上某一特定著作的意义背景的思想和文化环境，并且在一定意义上也包括其政治和社会经济环境”[①]。这种方法强调对不同时空条件下政治语言的具体把握，既注重同一套概念与语汇在不同条件下的不同含义，也注重不同表达方式可能具有相同的内涵。把这两种研究方法结合起来，我们可以更为准确地“确定作者在他的时代为他的读者写作的

---

① 唐士其：《西方政治思想史》（修订版），北京大学出版社2008年版，第610页。

时候实际上想表达什么"，"搞清楚作者本人复杂的意愿"。①

（2）比较研究方法。比较研究是理论分析最基本的方法之一，它"通过对各种事物或现象的对比，发现其共同点或不同点并由此结识其相互关系和相互区别的本质特征"②。本书通过马克思无产阶级专政与代议制民主理论和制度体系的比较分析，揭示出马克思思想与代议制民主理论的区别和联系，从而客观、全面认识马克思的无产阶级专政与民主的关系。

（3）理论联系历史的方法。理论是对历史抽象的客观描述，要全面地认识和评价一种理论，就需要联系历史来进行考察。马克思的无产阶级专政与现实有着紧密的联系。本书将联系社会主义国家的政治实践以及西方国家中社会民主党的理论主张，分析、评价马克思的无产阶级专政理论与政治现实的关系。

2. 本书涉及的相关理论

（1）马克思思想理论。无产阶级专政理论是马克思思想体系的一个重要内容，与其他理论有着紧密地联系。只有把无产阶级专政理论放入他的整个思想体系中，才能得到更好的理解。本书涉及马克思的理论主要有阶级理论、共产主义理论、国家理论和革命理论。

（2）政治学理论。专政与民主是政治学的重大理论问题，分析马克思的无产阶级专政与民主的关系，也涉及政治学有关理论，包括民主理论、政治权力理论、政治合法性理论、政府理论等。

四 逻辑结构

本书以阶级分析为基本线索，通过阐述无产阶级专政与民主的关系，力求客观评价马克思无产阶级专政理论，即在澄清误解的基础上，辨别其中有价值的内容和具有时代局限性的要素。本书由导论、正文（共五章）和结语三部分组成。

导论　简要分析了选题的提出和研究意义，国内外相关文献研究状

---

① ［美］约翰·冈内尔：《政治理论：传统与阐释》，王小山译，浙江人民出版社1988年版，第101页。

② 吴增基等：《现代社会调查方法》，上海人民出版社1998年版，第258页。

况，研究思路和方法、涉及的相关理论及本书的篇章结构。

第一章　较为详细地考察了本书涉及的几个基本概念，即民主、阶级、专政以及无产阶级专政。这一章将通过概念史的考察，厘清马克思的无产阶级专政和民主概念，揭示无产阶级专政概念的民主内涵，初步展现无产阶级专政与民主的关系。

第二章　依据马克思（恩格斯）的文本，展示了马克思关于无产阶级专政的制度构想。马克思在批判和继承代议制民主的基础上，依据巴黎公社实践经验构想了无产阶级专政的基本原则和制度体系。这一套制度体系包括人民武装制度、立法与行政合一的政府体制、普选制度、社会勤务员制度以及地方自治制度。本章将在制度层面展示马克思无产阶级专政与民主的关系。

第三章　比较分析了马克思无产阶级专政与代议制民主之间的异同，进一步阐明无产阶级专政与民主之间的内在关联。比较项目主要包括价值目标、经济基础、理论原则和制度设计四个方面。

第四章　从历史发展的角度审视马克思无产阶级专政理论的历史境遇，揭示马克思无产阶级专政与现实之间的关系。具体内容包括：第二国际思想家围绕马克思无产阶级专政理论和俄国十月革命的争论、西方社会民主党的理论和政策演变与马克思无产阶级专政理论在西方的历史命运；东方社会主义国家关于无产阶级专政的理论和实践，尤其是苏联无产阶级专政模式及其与马克思思想的关系。

第五章　站在现时代的高度，重新评价马克思的无产阶级专政理论。首先根据章节的内容，概述出马克思无产阶级专政作为民主理论体系的原貌，澄清对马克思的误解。其次，阐明无产阶级专政作为一种新型民主理论的积极价值和时代局限。

结语　将总结以上各章的主旨，概括马克思无产阶级专政与民主的关系，探讨如何在新的时代条件下继承和发展马克思的思想，推动社会主义国家民主政治建设。

第一章　基本概念的厘清

民主、阶级、专政是本书的基本概念，也是研究马克思无产阶级专政与民主关系的逻辑起点。这一章将运用语言学政治学的方法，考察民主和专政概念的历史嬗变，以及马克思的民主、阶级和无产阶级专政概念，初步回答马克思无产阶级专政与民主之关系。

第一节　民主概念的嬗变

民主（democracy）一词起源于古希腊语“demokratia”，其基本含义是人民（demos）的统治（kratos）。但正如戴维·赫尔德指出：“‘由人民来统治’（Rule by the people）看似一个语义明确的概念，但实际上并非如此。民主思想的历史十分复杂，而且，它以充满各种互相冲突的概念和广泛的分歧为特征。”① 什么是人民？什么是统治？人民如何来实现自己的统治？不同的人们对这几个基本问题的回答都是不同的，甚至是彼此对立的。民主的实践也非常复杂，出现了形形色色的民主模式，这也引起了对民主的不同认识。乔·萨托利更是直截了当地指出，当今时代是“民主观混乱的时代”，“民主的概念注定会产生混乱和歧义”②。从古希腊的最初实践，到中世纪的湮没，再经过近代的复兴和重构，及至20世纪的世界潮流，民主已经成为人们追求的普遍政治价值，这其中也伴随着民主内涵及其实现形式的变化。梳理民主理论和实

① ［英］戴维·赫尔德：《民主的模式》，燕继荣等译，中央编译出版社2008年版，第1页。

② ［意］乔·萨托利：《民主新论》，冯克利、阎克文译，东方出版社1998年版，第3、35页。

现形式的演变有助于我们理解马克思的民主概念。

一 古典民主概念

古希腊的城邦（polis），往往又被称为城市国家（city-state）或城市共和国（city-republic），是西方世界最早的国家形式。城邦最显著的特点就是小国寡民，它表示的是一个自治的公民共同体，是由城市加上周边地区构成的一个领土有限的区域，以城市为中心，整个领域内能够维持经济上的自立。[①] 城邦的成员由三个身份群体构成：奴隶、自由民和公民。正是在这里，希腊人创造了人类历史上最初的民主实践，使古希腊成了民主政治和民主理论的发源地，其中最为典型的是古代雅典的城邦民主。

古典民主由于其特殊的地理和历史条件而形成了特有的民主概念。从价值诉求来说，城邦实行民主政治是为了实现公民“善”的优良生活，即物质的富足、身体的健康和道德的完善。古希腊城邦相对于现代国家来说是所有成员紧密联系的小型社会，个人的命运与城邦息息相关。这样城邦成员就形成了一种整体主义的价值观，认为“人类自然是趋向于城邦生活的动物”[②]，个人要实现“善”的生活，就必须成为城邦的成员，过城邦的集体生活。这也就意味着城邦是一个有机共同体，是居于第一位的；个人是城邦的组成部分，是第二位的；个人只有融入城邦，为城邦作出积极贡献才能实现自身的价值。因此，公民的生命、财产和能力都不是私有的，而是属于城邦，集体主义和爱国精神是城邦公民非常自然的感情。

在这种集体主义和爱国精神的指引下，古希腊城邦产生了最初的古典民主实践。城邦以城市为中心，形成规模狭小的公民自治共同体。“在这些共同体中，交流比较容易，新闻传播很快，特殊的社会经济安排会产生直接的效果。”[③] 因此，城邦普遍都实行了直接民主制度，每

---

① Monges Herman Hansen, *The Athenian Democracy in the Age of Demosthenes: Structure, Principles and Ideology*, translated by J. A. Crook, Cambridge: Blackwell, 1991, p. 56.

② ［古希腊］亚里士多德：《政治学》，吴寿彭译，商务印书馆 1983 年版，第 7 页。

③ ［英］戴维·赫尔德：《民主的模式》，燕继荣等译，中央编译出版社 2008 年版，第 15 页。

个公民都享有直接参与和决定城邦事务的权利。这奠定了民主最基本的涵义——“人民统治”，即人民直接掌握政权，直接参与政治决策。当然，古希腊城邦的人民仅仅指的是城邦的公民，占城邦人口多数的奴隶和自由民被排除在外。在著名的《丧葬上的演说词》中，伯里克利描述了雅典的民主政治：“我们的政治制度之所以被称为民主政治，是因为政权掌握在全国人民手中，而不是掌握在少数人手中。解决私人争执的时候，每个人在法律上都是一律平等的；让一个人负担公职优先于他人的时候，所考虑的不是某一个特殊阶级的成员，而是他们的真正的才能。任何人，只要他能对国家有所贡献，绝对不会因为贫穷而在政治上湮没无闻。正因为我们的政治生活是自由而公开的，我们彼此间的日常生活也是这样的。……在我们私人生活中，我们是自由和宽恕的；但是在公家的事务中，我们遵守法律。……对于那些我们放在当权地位的人，我们服从；我们服从法律本身，特别是那些保护被压迫者的法律，那些虽未写成文字，但是违反了就算是公认的耻辱的法律。……在我们这里，每一个人所关心的，不仅是他自己的事务，而且也关心国家的事务：就是那些最忙于他们自己的事务的人，对于一般的政治也是很熟悉的——这是我们的特点：一个不关心政治的人，我们不是说他是一个注意自己事务的人，而说他根本没有事务。我们雅典人自己决定我们的政策，或者把决议提交适当的讨论；因为我们认为言论和行动间是没有矛盾的。”①

从这段演说词中，我们可以概括出古典直接民主的基本原则：公民主权、自由与平等原则、多数原则和法治原则。伯里克利描述的雅典是一个由公民直接参与政治并亲自作出决策的政治共同体，公民整体掌握着最高的决策权。公民视自己为城邦的组成部分，直接、持续地参与政治事务。在这样一个共同体中，公民享有政治自由和平等权利，财富和社会地位不会成为参与国家公共事务的任何障碍；公民可以在公共政策的讨论中自由和平等地发表自己的看法，并依据多数的原则进行决议；法律是公民和公职人员必须遵守的行为准则，也是解决争端的唯一

---

① ［古希腊］修昔底德：《伯罗奔尼撒战争史》，谢德风译，商务印书馆1960年版，第130—132页。

标准。

亚里士多德最早从学术上研究了古典民主。他指出雅典民主政治的本质特征是“平民群众必须具有最高权力；政事裁决于大多数人的意志，大多数人的意志就是正义”①，奉行自由与平等原则和法治原则。在亚里士多德看来，民主的自由与平等原则是紧密联系在一起的，自由以政治平等为基础。他说：“平民主义政体的精神为‘自由’，通常都说每一平民政体莫不以自由为其宗旨（目的），大家认为只有在平民政体中可以享受自由。自由的要领之一［体现于政治生活］为人人轮番当统治者和被统治者。平民性质的正义不主张按照功勋为准的平等而要求数字（数量）平等。……所谓‘平等’就是说全体公民人人相等；因此，在平民政体中，穷人既属于多数而多数决定一切，这样穷人就具有较高于富室的权利。……另外一个要领［体现于个人生活］为‘人生应任情而行，各如所愿’。平民主义者说，对照奴隶们的不得按照自己的意志生活，惟有这样才可算是自由人的生活。这是平民政体的第二个宗旨。根据这样的宗旨，人人不应该受任何人的统治，只是这样的自由事实上不能得到，于是遂有轮番为统治和被统治的政制。轮番制度对于以平等为基础的自由所作的贡献就是这样。”② 根据亚里士多德的观点，自由就是公民在政治生活中轮流做统治者和被统治者，以及公民在个人领域中按照自己的意志来生活。只有严格按照政治平等的原则即政治上的“数量的平等”，才能保证多数人的意志成为最高的权威，才能使公民轮流担任公职而成为统治者，才能实现政治领域和个人领域的自由。关于雅典城邦的法治原则，亚里士多德说在平民政体中，所有担任公职的公民的治理“完全以法律为依归”，因为“凡不能维持法律威信的城邦都不能说它已经建立了任何政体。法律应该在任何方面受到尊重而保持无上的权威，执政人员和公民团体只有在法律（通则）所不及的‘个别’事例上有所抉择，两者都不该侵犯法律”③。

为了更深入地理解古典民主的涵义，有必要简要考察雅典城邦的主

① ［古希腊］亚里士多德：《政治学》，吴寿彭译，商务印书馆 1983 年版，第 312 页。

② 同上书，第 311—312 页。

③ 同上书，第 190、191—192 页。

要政治制度、机构及其运行规则。[①] 公民大会是雅典的最高权力机关，所有年满20岁的雅典男性公民都可以自由参加，其法定人数（即正当或有效处理事务所要求的最低人数）为6000人。所有的重大问题，如国家的法律、财政、税收、流放以及外交事务等，都由公民大会决定。公民大会同时直接选举产生由十人组成的指挥军队的将军委员会，从而控制了雅典的军事力量。由于公民大会人数过于庞大，难以准备议事日程和起草法案，一个由年满30岁的雅典男性公民组成的500人议事会作为公民大会的预备机构和常设机构，提出各种议案，并在公民大会闭会期间负责城邦的日常事务。事实上，拥有500名成员的议事会也不可能每天都举行，因此又设立了由议事会的50名成员组成的主席团。每届主席团任期一个月左右，由抽签选出一位主席，任职一天，且不得连任。法院是在雅典政治制度中几乎与公民大会享有同等政治地位的机构。所有年满30岁的雅典男性公民都可以成为法院成员即所谓的陪审员。城邦每年选举产生6000名陪审员，经抽签分配到各行政区法院行使职权。每个法院通常为500人左右，对民事或刑事案件作出司法上的裁决。此外，法院还拥有制定法律的权力，在特殊情况下甚至可以推翻公民大会的决定。城邦的行政职能是由十人组成的执政官来执行，这些执政官由公民大会选举产生且任期较短。

这些民主理念和制度设计赋予了雅典民主区别于近现代民主的特征。正如亚里士多德所说："[在行政方面,] 有由全体公民从全体公民中选举官职的任用制度；又有全体挨次进行统治，也有挨次被统治的安排；又有抽签参加政治机构的规定，至少是那些无需经验和专长的政治机构可凭抽签轮番参加；又对于任官资格完全没有财产定额的限制，或仅订立极低的财产资格；还有这种成例，除了军务以外，一切职司个人都不得连任，如真有连任的必要，也只限于极少数的司职，偶然可以有一二次的例外；最后还有这样的规定，一切司职——至少是尽可能多的司职——的任期应该是短暂的。[在司法方面,] 有公众法庭制度，这

---

① 参见［古希腊］亚里士多德：《雅典政制》，日知、力野译，商务印书馆1959年版。［英］戴维·赫尔德：《民主的模式》，燕继荣等译，中央编译出版社2008年版，第20—23页。应克复等：《西方民主史》，中国社会科学出版社2003年版，第39—62页。

些法庭由全体公民或由全体公民中选出的人们组成，有权审判一切案件，至少大多数案件，包括那些最重大的案件，例如审查政务和财务报告、法制事项以及公私契约。［在议事方面，］有最高治权应属于公民大会的制度，一切政事或至少是军国大事必须由公民大会裁决；反之执政人员就应该完全没有主权，至少应该把他们的权力限制得很少很小。”①

雅典的古典直接民主使得全体雅典男性公民的统治成为现实。但作为最初形态的民主实践却显示了时代的局限性，遭到了当时思想家的批判和否定。首先，雅典人奉行整体主义价值观，认为每个公民都应该过城邦的政治生活，在城邦中成为自由与平等的人。与此同时，雅典人又相信凭借着自己的独立性和教育，参与城邦的公共生活，人人都能成为统治者而实现“善”的生活，即“一般人都具有天赋的政治才能”或者说“并不需要有严格的训练和丰富的专门知识才能对政治和社会问题作出明智的判断”②。因此，除了专业性强的军队将军由公民大会直接选举产生外，其他的公职都由通过抽签的方式来产生，以便每个公民享有同等的机会。这实际上忽视了国家治理需要专业知识和公正无私的品德。如果让缺乏政治知识或品德不良的人担任公职，不仅不能治理好国家，甚至会危害民主制度本身。苏格拉底就主张专家政治，指出治国是一门专门的知识，需要专门的训练。他尖锐地抨击了雅典的抽签产生公职人员的办法。他说：“用豆子拈阄的办法来选举国家的领导人是非常愚蠢的，没有人愿意用豆子拈阄来雇佣一个舵手或建筑师或吹笛子的人，……而在这些事情上如果做错了的话，其危害是要比在管理国务方面发生错误轻得多的。”③ 柏拉图也根据雅典经验批判了公民直接参与决策、忽视统治者的道德和知识技能的直接民主。在柏拉图看来，城邦是社会分工的产物，具有统治、保卫和生产三种职能。与此相应，城邦公民就分为由哲学家担任的统治者、军人担任的辅助者和农牧工商等生

① ［古希腊］亚里士多德：《政治学》，吴寿彭译，商务印书馆 1983 年版，第 312—313 页。

② ［美］乔治·霍兰·萨拜因：《政治学说史》（上册），盛葵阳、崔妙因译，商务印书馆 1986 年版，第 35 页。

③ ［古希腊］色诺芬：《回忆苏格拉底》，吴永泉译，商务印书馆 1986 年版，第 8 页。

产者三种角色。每个人因天赋才能的差别而适合不同的角色，三者各司其职，分工互助就实现了“善”的优良生活。但在民主制度中，民众往往以冲动、情绪和偏见来处理事务，没有专门知识来进行政治判断，他们所选出来的公务人员都是一些能言善辩的人，“只要他们转而从政时声称对人民一片好心，就都得到尊敬和荣誉”①。这些官员的目的就在于维持他们自己的荣誉和地位，因此默许民众的无理要求，把政治策略建立在民众的喜好之上。

其次，雅典民主导致了自由泛滥和极端的平等，违背了自由与平等的真义。柏拉图认为对自由和政治平等的崇尚是雅典民主的标志，也是导致其悲剧的根源。雅典的公民享有完全的自由，甚至是放纵的自由，以致可以为所欲为：“每个人都被准许想做什么就做什么”，“每个人都有自己的一套过日子的计划，爱怎么过就怎么过”②；“在这种国家里，如果你有资格掌权，你也完全可以不去掌权，如果你不愿意服从命令，你也可以完全不用服从，没有什么勉强你的。别人在作战，你也可以不上战场，别人要和平，如果你不喜欢，你也可以要求战争”③。雅典社会的平等也走向极端，“不加区别地把一种平等给予一切人，不管他们是不是平等者”④。在这种情况下，自由和政治平等的要求与维护权威、秩序和稳定是相互矛盾的，只会导致无政府状态。公民变得放纵，不服从法律，失去了节制的美德：“公民灵魂变得非常敏感，只要有谁稍加约束，他们就会觉得受不了，就要大发雷霆。到最后……他们真的不要任何人管了，连法律也不放在心上。”⑤ 在这种社会中，每个人都为了自己的利益而斗争，所有的人都以声称共同利益来追求一己私利。“无论在个人还是在国家方面，极端的自由其结果不可能变为别的，只能变成极端的奴役”⑥，导致民主的自我解体。

最后，雅典民主容易导致多数的暴政而走向专制。由于雅典的整体

---

① ［古希腊］柏拉图：《理想国》，郭斌和、张竹明译，商务印书馆 1986 年版，第 333 页。

② 同上书，第 331、332 页。

③ 同上书，第 332 页。

④ 同上书，第 333 页。

⑤ 同上书，第 341 页。

⑥ 同上书，第 342 页。

主义价值观和民主的多数原则，多数人的意见被绝对化和真理化，少数人的意见不仅不被保护，而且还受到排斥和打击。亚里士多德认为，极端民主就是一种专制，“在这种政体中，［以公民决议所宣布的］‘命令’就可以替代‘法律’”来裁决政事，民众就成为一位集体的君主。“这样的平民，他们为政既不以‘法律’为依归，就包含着专制君主的性质。这就会趋于专制。”[①] 这种极端的民主也容易被少数野心家利用，控制和操纵民众，形成实际上的专制统治。亚里士多德指出：“在这种平民政体中，好像在僭主政体中一样，政权实际上落在宠幸手里。‘平民领袖’们把一切事情招揽到公民大会，于是用群众的决议发布命令以代替法律的权威。一旦群众代表了治权，他们就代表了群众的意志；群众既然被他们所摆布，他们就站上了左右国政的地位。”[②] 在亚里士多德看来，这种极端民主导致的多数人对少数人的暴政，违背了正义的原则，即穷人不占富人的便宜，富人也不占穷人的便宜，治权“在数量上均衡地分配于全体公民”[③]，因为在这种政体中，作为大多数的穷人会侵犯少数富人的财富和权利。

通过上面对古典（雅典）直接民主理念、制度以及批评者的分析，我们可以看出古典民主的要义就在于：(1)民主首先意味着权力在民，即全体公民作为整体拥有最高的、不受限制的权力；公民享有自由和政治平等，其目的是为了实现城邦的“善”的生活；(2)民主意味着人民的统治，这种统治权由城邦公民亲自实行，即公民直接地、持续不断地参与决策和管理国家事务，消除了统治与被统治、管理与被管理、国家与社会之间的界限；(3)民主意味着公民参与不受限制的绝对自由和轮番为政的绝对平等理念；(4)民主意味着多数人的意见和少数人对多数人意志的无条件地服从。

二　近代代议制民主概念

雅典虽然创造了古典直接民主的佳话，但是在伯罗奔尼撒战争之

---

① ［古希腊］亚里士多德：《政治学》，吴寿彭译，商务印书馆 1983 年版，第 191 页。

② 同上。

③ 同上书，第 314 页。

后，开始走向衰败，公元前 338 年被马其顿所控制，失去了独立地位，古典民主也随之走向衰落。一旦离开了作为公民自治共同体的城邦和整体主义的观念，一旦政治不再是压倒一切的公共生活，一旦人不再被首先视为是一种政治动物，古典民主就失去了在现实世界的立足之地。民主的精神在漫长的中世纪默默无闻，民主也不为人们所熟知和热衷，尽管在中世纪的城市共和国实践了古典民主的权力在民和公民自治的思想。更为重要的是，亚里士多德的《政治学》在 13 世纪首次被翻译成拉丁文字时，民主是作为多数人统治政体的变态类型出现的，并与暴民政治联系在一起。这导致随后很长一段时期里，思想家们几乎都对民主怀有敌意。在他们看来，民主意味着无知的穷人的暴民统治。中世纪为城市共和国的辩护者，“基本上没有人把它们称之为‘民主’共和国，而且如果认为他们的政府是‘民主’政府，他们可能会感到不愉快”[①]。近代国家主权学说创始人法国思想家让·布丹认为，主权掌握在多数公民手里的国家就是民主国家，由多数人或全体人民行使权力的政体就是民主制。民主政体虽然合乎自然，但由于民众没有健全的判断力而不能作出正确的决定，因而是最坏的一种政体：“民众，这头千面怪兽，他们没有判断力，没有理性能力，他们怎么可能给出有益的建议？要他们提出好建议，无异于希望疯子变得聪明。”[②]

在思想启蒙的 17、18 世纪里，主流思想家的民主概念仍然是古典民主概念。他们认为民主就是平民直接参与决策，而没有把民主看作是一个具有正面意义的国家政体。近代启蒙—自由主义思想家在反对宗教神学对思想的垄断和君主对个人的专制统治中，提出了以个人主义为核心的自然法（自然权利）理论、社会契约论、人民主权论和自由学说。在他们看来，自由和财产权是人生而具有的天赋权利，个人是具有本源性的、居于第一位的实体，社会是个人为了实现其自由和利益而相互交往的结果，国家则是个人为了保护和实现其自由通过社会契约而建造的工具。在政治状态下，个人把自然权利转化为法律权利，国家则应该保

---

① ［英］戴维·赫尔德：《民主的模式》，燕继荣等译，中央编译出版社 2008 年版，第 41 页。

② Jennifer Tolbert Roberts, *Athens on Trial*: *The Antidemocratic Tradition in Western Thought*, Princeton: Princeton University Press, 1994, p. 8.

护并实现这些法律权利。但国家是人们不得已而为之的一种强制工具，集公共权力于一身，往往容易滥用权力侵害个人自由和利益。那么应该采用哪种政体来保障个人自由和权利，限制国家权力呢？显然，人民直接参与决策的民主政体不是最佳的选择。在 17、18 世纪的思想家看来，民主政体将导致无政府状态和多数人对少数人的专制统治，危害个人自由。即使为平等和民主极力辩护的卢梭也认为，真正能够实行民主的只能是那些面积很小、人口很少的国家。在那里，全体公民可以经常集会来进行政治讨论并做出政治决策。在卢梭看来，在现实国家中民主是不可能实现的，英国的代议制政府不能算是民主制度，因为即使所有的公民都参与选举并选出自己的代表进行立法，但是主权和公意是不能被代表的："正如主权是不能转让的，同理主权也是不能被代表的；主权本质上是由公意所构成的，而意志又是决不可以代表的，只能是同一个意志，或者是另一个意志，而决不可能有什么中间的东西。因此，人民的议员就不是，也不可能是人民的代表，他们只不过是人民的办事员罢了；他们并不能做出任何肯定的决策。凡是不曾为人民所亲自批准的法律，都是无效的；那根本就不是法律。英国人民……只有在选举国会议员的期间才是自由的；议员一旦选出之后，他们就是奴隶，他们就等于零了。"①

当时思想家们认可的理想政体是一种混合政体——共和制。一方面，这种共和政体使不同社会阶级之间共同享有权力，以平衡各方利益从而保持政治系统的稳定，以避免动乱状态。另一方面，这种共和政体实行分权制衡和法治，形成一种相对均衡的政治结构与政治生活，提供了切实可行的法律规范，有效地保障个人自由。17 世纪英国资产阶级革命建立的就是由君主和贵族分权制衡的君主立宪共和政体。18 世纪美国独立战争后建立的共和政治制度常常被视为近现代民主的典型。但美国开国元勋的本意却不是要实现全体人民参与决策的民主，而是建立一种由公众参与并保障公民个人自由的共和政府。美国政治思想家麦迪逊认为，"在民主政体下，人民汇合在一起，亲自管理政府；在共和政

① ［法］卢梭：《社会契约论》，何兆武译，商务印书馆 2003 年版，第 120—121 页。

府下，他们通过代表和代理人来组织和管理政府”。① 这种共和政府，不但实现了民主制中民众对政府的参与，还能防止民主制下占优势的大众利益对少数人利益的侵害，平衡了各方利益。

进入19世纪，随着资本主义商品经济的发展、近代民族国家的形成、启蒙思想的普及，资产阶级要求政治权利的斗争和底层群众要求平等的运动日益高涨，平等和民主开始成为一种新的世界潮流。19世纪的英国，工业革命促使社会结构发生了巨大的变化，资产阶级和无产阶级成长为社会两大基本阶级。代表贵族和大地主的统治阶级在资产阶级和无产阶级的强大压力下，经过1832年和1867年两次议会改革，逐渐扩大了普选权，使得选民总数大大增长。19世纪的法国，自由、平等和民主的理念逐步深入民心，统治阶级与民众展开了一场长期的复辟与反复辟、专制与自由、等级与平等的政治斗争。19世纪的美国，联邦制的实行既保持了国家的统一，又实现了地方自治，平等成为了人们生活中最为基本的原则。平等、民主与自由一样，在底层群众的推动下已经成为一种新的潮流和发展趋势。“从强调人在政治上的平等权利出发，一个必然的结论就是要求人民对政治进行平等的参与，这就成为民主主义的政治主张。”②

但平民统治仍然是当时保守主义思想家和统治者的民主想象，他们视民主为无知的平民获得政治平等权和选举权，参与并直接影响政治决策。在保守主义者那里，民主是一个贬义词和反动语汇，他们害怕民众获得自由和平等权利，认为这会破坏传统和现存社会秩序，使社会陷入混乱。被视为近代民主时代开端的法国大革命，就遭到了英国保守主义思想家柏克的批判。柏克明确反对社会契约论和自然权利理论，强调社会和国家是有机体，强调习俗、传统以及宗教在历史发展中的作用。他认为社会和国家不是由理性设计出来的，而是历史地成长出来的。据此，他反对人们根据抽象的价值观念进行革命以彻底消灭原有的社会传统，建立一套全新的制度的尝试。他把法国大革命说成是“世界上至

① ［美］汉密尔顿、杰伊、麦迪逊：《联邦党人文集》，程逢如等译，商务印书馆1980年版，第66页。

② 唐士其：《西方政治思想史》，北京大学出版社2008年版，第273页。

今最令人瞠目的革命”，革命导致了轻率与残暴，罪恶与疯狂相交织的反传统的混乱状况。在此基础上，柏克明确反对民主政治，认为现实中的人都是具体的，有差别的，甚至很多人无力管理自己，人民不能实行统治，社会必须由一个文明的有教养的阶级加以统治。在他看来，“完美的民主是……世界上最无耻的事”①，在民主政体下，每个人承担的责任太小了，使人们几乎感受不到责任的存在，统治者只知道向民众示好而忽视社会和国家责任。

一批自由主义者则逐渐意识到平等和民主已经成为时代潮流，开始从正面理解民主。他们试图把自由和民主结合起来，思考如何在现代国家的条件下既保障个人自由，又能实现多数人的政治参与，逐渐形成了近代的代议制民主概念。早在18世纪后期，作为法国大革命和美国独立战争捍卫者的潘恩，就回答了如何在现代国家条件下实现全民参与政治的民主问题。他第一个从理论上阐述了近代意义的民主观，一种与古典直接民主相对立的间接民主。在潘恩看来，国家领土的扩大和人口的增长已经使古代的简单民主制，即民众直接参与政治决策的民主制在现实中不可能实现。在批判英国代议制与君主制相结合的政府体制下，潘恩认为最好的政府就应该是代议制与民主制相结合的代议制民主政府。这是一种“能够容纳和联合一切不同利益和不同大小的领土与不同数量的人口的政府体制”，“是所有的政府形式中最容易理解和最适合的一种，并且马上可以把世袭制的愚昧和简单民主制的不便一扫而空”②。代议制民主“集中了社会各部分和整体的利益所必需的知识”，“不让知识和权力脱节，而且正如政府应当的那样，摆脱了一切个人的偶然性，因而比所谓的君主制优越”；“代议制把大量关于政府的知识普及全国，从而扫除了愚昧，杜绝了欺骗。在此基础上无法施展宫廷的鬼蜮伎俩。这里没有秘密；也无从产生秘密”。在代议制民主下，“每一个人都是政府的经管人，把了解政府情况看作是他的分内之事”③。为了实现代议制民主，潘恩主张普选制，实行一人一票的原则，反对为选举

---

① ［美］列奥·施特劳斯、［美］约瑟夫·克罗波西：《政治哲学史》（下），李天然等译，河北人民出版社1993年版，第827页。

② ［美］潘恩：《潘恩选集》，马清槐等译，商务印书馆1981年版，第246页。

③ 同上书，第246—250页。

权设置财产资格等限制。

19世纪法国自由主义思想家托克维尔对民主与平等的趋势作出了肯定性的评价。他说："人民生活中发生的各种事件，到处都在促进民主。所有的人，不管他们是自愿帮助民主获胜，还是无意之中为民主效劳；不管他们是自身为民主而奋斗，还是自称是民主的敌人，都为民主尽到了自己的力量。……身份平等的逐渐发展，是事所必至，天意使然。这种发展具有的主要特征是：它是普遍的和持久的，它每时每刻都能摆脱人力的阻挠，所有的事和所有的人都在帮助它前进。"① 在托克维尔看来，平等与民主有利于个人自由的实现："使人各自独立的平等，也使人养成只按自己的意志进行个人活动的习惯和爱好。人在与自己相等的人往来当中和作为个人的生活习惯而永远享有的这样完全独立，使人对一切权威投以不满的目光，并很快激起关于政治自由的思想和对于政治自由的爱好。因此，生活在这个时代的人，都沿着一种引导他们走向自由制度的自然趋势前进。"② 作为一位严谨的政治思想家，托克维尔不是去阻止平等与民主的实现，而是试图在深入研究民主的基础上克服民主化带来的社会问题。他对那些忽视这一潮流、试图复辟旧制度的思想家和政治家提出了警告："以为一个源远流长的社会运动能被一代人的努力所阻止，岂非愚蠢！认为已经推翻封建制度和打倒国王的民主会在资产者和有钱人面前退却，岂非异想！在民主已经成长得如此强大，而其敌对者已经变得如此软弱的今天，民主岂能止步不前！"③

但托克维尔也指出，"贵族制度有自我控制的能力，不会被一时的冲动所驱使。它有长远的计划，并善于在有利的时机使其实现"④；民主制则太注重眼前的利益，表现得急躁、肤浅和盲目。因此，民主制可能产生两种不好的倾向："一种倾向是使人们径自独立，并且可能使人们立即陷入无政府状态；另一种倾向是使人们沿着一条漫长的、隐而不

---

① ［法］托克维尔：《论美国的民主》（上卷），董果良译，商务印书馆1988年版，第7页。

② ［法］托克维尔：《论美国的民主》（下卷），董果良译，商务印书馆1988年版，第836页。

③ ［法］托克维尔：《论美国的民主》（上卷），董果良译，商务印书馆1988年版，第7页。

④ 同上书，第264页。

现的、但确实存在的道路走上被奴役的状态。”① 在第一种倾向下，“如果每个公民随着个人的日益软弱无力和最后不再能单枪匹马地保住自己的自由，并更加无法联合同胞去保护自由，那末，暴政必将随着平等的扩大而加强”②。在第二种倾向下，人们对公共事务的冷漠和不负责任可能葬送了民主制度本身，导致中央权力的增加而最终走向专制。托克维尔指出，要克服这两种倾向及其后果，必须培育适应民主的现代公民，使他们能够在追求个人自由的同时适度关注和参与公共事务。托克维尔给他的时代的统治者提出了建议：“在我们这一代，领导社会的人肩负的首要任务是：对民主加以引导；如有可能，重新唤起民主的宗教信仰；洁化民主的风尚；规制民主的行动；逐步以治世的科学取代民情的经验，以对民主的真正利益的认识代替其盲目的本能；使民主的政策适合时间和地点，并根据环境和人事修正政策。”③

19世纪另一位支持代议制民主的自由主义思想家是英国的密尔。与托克维尔一样，密尔也认为平等与民主业已成为商业经济发展的潮流和趋势之一，但他又担忧民主制可能导致的多数暴政，以及缺乏智慧的普通民众掌握政权可能导致对个人自由的侵犯。从功利主义立场出发，密尔认为实行代议制民主既可以适应平等的潮流和趋势，也可以避免其不良影响。在近代民族国家的范围内，实行直接民主制是不可能的，代议制政府就是最好的政府，有利于个人的利益和整体利益的最大化。一方面，代议制政府使得普通民众可以通过选举代表监督政府的行为，间接保护自己的权利，防止少数人利用手中的特权追求自身利益；另一方面，代议制民主也可以使人们依靠自身保护自己的权利，提高个人的尊严、独立性和自主意识，以及公共精神。但在密尔看来，代议制民主仍然存在着对自由的威胁：第一种威胁来自于“议会中的普遍无知和无能”④。代议制民主使得普通劳动者可能掌握政权，但由于他们没有足够的专门知识和杰出的智慧，难以正确地使用他们所掌握的权力。这不

---

① ［法］托克维尔：《论美国的民主》（下卷），董果良译，商务印书馆1988年版，第838页。

② 同上书，第635页。

③ 同上书，第8页。

④ ［英］J. S. 密尔：《代议制政府》，汪瑄等译，商务印书馆1982年版，第85页。

仅可能危害社会的整体利益，甚至连劳动者自身的利益也可能得不到实现，产生民主政府“被多疑而偏执的平庸精神所统治的危险”①。第二种威胁来自民主的多数原则以及由此可能导致的多数人暴政，即没有保护少数人的利益而侵害了个人的自由，导致个性的消灭，使社会失去了发展的动力，形成一个“停滞的共同体”。密尔认为“人与人之间的多样性，不仅是进步的一个原则，而且几乎是唯一的原则”②。

为了克服代议民主制的危险，密尔提出了他的解决办法：(1)为了防止多数人的暴政，保证个人自由，首先必须限制和约束多数人的权力，尤其是防止某一阶级在议会中占据支配的地位以形成阶级的立法，即“任何阶级，或者是任何可能联合起来的阶级的联合，都不应该在政府中发挥压倒一切的影响”③。其次，还必须奉行保护少数人的利益的原则，少数人也必须有自己的代表，“在一个真正的民主制国家里，每个部分或任何部分的人都会有其代表……就人对人来说，少数和多数一样将得到充分的代表权。要不是这样，就不是平等的政府，而是不平等和特权的政府，即人民的一部分统治其余的部分，就会有一部分人被剥夺他们在代表制中公平而平等的一份影响……民主制是声言以平等作为它的根底和基础的。”④ (2)为了防止政权中的普遍无知和无能，密尔提出用官僚制来弥补代议制政府的不足。在密尔看来，对公共事务的管理需要专门的知识和技能，应该让“需要技术的工作由有技术的人去做”，即让“管理工作掌握在职业官员的手中”⑤，实行官僚政治。“官僚政治的政府在某些重要方面处于大大有利的地位。它积累经验，经过反复试验和充分考虑而获得传统准则，以及为实际管理事务的人们准备适当的实际知识。”⑥ 当然，官僚政治也有自身的不足，由于只是根据例行的程序机械地运作，“总是倾向于腐儒政治”⑦；另外也往往造成内

---

① ［英］约翰·密尔：《密尔论民主与社会主义》，胡勇译，吉林出版集团有限责任公司2008年版，第135页。

② 同上书，第129页。

③ ［英］J. S. 密尔：《代议制政府》，汪瑄等译，商务印书馆1982年版，第98—99页。

④ 同上书，第102页。

⑤ 同上书，第91、88页。

⑥ 同上书，第89页。

⑦ 同上。

部的贪污腐败。因此，民选的议员就执行监督、控制和选择官僚的职能，把官僚制和代议制政府结合起来。其次，密尔提出为了防止议会中的无能和无知，必须在选举资格上有所限制，即没有文化和不能纳税的人不能获得选举权。他说："我认为任何不会读、写以及——我再加上——不会作普通算数的人参加选举是完全不能允许的"，"我认为领取教区救济应该绝对取消选举权资格是基本原则所要求的。……依靠社会其他成员维持生活，这人就放弃了在其他方面和他们具有同等权利的要求"①。

总体上来看，近代社会中民主的复活以及代议制民主的出现，已经从根本上改变了古典的由人民直接参与决策的民主概念。代议制民主是公民间接参与决策的保障个人自由的民主，是自由主义与民主主义在新的历史条件下的结合。具体来说，(1)古典民主意味着权力在民，即全体公民作为整体拥有最高的、不受限制的权力；近代代议制民主虽然宣称主权在民，但公民具有优先于社会和国家的第一性，是具有最根本意义的实体。(2)古典民主意味着这种统治权由全体公民亲自实行，公民直接地、持续不断地参与决策和管理国家，消除了统治与被统治、管理与被管理、国家与社会间的界限；近代代议制民主意味着统治权由人们选举的代表来行使，公民的政治参与在于选举自己的代表，政府的实际运作则交由拥有专业知识和技能的专家负责。(3)古典民主意味着公民参与不受限制的绝对自由和轮番为政的绝对平等理念；近代代议制民主则意味着民众参与的有限性，主要集中在选举上。(4)古典民主意味着多数人的意见和少数人对多数人意志的无条件地服从；近代代议制民主则强调对少数人的保护，以防止暴民政治。(5)古典民主追求的是一种集体主义的自由和平等；而近代代议制民主的价值目标是追求和保障个人自由和平等权利。

三　马克思的民主概念

19 世纪的代议制民主并没有达到成熟状态，自由和平等并没有得

① ［英］J. S. 密尔：《代议制政府》，汪瑄等译，商务印书馆 1982 年版，第 129、131 页。

到真正地实现。处于社会底层的广大工人阶级和其他劳动阶级没有真正的政治权利，法律规定的自由与平等没有改变他们受压迫和奴役的命运，事实上成为空洞的政治口号。社会底层的民主运动随着工人阶级的逐步成长而不断高涨，他们要求真正的平等权利。一批激进的思想家也提出了有别于代议制民主的激进直接民主概念。它以经济社会权利和自治为核心，以平等为价值取向，强调权力属于社会普通大众。这种直接民主的理论渊源要追溯到卢梭。卢梭论证了平等之于自由的重要性，以及民主之于平等的重要性，提出了人民主权的民主原则，描绘了全民直接参与决策的理想社会。卢梭把不平等视为人类社会一切邪恶的根源：正是人类的不平等导致了人对人的奴役而丧失了自由。因此，只有通过社会契约来重新恢复和实现平等，才能消除人为的政治不平等。"基本公约并没有摧毁自然的平等，反而是以道德的与法律的平等来代替自然所造成的人与人之间的身体上的不平等；从而，人们尽可以在力量上和才智上不平等，但是由于约定并且根据权利，他们却是人人平等的。"①民主对于平等来说，就如平等之于自由，只有在真正的民主制中才能实现真正的平等，才能实现真正的自由。虽然真正能够实行民主制的只能是那些面积很小的国家，但卢梭的人民主权却激起了人们对这种理想的直接民主的渴望——全体公民能够直接参与政治，进行决策，实现自我管理。

19 世纪上半叶，追求社会经济平等权利和自治的激进民主思潮的是批判资本主义的社会主义思潮，其代表是一批激进民主主义者和社会主义者。他们把人们的注意力从政治领域转向了社会领域，并试图通过创造新的社会民主组织来取代现存政治组织。这种新的社会组织将实现公民平等的经济社会权利，让公民联合起来组织生产，实行自治以克服当时的社会矛盾和危机。随着这些思想的传播，以追求经济和社会平等、自治为核心的社会主义思潮逐渐为工人阶级所接受，工人的结社运动在欧洲和北美迅速发展起来。"1836 年之后，人们越来越多地谈论到

① ［法］卢梭：《社会契约论》，何兆武译，商务印书馆 2003 年版，第 30 页。

由工人组建的、以维护自身权益为目的的那些团体。”[①]在英国，工人受到欧文思想的影响，开始结合起来形成自己的组织——工人协会（简称工会），为改善工作条件展开了争取经济社会权利运动。当时的工人逐渐意识到，“只要联合起来，就能向雇主要求工资、休息和自由的权利”[②]。与此同时，工会及其领导者认为“如果不提出政治民主问题，就不能想象在工厂中建立一种更民主的生活；必须使国家的各种政治力量也参与到社会改革的建议中来；工人阶级必须努力争取普选；民主改革应该得到工会的直接支持”[③]。英国著名的宪章运动就是在这种认识的推动下开始的，成为工人阶级争取经济和政治权利的民主运动。在欧洲大陆，结社运动在社会主义者及工人运动领袖的带领下迅速展开。在这些社会主义思想家和工人运动领袖看来，各种结社团体，尤其是工人阶级联合组织可以发挥社会功能，有效改善工人阶级的地位，成为一场真正的民主实验。正如马斯泰罗内指出：“这种社会革新的运动在欧洲得到扩展。在革命运动的浪潮下，看来很难反对结社的共同愿望；结社主义被视为一种文明生活的制度，结社团体可以成为民主生活的中心。”[④] 但在工人结社组织与国家的关系上，社会主义者之间出现了分歧。以拉萨尔为代表一批社会主义者认为应该使工人结社组织与国家合作，并通过结社运动来实现国家政治生活的民主化，建立自由国家。以蒲鲁东为代表的社会主义者反对依靠国家和中央集权，主张实行市镇自治和劳动者直接参与决策的联邦制。

尽管在自治组织与国家关系上存在分歧，但社会主义思潮及其影响下的工人运动，都把经济社会平等和自治视为民主的内在目标，把民主从政治领域引向经济社会领域。每一个结社团体都是独立自主的，奉行互助、平等和自治原则。在马志尼看来，社会主义者的结社是“彼此了解、彼此尊重的人们建立在一定基础之上的、自由的、自愿的结社，

---

① ［意］萨尔沃·马斯泰罗内：《欧洲政治思想史》，黄光华译，社会科学文献出版社1992年版，第306页。

② 同上书，第307页。

③ ［意］萨尔沃·马斯泰罗内：《欧洲民主史——从孟德斯鸠到凯尔森》，黄光华译，社会科学文献出版社1994年版，第95页。

④ 同上书，第114—115页。

这种结社不是强制性的，不是由政府当局强加的，这种结社团体是由你们的代表以充满兄弟情谊的共和制方式加以管理的，它不会屈从于国家的专制，不会屈从于随意组建的、无视你们需要和习惯的某个等级统治集团的专制"①。

作为科学社会主义创始人，马克思在界定民主时，批判地继承了卢梭和社会主义者的思想，阐述了"人民统治"的人民民主概念。在马克思看来，民主意味着人民的统治。全体人民是民主的主体，是国家权力的所有者和国家制度的创造者。人民民主是全体人民权利和意志的实现，人民民主制是普遍性和特殊性的统一。

在《黑格尔法哲学批判》中，马克思批判了黑格尔的君主主权论，肯定了人民主权论。马克思指出，黑格尔把君主规定为主权自身，这就使得人民被排斥在社会和国家之外。国家主权在本质上是人民主权，君主至多只是人民主权的代表和象征："如果君王，就其代表人民统一体来说，是主宰，那么他本人只是人民主权的代表、象征。人民主权不是凭借君王产生的，君王倒是凭借人民主权产生的。"② 在马克思看来，主权不可能有双重的存在，君主主权和人民主权是两个完全对立的概念。国家主权只能是"存在于人民身上的主权"，"那集中于君主身上的主权难道不是一种幻想吗?"③

人民主权意味着国家权力属于人民，即是说人民是国家及其制度的主体、创造者和目的，国家制度是人民自由的产物和实现。"马克思认为，在民主制中，宪政制度是人民自己的作品——人民自己的决定。在马克思设想的民主制中，社会中的个人不再与政治国家、公共领域和共同体的分离和疏远。"④ 人民民主意味着人民是国家权力的所有者，决定自己的国家制度，而国家制度体现了人民的意志，为人民服务。马克思指出："在民主制中，国家制度本身只表现为一种规定，即人民的自

---

① ［意］萨尔沃·马斯泰罗内：《欧洲政治思想史》，黄光华译，社会科学文献出版社1992年版，第345页。

② 《马克思恩格斯全集》第3卷，人民出版社2002年版，第37页。

③ 同上书，第38页。

④ Philip J. Kain, *Marx and Modern Political Theory*: *From Hobbes to Contemporary Feminism*, Lanham: Rowman & Littlefield, 1993, p. 168.

我规定。……在这里，国家制度不仅自在地，不仅就其本质来说，而且就其存在、就其现实性来说，也在不断地被引回到自己的现实的基础、现实的人、现实的人民，并被设定为人民自己的作品。国家制度在这里表现出它的本来面目，即人的自由产物。”①

马克思追求的人民民主不仅仅只是价值层面的人民主权和人民主体性，还需要在现实中通过具体的民主制度来实现。这意味着民主是一种国家制度，“民主制是国家制度的类”②。人民民主制是价值的普遍性和形式（具体民主制度）的特殊性的统一。人民民主制体现人民主权理念和人民主体性原则，是国家制度的最高形式，也是一切国家形式的最终归宿，具有价值普遍性。马克思说：“民主制对其他一切国家形式的关系，同基督教对其他一切宗教的关系是一样的。……民主制也是一样，它是一切国家制度的本质，……它对其他形式的国家制度的关系，同类对自己的各个种的关系是一样。”③ 人民民主制又有具体制度表现形式的特殊性，即在不同的国家、不同的民族和不同的时代，民主制表现为某种确定的、特定的政治制度形式。

马克思认为只有实现了价值普遍性和形式特殊性统一的民主制才是“真正的民主制”，才是真正的人民民主制。具体地说，在真正的民主制中，国家本身、政治制度和法律都是依据人民的意志来建构的，都只是“人民的自我规定”或“人民自己的作品”，服务于人民大众的利益。一位西方学者指出：“真正的民主制是这样一种情况，正式的制度不再是来自市民社会的抽象存在。相反，制度是由人们决定的，并渗透到他们的社会生活中……真正的民主制是人类超越社会和个人利益的政治化概念。”④ 按照马克思的逻辑，真正的民主制的实现意味着社会和政治国家的统一，人民真正成为国家和社会的主人，真实地实现了人民主权。政治国家的权力都回归到社会和全体人民手中，使国家制度成为

---

① 《马克思恩格斯全集》第3卷，人民出版社2002年版，第39—40页。

② 同上书，第39页。

③ 同上书，第40页。

④ Ira J. Cohen, *The Under emphasis of Democracy in Marx and Weber*, in Robert J. Antonio and Ronald M. Glassman eds., *A Weber-Marx Dialogue*, Kansas: University Press of Kansas, 1985, p. 277.

人民社会生活的一个组成部分和表现形式。这也就接近了马克思所追求的人类解放和自由人的联合体的理想社会，“在那里，每个人的自由发展是一切人的自由发展的条件”①。

马克思超越卢梭和社会主义者的关键就在于通过唯物史观提供的阶级分析和历史分析方法，剖析了民主的实质以及人民民主的实现途径。历史唯物主义认为，生产关系的总和构成整个社会的经济基础，制约着政治上层建筑和意识形态。这种作用机制是通过阶级来实现的。“在马克思看来，阶级是基本的社会集团，借助于它们的冲突，社会按照它在经济基础中的变化而发展。”② 国家以及国家政权就是占有生产资料的阶级为保护其利益而建立的暴力工具。恩格斯说：“国家并不是从来就有的。……在经济发展到一定阶段而必然使社会分裂为阶级时，国家就由于这种分裂而成为必要了。”③ 据此，马克思、恩格斯深刻剖析了资产阶级国家的本质：这种国家“不外是资产者为了在国内外相互保障各自的财产和利益所必然要采取的一种组织形式”④，“管理整个资产阶级的共同事务的委员会”⑤。议会虽然是以法律面前的平等和自由竞争为前提，但由于选举资格的限制，工人阶级和劳动者没有机会参与，被排除在议会之外。议会实际上是有产者的议会，而政府则成为资产阶级的代言人。在马克思看来，“现代工业的进步促使资本和劳动之间的阶级对立更为发展、扩大和深化。与此同步，国家政权在性质上也越来越变成了资本借以压迫劳动的全国政权，变成了为进行社会奴役而组织起来的社会力量，变成了阶级专制的机器”⑥。因此，“资产阶级口头上标榜是民主阶级，而实际上并不想成为民主阶级，它承认原则的正确性，但是从来不在实践中实现这种原则。”⑦ 也就是说，作为现代国家政权组织形式的代议制民主，实际上是虚幻的人民民主普遍性和实在的资产

① 《马克思恩格斯文集》第2卷，人民出版社2009年版，第53页。

② ［英］戴维·麦克莱伦：《马克思思想导论》（第三版），郑一明、陈喜贵译，中国人民大学出版社2008年版，第182页。

③ 《马克思恩格斯文集》第4卷，人民出版社2009年版，第193页。

④ 《马克思恩格斯文集》第1卷，人民出版社2009年版，第584页。

⑤ 《马克思恩格斯文集》第2卷，人民出版社2009年版，第33页。

⑥ 《马克思恩格斯文集》第3卷，人民出版社2009年版，第152页。

⑦ 《马克思恩格斯全集》第7卷，人民出版社1959年版，第589页。

阶级特殊性的统一。

这样，马克思、恩格斯就揭示资产阶级政治革命及代议制民主的局限性。他们更进一步提出要超越政治解放以实现人类解放和真正的自由，建立自由人的联合体。而实现人类解放的目标，关键就在于建立新的社会基础，其中最核心的就是消灭私有财产和私有制，并改造与之相适应的国家制度和意识形态。因此，马克思批判了那些试图在资产阶级政治民主制度框架下来实现社会改造、建立美好理想社会的各种社会主义的主张，同时也批判了那些试图推翻资产阶级政权后就实行无政府的、反对一切权威的社会主义者。在马克思看来，“权利决不能超出社会的经济结构以及由经济结构制约的社会的文化发展”①。资产阶级的权利体系不会因为资产阶级统治被推翻而立即消失，还需要一个革命的转变时期。在这个时期，无产阶级掌握国家政权，建立真正的民主制度。无产阶级民主将实现人民主权和人民的主体性地位，在经济社会领域改造和消灭私有制，建立社会所有制，为最终实现真正的自由和平等创造条件。

第二节 阶级、专政与无产阶级专政

无论是阶级、专政还是无产阶级专政概念，都不是马克思的首创。马克思在批判地继承这些概念的基础上赋予其新的内涵。从当时的民主理论和现实来看，马克思的无产阶级专政意味着无产阶级统治，是一种比代议制民主更为激进的新型民主。在马克思看来，无产阶级专政将是实现了自己的人民民主的政治形式。

一 马克思的阶级与无产阶级概念

（一）马克思的阶级概念

阶级是马克思思想体系的核心概念②，是理解马克思思想的钥匙，

① 《马克思恩格斯文集》第3卷，人民出版社2009年版，第435页。

② ［法］雷蒙·阿隆：《阶级斗争：工业社会新讲》，周以光译，译林出版社2003年版，第14页。

在他的主要著作中都充满了阶级分析。但是马克思（包括恩格斯）并没有明确阐述阶级概念。《资本论》第3卷名为“阶级”的一章表明马克思将对阶级进行系统的阐述，但是草稿仅仅进行了一页就停止了。不过从马克思（恩格斯）关于人类历史的阶级分析，尤其是对当时主要资本主义国家社会阶级状况的剖析，我们可以得出马克思阶级概念的基本内涵。

在马克思的论述中，阶级首先是一个具有经济性质的历史概念。要对阶级作出准确的把握，就需要到作为经济基础的生产领域中去寻找：“生产以及随生产而来的产品交换是一切社会制度的基础；在每个历史地出现的社会中，产品分配以及和它相伴随的社会之划分为阶级或等级，是由生产什么、怎样生产以及怎样交换产品来决定的。”① 在马克思看来，无论是阶级的产生、划分，还是阶级之间的对抗以及阶级最后的消亡，都是与经济基础紧密联系在一起的。也就是说，阶级以及阶级之间的相互关系是受到经济条件的制约的。在《道德化的批判和批判化的道德》一文中，马克思指出，全部阶级是“以不依自己意志为转移的经济条件做为存在的基础并因这些条件而彼此处于极尖锐的对抗中”②。在同一文中分析资产阶级社会的经济关系时，马克思阐述了阶级与私有制、生产关系的联系：“私有制不是一种简单的关系，也绝不是什么抽象概念或原理，而是资产阶级生产关系的总和”，而“所有这些资产阶级生产关系都是阶级关系”③。在1848年11月评论巴黎《改革报》时，马克思明确指出：“阶级对立是建立在经济基础上的，是建立在迄今存在的物质生产方式和由这种方式所决定的交换关系上的。”④ 在《共产党宣言》中，马克思、恩格斯指出：“现代资产阶级本身是一个长期发展过程的产物，是生产方式和交换方式的一系列变革的产物。”⑤ 无产阶级将在历史进程中推翻资产阶级的统治，消灭旧的生产关系从而消灭阶级对立的存在条件和阶级本身存在的条件，实现无阶级

---

① 《马克思恩格斯文集》第9卷，人民出版社2009年版，第283—284页。
② 《马克思恩格斯全集》第4卷，人民出版社1958年版，第344页。
③ 同上书，第352页。
④ 《马克思恩格斯全集》第5卷，人民出版社1958年版，第533页。
⑤ 《马克思恩格斯文集》第2卷，人民出版社2009年版，第33页。

的自由人联合体社会。1852 年 3 月 5 日，马克思在给魏德迈的信中再次说明了阶级与经济之间的关系：“阶级的存在仅仅同生产发展的一定历史阶段相联系。”① 在《社会主义从空想到科学的发展》中，恩格斯也指出，社会中相互斗争的社会阶级“在任何时候都是生产关系和交换关系的产物，一句话，都是自己时代的经济关系的产物”②。

根据马克思、恩格斯的论述，他们在两个层面上分析了阶级概念：一是从一般意义上的阶级产生、发展和消亡：阶级的产生是建立在生产力和分工发展到一定阶段——产生私有制的基础之上的，其消亡也随着生产力到达高度发达和消灭私有制时而消亡；二是人类进入阶级社会以后，每一特定社会中阶级的产生是基于该社会中的生产方式和分工情况，阶级形成和划分最根本的依据是人们在某一种生产方式中所占据的地位。人们在生产方式中所具有的不同地位，尤其在生产体系中的不同地位，决定了他们与社会其他群体之间不同的根本利益，由此产生了不同观念和阶级意识而形成不同的阶级。具体来说，作为社会集团的阶级是在某一种生产方式和生产过程中具有相同地位和作用因而具有客观相同利益的社会成员，是一种客观存在的经济现象。在阶级社会中，个人客观来说也是隶属于某一个社会阶级的。马克思、恩格斯说：“某一阶级的个人所结成的、受他们反对另一阶级的那种共同利益所制约的社会关系，总是构成这样一种集体，而个人……只是由于他们还处在本阶级的生存条件下才隶属于这个集体；他们不是作为个人而是作为阶级的成员处于这种社会关系中的。”③

如果说马克思通过人们在社会生产方式中所占据的地位来界定阶级是一种客观经济现象，那么在一些场合，马克思的阶级概念还蕴含着一个主观的思想因素和政治因素，那就是阶级意识和阶级组织。在马克思看来，只有具备了阶级意识的阶级才能是一个真正的具有行动力的阶级，即“自为”阶级。正如奥索斯基所言，“采用经济标准为基础的阶级概念时，马克思有时引入心理的标准来对此概念的范围加以限定。符

① 《马克思恩格斯文集》第 10 卷，人民出版社 2009 年版，第 106 页。

② 《马克思恩格斯文集》第 3 卷，人民出版社 2009 年版，第 544 页。

③ 《马克思恩格斯全集》第 3 卷，人民出版社 1960 年版，第 84 页。

合社会阶级的经济条件的人群，只有在他的成员被阶级意识、被共同利益的意识、被引发共同的阶级对抗的心理边界，联系起来才能成为完整意义上的阶级。”[①] 所谓阶级意识就是阶级及其成员意识到自身是一个具有与其他社会集团不同的共同利益的社会集团，并且为了维护和实现本集团的理想而组织起来作为一个共同体而愿意进行一致的行动。在《路易·波拿巴的雾月十八日》中，马克思对法国农民的描述最为清楚地表明了这一思想。马克思说：“数百万家庭的经济生活条件使他们的生活方式、利益和教育程度与其他阶级的生活方式、利益和教育程度各不相同并互相敌对，就这一点而言，他们是一个阶级。而各个小农彼此间只存在地域的联系，他们利益的同一性并不使他们彼此间形成共同关系，形成全国性的联系，形成政治组织，就这一点而言，他们又不是一个阶级。”[②] 在马克思看来，阶级除了作为一客观的经济社会集团外，还应该具有自己的阶级意识和政治组织，产生“阶级的政治代表和著作界代表”[③]。阶级要从自然阶级向自为阶级的转变，还要在阶级意识的指导下建立阶级的组织，以使阶级成员之间形成普遍的联系，以便于作为一个整体为了自身利益而积极行动起来。这正如麦克莱伦所言：“一个阶级只有当它意识到自身时才存在，这永远预示着对另一个社会集团的共同敌视。一个阶级总是视自身的利益与其他集团的利益为对立的，并必须在政治上组织起来反对它们。”[④]

还需要指出的一点是，马克思有时使用阶级这个概念指的是某一阶级内部的派别，具有阶层的含义。麦克莱伦指出：“不仅随着他的思想的发展，而且甚至在同一时期，马克思的阶级定义也似乎极其不同。马克思经常把这一词汇——按照他的时代的共同用法——用作派别或集团的同义语。”[⑤] 在《共产党宣言》中，马克思认为资产阶级虽然有共同的利益，但由于他们在生产体系中的地位差别而形成了不同的派别：工

① 转引自李炜：《中国与韩国社会阶级意识的比较研究》，《社会学研究》2004 年第 5 期。

② 《马克思恩格斯文集》第 2 卷，人民出版社 2009 年版，第 566—567 页。

③ 同上书，第 501 页。

④ ［英］戴维·麦克莱伦：《马克思思想导论》（第三版），郑一明、陈喜贵译，中国人民大学出版社 2008 年版，第 185 页。

⑤ 同上。

业资产阶级——“经营工厂的资产者”[①]；食利资产阶级——“资产阶级中的另一部分人——房东、小店主、当铺老板”[②]；改良资产阶级——资产阶级中的“经济学家、博爱主义者、人道主义者、劳动阶级状况改善派、慈善事业组织者、动物保护协会会员、戒酒协会发起人以及形形色色的小改良家”[③]。这些资产阶级阶级派别为了共同利益而联合行动，但为了各自的利益，往往又会采取与其他派别不同的策略和行动。他们最初联合起来反对贵族，反对一切国外的资产阶级；随着工业资产阶级日益强大，工业资产阶级就反对“同工业进步有利害冲突的那部分资产阶级”[④]。总体上来看，这些不同派别的资产阶级有着共同的利益，他们之间的斗争都是局限在维护其共同利益的限度之内的。

由于马克思没有明确给出阶级的规范定义，正如雷蒙·阿隆所说：“要分析马克思的阶级概念，我们面对的是一种很独特的情况，即一个学说中最重要的概念却相对地不确定。”[⑤] 实际上，马克思并不是一个单纯的学者，他还是一位革命家。马克思在表达自己的思想时，需要考虑当时无产阶级较低的文化素质，需要用通俗易懂的语言让他们易于理解和接受。在某种程度上说，概念本身越不明确，阶级和阶级斗争的学说更容易传播。后来的历史也证明，马克思虽然没有明确的阶级概念，这却并没有限制他的学说的成功。

（二）马克思的无产阶级概念

1. 什么是无产阶级?

在马克思看来，无产阶级产生于资本主义生产方式，是“大工业本身的产物”[⑥]。它伴随着资产阶级的发展而壮大，与资产阶级一起构成了资本主义社会中最基本的具有决定性作用的两大对立阶级。《共产党宣言》说：“我们的时代，资产阶级时代，却有一个特点：它使阶级对立简单化了。整个社会日益分裂为两大敌对的阵营，分裂为两大相互

---

① 《马克思恩格斯文集》第2卷，人民出版社2009年版，第38页。

② 同上书，第39页。

③ 同上书，第60页。

④ 同上书，第41页。

⑤ ［法］雷蒙·阿隆：《阶级斗争：工业社会新讲》，周以光译，译林出版社2003年版，第15页。

⑥ 《马克思恩格斯文集》第2卷，人民出版社2009年版，第41页。

直接对立的阶级：资产阶级和无产阶级。”“资产阶级不仅锻造了置自身于死地的武器；它还产生了将要运用这种武器的人——现代的工人，即无产者。随着资产阶级即资本的发展，无产阶级即现代工人阶级也在同一程度上得到发展。”①

那么什么是无产阶级呢？在《共产主义原理》中，恩格斯指出：“无产阶级是完全靠出卖自己的劳动而不是靠某一种资本的利润来获得生活资料的社会阶级。……无产阶级或无产者阶级是19世纪的劳动阶级。”“他们为了换得维持生存所必需的生活资料，不得不把自己的劳动出卖给资产者。”② 在1888年《共产党宣言》英文版所加的注释中，恩格斯对无产阶级作出了更为明确的界定：“无产阶级是指没有自己的生产资料，因而不得不靠出卖劳动力来维持生活的现代雇佣工人阶级。”③ 在《资本论》第1卷中，马克思指出：“‘无产者’在经济学上只能理解为生产和增殖‘资本’的雇佣工人。”④ 在马克思、恩格斯看来，无产阶级是在工业化时代的资本主义生产方式中，由于没有生产资料而靠出卖自己劳动给资本家维持生活的工人阶级。

2. 无产阶级在资本主义社会中的地位

马克思认为，要正确认识无产阶级在资本主义社会中的地位，就必须深入到资本主义的生产体系中，因为“这两个阶级都是在生产过程中产生的”⑤，资本家与工人关系的秘密就隐藏在资本主义生产过程中。

马克思指出资本主义生产具有二重性，一方面是生产物质资料的劳动过程，即“制造使用价值的有目的的活动，是为了人类的需要而对自然物的占有，是人和自然之间的物质变换的一般条件，是人类生活的永恒的自然条件，因此，它不以人类生活的任何形式为转移，倒不如说，它为人类生活的一切社会形式所共有”⑥。劳动过程有两个特殊现象：一是“工人在资本家的监督下劳动，他的劳动属于资本家”；二是

---

① 《马克思恩格斯文集》第2卷，人民出版社2009年版，第32、38页。

② 《马克思恩格斯文集》第1卷，人民出版社2009年版，第676、677页。

③ 《马克思恩格斯文集》第2卷，人民出版社2009年版，第31页。

④ 《马克思恩格斯全集》第44卷，人民出版社2001年版，第709页。

⑤ ［美］安东尼·奥罗姆：《政治社会学》，张华青、孙嘉明等译，上海人民出版社1989年版，第16页。

⑥ 《马克思恩格斯全集》第44卷，人民出版社2001年版，第215页。

“产品是资本家的所有物，而不是直接生产者工人的所有物”①。另一方面是价值的形成和增殖过程，即剩余价值的生产过程，这是资本主义生产过程的主要方面。资本家进行生产，“不仅要生产使用价值，而且要生产商品，不仅要生产使用价值，而且要生产价值，不仅要生产价值，而且要生产剩余价值”②。“剩余价值的生产是资本主义生产的决定的目的。”③ 资本主义的生产过程是劳动过程与价值形成和增殖过程的统一：“作为劳动过程和价值形成过程的统一，生产过程是商品生产过程；作为劳动过程和价值增殖过程的统一，生产过程是资本主义生产过程，是商品生产的资本主义形式。”④ 在价值形成和增殖过程中，雇佣工人的劳动时间被分为两部分：一部分是必要劳动时间，用于再生产劳动力的价值；另一部分是剩余劳动时间，用于无偿为资本家生产剩余价值。剩余价值是由雇佣工人的劳动所创造的并被资本家无偿占有的超过劳动力价值的那部分价值，它是雇佣工人剩余劳动的凝结，体现了资本家与雇佣工人之间的剥削关系。剩余价值生产是资本主义生产的本质，是“这个生产方式的绝对规律”⑤。资本主义生产的秘密就隐藏在剩余价值生产中，资本家凭借对作为生产资料的资本的占有和所有，无偿占有雇佣工人的劳动所创造的超过劳动力价值补偿的剩余价值。因此，“资本的利益和雇佣劳动的利益是截然对立的。”“即使最有利于工人阶级的情势，即资本的尽快增加改善了工人的物质生活，也不能消灭工人的利益和资产者的利益即资本家的利益之间的对立状态。利润和工资仍然是互成反比的。”⑥

由于处于资本主义生产中的被支配和被剥削的地位，无产阶级在资本主义社会两极化发展趋势中造成了自身全面的异化：(1)无产阶级同劳动产品相异化：“劳动所生产的对象，即劳动的产品，作为一种异己的存在物，作为不依赖于生产者的力量，同劳动相对立。”“工人对自

---

① 《马克思恩格斯全集》第44卷，人民出版社2001年版，第216页。
② 同上书，第217—218页。
③ 同上书，第265页。
④ 同上书，第229—230页。
⑤ 同上书，第714页。
⑥ 《马克思恩格斯文集》第1卷，人民出版社2009年版，第734页。

己的劳动的产品的关系就是对一个异己的对象的关系。”① (2)无产阶级同自己的生产活动相异化：“劳动对工人来说是外在的东西，也就是说，不属于他的本质；因此，他在自己的劳动中不是肯定自己，而是否定自己，不是感到幸福，而是感到不幸，不是自由地发挥自己的体力和智力，而是使自己的肉体受折磨、精神遭摧残。”② (3)人同类本质相异化：在马克思看来，人是类存在物，劳动是体现人的类本质的活动，自由自觉的劳动是人的本质体现，但在资本主义生产方式中，“人的类本质变成对人来说是异己的本质，变成维持他的个人生存的手段。”③ (4)人同人相异化：“当人同自身相对立的时候，他也同他人相对立。”④ 在政治上，无产阶级没有平等的政治权利，在他们争取自身利益的斗争中往往受到整个资产阶级的政治压迫和国家机器的暴力镇压。

在马克思那里，无产阶级是资本主义社会最进步最革命的阶级，是社会生产力的物质承担者，但是却被排除在社会之外。它承受了社会一切的苦难和奴役，成了一无所有的阶级：“一个被戴上彻底的锁链的阶级，一个并非市民社会阶级的市民社会阶级”，“一个表明一切等级解体的等级”，“一个由于自己遭受普遍苦难而具有普遍性质的”阶级，“一个若不从其他一切社会领域解放出来从而解放其他一切领域就不能解放自己的”阶级，“它表明了人的完全丧失，并因而只有通过人的完全回复才能回复自己本身”⑤。

3. 无产阶级的历史使命

无产阶级这种历史地位就赋予了它实现自身和全人类解放的历史使命。马克思说：“社会从私有财产等等解放出来、从奴役制解放出来，是通过工人解放这种政治形式来表现的，这并不是因为这里涉及的仅仅是工人的解放，而是因为工人的解放还包含普遍的人的解放；其所以如此，是因为整个的人类奴役制就包含在工人对生产的关系中，而一切奴

① 《马克思恩格斯全集》第3卷，人民出版社2002年版，第267、268页。
② 同上书，第270页。
③ 同上书，第274页。
④ 同上。
⑤ 《马克思恩格斯文集》第1卷，人民出版社2009年版，第16—17页。

役关系只不过是这种关系的变形和后果罢了。”①《共产党宣言》进一步指出，“过去的一切运动都是少数人的，或者为少数人谋利益的运动。无产阶级的运动是绝大多数人的，为绝大多数人谋利益的独立的运动。无产阶级，现今社会的最下层，如果不炸毁构成官方社会的整个上层，就不能抬起头来，挺起胸来。”②

无产阶级要实现自身以及全人类的解放，消除人类的异化状态而实现每个人的全面自由发展，就必须消灭分工，消灭资产阶级生产方式和生产资料私有制，从而消灭阶级与阶级对立，消灭阶级统治和国家。要实现这些目标，无产阶级就必须进行革命，推翻资产阶级的阶级统治，使自身成为统治阶级，然后利用自己的政权对资本主义社会进行全面的改造。恩格斯说：“无产阶级将取得公共权力，并且利用这个权力把脱离资产阶级掌握的社会化生产资料变为公共财产。通过这个行动，无产阶级使生产资料摆脱了它们迄今具有的资本属性，使它们的社会性质有充分的自由得以实现。从此按照预定计划进行的社会生产就成为可能的了。生产的发展使不同社会阶级的继续存在成为时代错乱。随着社会生产的无政府状态的消失，国家的政治权威也将消失。人终于成为自己的社会结合的主人，从而也就成为自然界的主人，成为自身的主人——自由的人。”③

4. 马克思无产阶级概念的二重性

从事实层面来说，马克思无产阶级概念的提出有着坚实的历史根据和现实基础，它是对资本主义在其发展早期社会结构剧烈变化的客观反映。汤普森指出：“在各种小心求证之后，我们仍可以发现，在1790年至1830年之间这段时期内最明显的事实仍然是‘工人阶级’的形成。……这不仅是经济史，而且是政治史和文化史的事实。”④ 在马克思的时代，英国已经完成了第一次工业革命，法国正在进行第一次工业革命，资本主义生产方式逐渐成为占主导的生产方式，传统的以贵族和

---

① 《马克思恩格斯全集》第3卷，人民出版社2002年版，第278页。

② 《马克思恩格斯文集》第2卷，人民出版社2009年版，第42页。

③ 《马克思恩格斯文集》第3卷，人民出版社2009年版，第566页。

④ ［英］汤普森：《英国工人阶级的形成》，钱乘旦译，译林出版社2001年版，第211页。

以农民为基础的社会结构被以资产阶级和以无产阶级为基础的新社会结构所取代。无产阶级成为了当时社会抗争的主要力量。

从理论层面来说，马克思的无产阶级概念又具有建构性的特征。也就是说，马克思并不是从纯粹事实的角度去理解无产阶级，而是赋予了无产阶级否定资本主义、实现全人类解放的社会理想。以往社会主义者仅仅把无产阶级视为社会底层饱受苦难的人，但马克思却认为他们是“真正革命的阶级”，是“社会的总代表”，是实现人类解放的政治力量。因此，马克思突出强调无产阶级阶级意识的重要性，强调无产阶级从“自在的阶级”变成“自为的阶级”。汤普森和霍布斯鲍姆都曾指出，到19世纪30年代，西方工人阶级的阶级意识表现为被压迫被剥削者对其共同社会地位、生存方式和思想方式的认同。[①] 但马克思赋予无产阶级的阶级意识却远远高出当时西方工人阶级的现实意识观念。卢卡奇认为作为理论范畴的无产阶级及其阶级意识与现实之间的巨大落差，使得无产阶级“面临着在意识形态上屈服于资产阶级文化的这种极其空洞和腐朽的形式的危险”[②]，变得越来越不革命。列宁对此更有深刻的认识：“工人运动的自发的发展，恰恰导致运动受资产阶级思想体系的支配，……因为自发的工人运动就是工联主义的、也就是纯粹工会的运动，而工联主义正是意味着工人受资产阶级的思想奴役。”[③] 这都说明了马克思无产阶级概念的建构性。

二　专政概念的历史嬗变

从词源上说，专政（dictatorship）与专制（autocracy）并不是具有相同含义而可以相互替用的两个词。专政一词的涵义来源于约在公元前5世纪的古罗马共和国出现的独裁官（dictator），其“正式名称是 Magister populi，意为人民的首长”[④]。独裁官是当罗马共和国遭受到外来

---

① 参见［英］汤普森：《英国工人阶级的形成》，钱乘旦译，译林出版社2001年版，第211页；［英］霍布斯鲍姆：《资本的年代》，张晓华等译，江苏人民出版社1999年版，第302页。

② ［匈］卢卡奇：《历史与阶级意识》，杜章智等译，商务印书馆1992年版，第304页。

③ 《列宁全集》第6卷，人民出版社1986年版，第38页。

④ ［苏联］科瓦略夫：《古代罗马史》，王以铸译，生活·读书·新知三联书店1957年版，第112页。

威胁或内部发生动乱的紧急情况下，由执政官根据元老院的推荐而任命，并得到平民大会批准的最高级别的行政官员。他拥有不受罗马法限制的绝对权力以应对国家的危机，其任期是短暂的，限于6个月之内。尽管拥有绝对的权力，独裁官却不是暴君，而是一位救世主，他需要向他所统治的人和法律界解释其行为并对此负责。授权期限一经结束，独裁官就必须交卸职权，把权力交还给元老院。[①] 在古罗马共和国时期，专政是一种合乎宪法规定的短期的个人独裁统治的政治体制，但独裁官的绝对权力主要集中在行政权力，包括最高的军事权力和民政权，其主要任务是采取有效措施来解除国家的内忧外患，立法权和司法权仍然掌握在元老院和平民大会手里。此外，在独裁官执政时期，其他一切高级官吏也仍然保留着以便处理经常性的工作。[②]

这种专政体制在罗马共和国维持了几个世纪之久，具有以下三个区别于专制的特征：首先，专政具有宪法规定的合法性和罗马共和国认可的政治合法性；其次，专政是短暂和临时的；最后，专政是有限制的，必须对公民负责。[③] 但是到了罗马共和国末期，整个社会陷入了困境，一方面是奴隶对奴隶主贵族统治的反抗；一方面是新兴的骑士阶层对贵族的不满和斗争。这使得军事独裁者不断出现。公元前27年，元老院授予执政官屋大维“奥古斯都”称号，屋大维改称为元首，独揽了大权：军事上他是最高指挥者；行政方面，他获得终身保民官的职权，并连续四年担任执政官；立法方面，他可以召集元老院，享有优先讨论他的提案的特权，也可以向全民会议提出法案；最为关键的是他拥有任命元老院成员和官员的权力。屋大维的独裁统治使得罗马共和国名存实亡而进入帝国时代，独裁官的称呼和专政也就不存在了，专制（autocracy）即个人集权独裁统治制度成为常规，失去了专政合乎宪法的合法性、权力的有限性和任期的暂时性的性质，也失去了对公民负责的

---

① ［英］戴维·米勒、韦农·波格丹诺编：《布莱克维尔政治学百科全书》，中国政法大学出版社1992年版，第201页。

② ［苏联］科瓦略夫：《古代罗马史》，王以铸译，生活·读书·新知三联书店1957年版，第113页。

③ Hal Draper, *The "Dictatorship of the Proletariat" from Marx to Lenin*, New York: Monthly Review Press, 1987, p. 12.

要求。

“专政”这个词直到近代才又开始出现。随着现代国家的形成，它部分地保留了原来的内涵，同时又增加了新的内容而具有了多种含义，出现了多种专政实践模式，专政概念开始了嬗变的历程。就古代罗马共和国意义上的专政概念而言，一些现代国家的宪法，如法国、意大利和联邦德国等，都规定了最高行政官员在紧急状态下的法定权力，即一种宪法规定的专政。[①] 也就是说，当国家处于紧急状态时，现代国家一般都会有相关的法律规定建立一种临时的行政首脑集权体制以应对危机。这种专政是在国家宪法框架下实行的，是一种临时的非常体制。国家政府首脑可以废止法律，但是不能制定新的宪法或法律。这不仅不是对现存民主制度的否定，而是对民主的保护。[②] 美国学者柯本（Cobben）描述了现代社会中最为典型的宪法规定的专政的例子——被视为最民主的魏玛共和国。根据德国魏玛宪法，德国国家的权力来自于人民的授权，议会是人民主权的象征，总统由人民选举产生。与此同时，《宪法》第48条又规定了紧急状态下，总统享有的特权：“如果政府没有履行宪法或者法律所规定的职责，总统可以运用军事手段来强制政府实行。如果公共安全和秩序受到严重威胁，总统可以采取必要的措施……必要时可以运动军事力量。为了这些目的，总统可以暂时地部分或整个终止该条例所列举的各项公民权利。”根据他的统计，这一条款在1919—1925年被总统运用了135次，1925—1930年135次，1931—1932年101次。[③]

更引起人们和学者关注的专政是近现代人类政治实践所赋予它的新内涵。第一种与古代罗马共和国时期不同的内涵是近代专政失去了古代罗马共和国时期专政所拥有的合乎宪法的和暂时的性质，具有了专制的含义。17世纪中叶，英国资产阶级革命时期的克伦威尔独裁就是这种专政意义上的开端。克伦威尔用暴力解散了议会而成为集行政权和立法

---

① ［英］戴维·米勒、韦农·波格丹诺编：《布莱克维尔政治学百科全书》，中国政法大学出版社1992年版，第201页。

② Hal Draper, *The "Dictatorship of the Proletariat" from Marx to Lenin*, New York: Monthly Review Press, 1987, p. 13.

③ See Alfred Cobban, *Dictatorship: Its History and Theory*, London: Alden Press, 1939, pp. 134 – 135.

权于一身的独裁者，他否定了法律的权威，把自己视为是上帝派到英国的使者。[①] 这种专政的独裁者的权力实际上形成了无限的权力，不仅包括行政权，也包括了立法权和司法权。这种近代专政的实质是独裁者高于法律，他的权力可能受到下属的制约，却不会受到宪法和法律的制约，也不对他所统治的人民负责。19 世纪最典型的专政独裁者就是法兰西第二帝国的统治者路易·波拿巴。路易·波拿巴通过政变废除了法兰西第二共和国的国民议会和参政院，法国民众由于对共和国的失望而用投票赞成了政变，选举波拿巴为法国总统。“这是对于非法政变的合法追认，同时也使得总统获得改变政治制度的合法依据。”[②] 路易·波拿巴制定了 1852 年宪法，恢复了皇帝的称号和帝位的继承制，建立了法兰西第二帝国。波拿巴成了法国人的皇帝，拥有超常的权力，完全掌握了行政权力和军事力量，拥有赦免权和大赦权，其他政治权力的决策往往必须得到皇帝的批准。甚至连公职人员的誓词都改为：“我宣誓服从宪法和忠于皇帝。”[③] “在专政这种统治方式下，个人主要是通过军事或者人民同意或者二者结合的方式成为国家的统治者；他拥有国家主权，所有的政治权力及其运行方式都不是以法律为依据，而是来自于独裁者的个人意志；最后独裁者的统治是终身的，没有任期的限制，同时也不用向其他的任何人负责。”[④]

18 世纪末期以启蒙思想的自由、平等和博爱为口号的法国大革命则赋予了专政有别于个人独裁的集团（派别）集权统治内涵，使得当代学者们对专政的理解出现了前所未有的争论。正如德雷珀指出：“法国大革命第一次使得专政这个词成为政治领域的具有多种意义的词，为不同的人们在不同的含义上使用。正如游击队伍的命令在不断变化一样，术语也在变化。当极端的事情被民众所接受，那么纯粹的概念就会失去原来的涵义。”[⑤] 客观来说，法国大革命与古罗马时代之间存在着

---

① ［英］戴维·米勒、韦农·波格丹诺编：《布莱克维尔政治学百科全书》，中国政法大学出版社 1992 年版，第 201 页。

② 郭华榕：《法国政治制度史》，人民出版社 2005 年版，第 341 页。

③ 同上书，第 352 页。

④ Alfred Cobban, *Dictatorship: Its History and Theory*, London: Alden Press, 1939, p. 26.

⑤ Hal Draper, *The "Dictatorship of the Proletariat" from Marx to Lenin*, New York: Monthly Review Press, 1987, p. 13.

一种历史的联系。巴克斯（E. B. Bax）曾说道："只要稍微受过教育的法国人都在谈论罗马的历史，就像在上个世纪的英国政治运动中，所有英国人都在谈论《大宪章》一样。"[①] 在《路易·波拿巴的雾月十八日》中，马克思也指出："1789—1814 年的革命依次穿上了罗马共和国和罗马帝国的服装。"[②] 但这种历史联系仅仅是概念的借用，当人们使用古代的词语时，已经赋予了它们不同的内涵。正如马克思所说："当人们好像刚好在忙于改造自己和周围的事物并创造前所未有的事物时，恰好在这种革命危机时代，他们战战兢兢地请出亡灵来为自己效劳，借用它们的名字、战斗口号和衣服，以便穿着这种久受崇敬的服装，用这种借来的语言，演出世界历史的新的一幕。"[③]

1789 年 7 月 14 日，巴黎人民攻占巴士底狱标志着法国大革命的开端。随后由普选产生的制宪议会制定了 1791 年宪法，建立了君主立宪政体。但是立法会议和王权两个权力中心的对抗导致封建主义清除不够彻底，也没有解决社会矛盾，反而压制了人民的自由和平等要求，同时法国也面临着外国敌军的威胁。为了挽救国家，法国人民在 1792 年 8 月 10 日爆发起义，推翻了君主立宪制度。随着共和主义思想在巴黎和外省、在议会和普通个人中的普遍传播和接受，1792 年 9 月 20 日，由法国公民普选产生的国民公会取代了原有的立法会议，成为全国最高权力机关，法国进入第一共和国时期。作为最高权力的国民公会是当时法国唯一的政治合法代表，拥有立法权，并控制着行政权，还兼有司法权，形成了吉伦特派主导的国民公会的专政统治。国民公会通过了若干原则性的决定，取消了国王的职称，废除了国王的权力和君主专制制度。国民公会领导并控制了行使行政权的临时执行会议，采取了一些措施来解决革命危机。但是欧洲各君主国于 1793 年 2 月组织了第一次反法联盟，这使得法国的外部危机依然严重。与此同时，国内发生了贵族反革命暴动使国家陷入内战混乱状况；吉伦特派奉行的经济自由主义又导致了日益严重的经济危机，人们生活状况

① Ernest Belford Bax, *The Last Episode of the French Revolution*, London: Grant Richards, 1911, p. 16.

② 《马克思恩格斯文集》第 2 卷，人民出版社 2009 年版，第 471 页。

③ 同上。

的恶化又引发了各地的动乱。这一切都显示了吉伦特派的统治危机和法国人民对吉伦特派的不满。正如索布尔所言："吉伦特派宣布了战争，但又不知道如何去进行这场战争；他们废除了国王，但又不敢判处国王死刑；他们请求人民能支持他们反对君主制，但又拒绝与人民一起进行统治；他们促成了经济危机的恶化，但又拒不满足人民的全部要求。"①

国民公会中的山岳派以救国为口号，逐步采纳了民众和活动分子提出的纲领，利用1793年5月末和6月初的人民起义，从共和国体制外推翻吉伦特派的统治。国民公会授权革命中形成的救国委员会起草新宪法。1793年8月20日，公民投票同意了新宪法。但当时法国仍然面临严重的国内外危机，这使得山岳派通过救国委员会逐步控制了国民公会。1793年10月10日国民公会宣布在实现和平之前，新宪法暂不执行，而是要建立革命的临时政府。这样就形成了山岳党派的革命专政，一种高度集权的政治统治。这种统治具有以下特征：第一，革命政府是由山岳派掌权的、超度集权的和严厉打击当时认定的一切敌人的政府，权力原则取代宪法原则，决策权集中在山岳派手里。第二，革命的法律应该严格快速执行，严厉对待执行者和被执行者，形成了一种全国范围内的恐怖统治。第三，中央对于全国具有巨大的权力，任何地方和社会组织都必须无条件服从中央政府。第四，严格控制各级官吏，严厉禁止官员的权力超出地理和职权范围，不得侵犯其他职权，如有违反者不论个人或集体都要受到处罚。第五，国民公会受到削弱，权力实际上被救国委员会所控制。② 在这种专政体制下，山岳派采取了一系列措施来应对国内外危机：在经济领域，实行反囤积法和普遍限价法以保障人们的生机，缓和经济社会矛盾；在政治领域，运用暴力措施来严格惩治被认为是革命的所有敌人，实行恐怖统治，"这是大革命开始以来激进的群众心态、即自发产生的'惩罚意志'的巨大发展，并在制度中找到了合法的表现"③。在军事领域，实行了总动员法令，要求所有法国人随

① ［法］阿尔贝·索布尔：《法国大革命史》，马胜利、高毅、王庭荣译，中国社会科学出版社1989年版，第239—240页。

② 参见郭华榕：《法国政治制度史》，人民出版社2005年版，第142—145页。

③ 郭华榕：《法国政治制度史》，人民出版社2005年版，第153页。

时准备应征入伍。法兰西山岳派的共和制通过高度集权统治打击了革命的内外敌人，保卫了大革命的成果。但是这种集权专政统治，“是一种非宪政的、非权力分立的制度。人们仍然肯定自由、平等、博爱的基本原则，但是它们的实施的范围大为缩小，它们的真正的受益者显著减少，这样的山岳共和制超越人们通常所承受的界限”①，最终走向了失败。法国大革命中的山岳派专政恢复了古希腊罗马时期的临时性和暂时性的特点，认为实行临时的专政是为了实现自由和平等。就当时的法国而言，“人们认为集权专政只是临时的体制，就内容而言，共和国的基本特征未曾全面发生质的变化，仅有部分内容的改变”②。另一方面，山岳派的统治又赋予了专政以集团集权统治的含义，也就是说，权力不是集中在个人，而是在一个政治集团和派别手中，其权力集中的程度不仅限于行政，也包括了立法和司法，并且权力设计的范围也由政治领域集中到经济和社会领域。

19 世纪的专政概念保留了罗马共和国时期的临时性和暂时性的特点，被视为是处理危机的必要措施，也保留了法国大革命中集团的集权统治涵义，但又在衍生出新的内涵，为不同的人所用。根据德雷珀的研究，在 1848 年欧洲革命时期，由于革命出现的权力真空使得不管是政治上的激进派还是保守派都在谈论专政，并且要求实行某种形式的专政。法国二月革命后建立的临时政府的左翼代表路易·勃朗就主张建立法国大革命时期的巴黎起义公社专政。他认为这种暂时的专政是为了教育群众并实现所有的善。临时政府中的右翼领导人拉马丁为了把革命纳入保守主义的轨道而称自己及其同僚为独裁者。③ 随着追求平等和政治权利的大众民主运动的兴起，尤其是 1848 年欧洲民主革命运动后，专政往往被视为人民要求获得政治权利的民主运动，人民统治的政权往往被称为人民的专政，多数人的集权统治，而惧怕人民的统治成为当时统治者的一种流行病。伦敦《泰晤士报》刊文反对给予大多数人以选举投票权，理由是这会使下层民众获得最高权力而剥夺现在选举人的权

① 郭华榕：《法国政治制度史》，人民出版社 2005 年版，第 141 页。

② 同上。

③ Hal Draper, *The "Dictatorship of the Proletariat" from Marx to Lenin*, New York: Monthly Review Press, 1987, p. 13.

利，并会导致资产阶级所警告的“民主的暴政”。法国自由主义者托克维尔在写于1856年论述法国大革命的著作中痛心地指出代表人民主权的群众取代了开明的君主。在托克维尔看来，革命是一个“大众”专政的时期，即建立人民主权。法国复辟时期的历史学家基佐在1849年出版的《论法国的民主》一书中指出：现在人人都主张民主，包括君主主义者、共和主义者和左翼成员等，但民主意味着混乱、阶级战争和人民专制。人民专制意味着人民把他们的意志强加给少数拥有统治社会使命的阶级。因此在基佐看来，民主意味着一切权力归人民所有，即人民专政，这是他所必须反对的。[①] 德雷珀还以当时葡萄牙一位保守主义分子——胡安·多诺索·科尔特斯（Juan Donoso Cortes）关于专政的演讲作为补充分析。在多诺索看来，不管是谁的统治都是一种专政，关键的问题在于选择哪种专政：即来自下层人民的专政还是来自上层贵族的专政，而他选择后者，因为上层贵族的专政来自更纯洁和更崇高的王国，能够拯救社会。多诺索进一步抨击了英国议会是最大的专政，因为它是来自下层的专政，并拥有绝对的权力。[②]

在19世纪前期和中期的政治语言中，专政实际上是与阶级统治紧密联系在一起的。掌握权力的人实行的统治都被视为是一种专政。各种专政之间的区别在于权力掌握在哪些人的手里以及如何实施统治。也就是说，在19世纪的大部分时间里，专政并不意味着与民主截然对立。从当时的民主概念即人民的统治来看，专政往往被视为是人民争取经济社会权利和政治平等的民主运动的组成部分和逻辑结果，人民的统治往往被称为人民专政。直到19世纪后期，路易·波拿巴在法国建立军事独裁统治，以及代议制民主在欧美资本主义国家的建立和逐步完善，专政这一术语才开始拥有贬义色彩，拥有了与民主相对立的含义。进入20世纪，希特勒以国家社会主义的名义实行专制统治，苏联的无产阶级专政蜕变为领袖的独裁专断，这使得人们把专政完全视为专制独裁的同义语，具有权力高度集中、权力不受限制和约束的含义。

---

① Hal Draper, *The "Dictatorship of the Proletariat" from Marx to Lenin*, New York: Monthly Review Press, 1987, pp. 17 – 18.

② Ibid., p. 18.

三　马克思的无产阶级专政概念

马克思把无产阶级与专政结合起来，使用“无产阶级专政”这个概念有什么内涵呢？从有关论述中我们可以看出，马克思的无产阶级专政是由资本主义社会向共产主义社会过渡的国家形式，是无产阶级掌握政治权力而成为统治阶级的政治制度。在马克思那里，无产阶级专政是一种过渡性的政权组织形式，是国家体制和政治体制的统一，意味着无产阶级的民主统治。

（一）无产阶级专政是向共产主义过渡的国家形式

马克思、恩格斯指出，未来的共产主义社会将是一个实现了人类解放的自由人的联合体，没有阶级和阶级对立，也没有国家和阶级统治，真正实现了人的全面而自由的发展。在马克思看来，这不是一个思想上的乌托邦，而是人类社会历史发展的客观趋势和结果。在《德意志意识形态》中，马克思、恩格斯说：“共产主义对我们来说不是应当确立的状况，不是现实应当与之相适应的理想。我们所称为共产主义的是那种消灭现存状况的现实的运动。这个运动的条件是由现有的前提产生的。”① 根据唯物主义历史观，共产主义从根本上说是日益社会化的生产力与资本主义私有制之间的矛盾发展的必然结果，即“社会所拥有的生产力已经不能再促进资产阶级文明和资产阶级所有制关系的发展；相反，生产力已经强大到这种关系所不能适应的地步，它已经受到这种关系的阻碍。……资产阶级的关系已经太狭窄了，再容纳不了它本身所造成的财富了”②。在这里马克思实际上是强调了实现共产主义的客观条件。资本主义社会的发展同时还创造了实现共产主义的主体力量，这就是无产阶级。在马克思看来，无产阶级是一个彻底体现了人类普遍奴役的革命阶级。它将肩负起消灭阶级和阶级对立、消灭剥削和异化从而实现解放全人类的历史使命。无产阶级要完成自己的历史使命，要实现由资本主义社会向共产主义社会的历史性变革，需要有一个过渡时期。在这个过渡时期，国家仍然存在，政治上将实行无产阶级专政。专政概

---

① 《马克思恩格斯文集》第1卷，人民出版社2009年版，第539页。

② 《马克思恩格斯文集》第2卷，人民出版社2009年版，第37页。

念在马克思那里仍然保留着最初的含义，即意味着一种临时性的阶级统治。但马克思又明显赋予了专政一种新的内涵，即专政是在革命和社会形态转变时期的一种统治形态。

早在 1847 年 6 月，恩格斯在为共产主义者同盟起草的《共产主义信条草案》中就使用了“过渡时期”的概念，指出从资本主义的财产私有向共产主义的财产公有过渡的“第一个基本条件是通过民主的国家制度达到无产阶级的政治解放”①。在《共产主义原理》中，恩格斯在论述废除私有制而实现共产主义的革命时指出不能一下子废除私有制，“首先无产阶级革命将建立民主的国家制度，从而直接或间接地建立无产阶级的政治统治”②，然后逐步改造资本主义社会而实现共产主义。在《共产党宣言》中，马克思、恩格斯认为无产阶级革命后将建立自己的政治统治，利用政权“一步一步地夺取资产阶级的全部资本，把一切生产工具集中在国家即组织成为统治阶级的无产阶级手里，并且尽可能快地增加生产力的总量”③，在这个过程中消灭私有制、阶级和阶级对立、国家和阶级统治，最终实现共产主义。虽然他们还没有使用“无产阶级专政”这个概念，但已经提出了“无产阶级用暴力推翻资产阶级而建立自己的政治统治”“推翻资产阶级的统治，由无产阶级夺取政权”“工人革命的第一步就是使自己上升为统治阶级，争得民主”“国家即组织为统治成为统治阶级”等思想。

在总结欧洲 1848 年民主革命经验时，马克思第一次提出了无产阶级专政这一概念，表达了无产阶级的经济和政治使命。在论述 1848 年法国二月革命时，马克思指出：无产阶级“要在资产阶级共和国范围内稍微改善一下自己的处境只是一种空想，这种空想只要企图加以实现，就会成为罪行。于是，原先无产阶级想要强迫二月共和国予以满足的那些要求，那些形式上浮夸而实质上琐碎的、甚至还带有资产阶级性质的要求，就由一个大胆的革命战斗口号取而代之，这个口号就是：推翻资产阶级！工人阶级专政！”④ 工人阶级专政（无产阶级专政）是由

① 《马克思恩格斯全集》第 42 卷，人民出版社 1979 年版，第 379 页。

② 《马克思恩格斯文集》第 1 卷，人民出版社 2009 年版，第 685 页。

③ 《马克思恩格斯文集》第 2 卷，人民出版社 2009 年版，第 52 页。

④ 同上书，第 103—104 页。

资本主义社会向无阶级社会（共产主义社会）的过渡，即“达到消灭一切阶级差别，达到消灭这些差别所由产生的一切生产关系，达到消灭和这些生产关系相适应的一切社会关系，达到改变由这些社会关系生产出来的一切观念的必然的过渡阶段”①。1852 年马克思在致约瑟夫·魏德迈的信中谈到自己对阶级和阶级斗争学说的贡献时，再次表达了无产阶级专政的必然性和过渡性的思想：“…… (2)阶级斗争必然导致无产阶级专政；(3)这个专政不过是达到消灭一切阶级和进入无阶级社会的过渡……”② 在 1875 年的《哥达纲领批判》中，马克思对过渡时期与无产阶级专政的关系做了经典的说明：“在资本主义社会和共产主义社会之间，有一个从前者变为后者的革命转变时期。同这个时期相适应的也有一个政治上的过渡时期，这个时期的国家只能是无产阶级的革命专政。”③

通过对马克思过渡时期和无产阶级专政的简要考察，我们可以得出这样的结论：(1)在马克思看来，无产阶级专政是资本主义社会基本矛盾发展，以及由此而引起的无产阶级与资产阶级之间的阶级斗争的必然结果。(2)无产阶级专政是由资本主义社会向无阶级无国家的共产主义社会过渡的国家形态。无产阶级专政作为过渡时期国家将随着共产主义的实现而消亡，因此具有过渡性和暂时性的特点，无产阶级专政的起点就是无产阶级推翻资产阶级而建立自己的政治统治，终点就是无阶级无国家的共产主义社会。④ (3)无产阶级专政的最终目的是为了实现无阶

---

① 《马克思恩格斯文集》第 2 卷，人民出版社 2009 年版，第 166 页。

② 《马克思恩格斯文集》第 10 卷，人民出版社 2009 年版，第 106 页。

③ 《马克思恩格斯文集》第 3 卷，人民出版社 2009 年版，第 445 页。

④ 学术界关于无产阶级专政的终点存在不同的观点。由于马克思在《哥达纲领批判》中明确提出了共产主义社会发展的第一阶段和高级阶段，导致有的学者认为无产阶级专政的国家是“建筑在共产主义社会第一阶段的基础上，并将随着共产主义社会第一阶段的发展而变化，随着这一阶段的结束而消亡”（刘佩弦、曾曼西：《关于过渡时期与无产阶级专政问题》，《教学与研究》1980 年第 1 期，第 57 页）。之所以出现这种理解，主要是学者们基于现实的考虑，因为在现实的社会主义社会中，存在着阶级斗争和无产阶级国家，理论和现实之间发生了冲突。这种认识也与社会主义和共产主义这两个概念及其内涵有关。进入 20 世纪后，列宁、卢森堡等马克思主义者把“共产主义第一阶段”称作“社会主义”，把“共产主义高级阶段”称作“共产主义”，当今的“社会主义”和“共产主义”概念就是在这个意义上使用的。

级无国家的共产主义社会，即实现人的全面自由发展。(4)无产阶级专政的历史任务包括两个方面：在政治方面，用无产阶级专政的国家政权代替资产阶级专政，建立一个过渡性的无产阶级国家，其职能就是建立民主制度，维护无产阶级的政治统治；在经济和社会方面，完成共产主义生产方式代替资本主义生产关系的革命转变，即对资本主义社会经济关系进行逐步改造，大力发展生产力，最终消灭阶级从而为实现无阶级的共产主义社会创造条件。

（二）无产阶级专政即过渡时期无产阶级的政治统治

如果说把无产阶级专政的历史定位理解为宏观层面的解读，那么要准确理解马克思的无产阶级专政理论，还必须从微观层面加以深入研究，从而正确认识马克思无产阶级专政的政治性质。在马克思那里，无产阶级专政意味着无产阶级作为整体将成为过渡时期国家的统治阶级，成为社会中占主导地位的阶级。无产阶级专政即过渡时期无产阶级的政治统治。

前面已经分析了在19世纪中期，专政这个概念一方面仍然保留了最初的含义，并不是专制的同义词，不必然与民主对立；另一方面又被赋予了民主的内涵。在当时的政治语言中，民主仍然是人民的统治，意味着民众获得政治权利而影响政治决策。专政则被视为是人民争取平等政治权利的民主运动的一个方面，常被统治者用来指称民众的民主集会和社会运动。民众的统治常常被视为人民专政。在德雷珀看来，马克思所做的就是把这个古老的词汇与阶级结合起来，强调了阶级的专政。[①] 1848年欧洲革命风暴中，马克思从法国回到德国，密切关注德国资产阶级民主革命的进程，并成为革命中的激进民主派。在《新莱茵报》上发表的关于德国革命的政论文章中，马克思多次提到专政，但却并不是用于无产阶级，而是指称德国资产阶级。德国1848年三月革命后，普鲁士自由派首领康普豪森在人民的支持下上台执政，但由于忙于立宪会议而没有采取强硬的措施控制局势，导致反

---

① H. Draper, *Marx and the Dictatorship of the Proletariat*, in Bob Jessop and C. M. Brown (eds.), Karl Marxs Social and Political Thought: Critical Assessment (Volume Ⅲ), London and New York: Routledge, 1990, p. 291.

对宪政的国王和各邦的反抗，于6月20日下台。马克思认为德国民主革命的失败就在于德国资产阶级没有把权力集中在自己的手里，没有采取有力的措施来巩固革命的成果。马克思说：“在革命之后，任何临时性的政局下都需要专政，并且是强有力的专政。我们一开始就指责康普豪森没有实行专政，指责他没有马上粉碎和清除旧制度的残余。”[①] 在这里，马克思从无产阶级革命立场出发，支持康普豪森的临时政府以人民统治的含义执行主权，实行民主的专政，以推翻德国君主专制制度，建立资产阶级民主社会，从而使得无产阶级可以开展自己的运动以实现共产主义。[②]

在分析1848年法国革命时，马克思在总结革命斗争经验的基础上提出了无产阶级的阶级专政。在马克思看来，法国二月革命建立的临时政府中绝大多数是资产阶级的代表，实际上意味着“资产阶级专政”[③]：“随着立宪君主制被推翻，国家政权不受资产阶级社会支配的这种假象就消失了”，“资产阶级的统治现在已经赤裸裸地显露出来”[④]。二月革命和共和国体制的确立，使无产阶级还沉浸在自己的胜利的喜悦之中，对于怎样实现没有剥削和压迫的共和国并没有清醒的认识。在路易·勃朗的小资产阶级社会主义的影响下，许多工人认为推翻了七月王朝，就能建立没有剥削和压迫的社会共和国。他们认为只要有工人代表参加临时政府，迫使共和国颁布一些“社会主义”的法令，就能够实现工人阶级自身的解放。然而资产阶级利用国家政权，暴力镇压了巴黎工人的六月起义，而六月起义的失败标志着资产阶级共和国正式的建立，这是一个由资产阶级对无产阶级实行专制统治的政权。路易·勃朗那种试图在资产阶级共和国范围内稍微改变工人阶级和广大人民处境的做法只是一种空想。“这种空想只要企图加以实现，就会成为罪行。”[⑤] 在马克思看来，无产阶级必须自己掌握政权才能实现自己的理想，即必须推翻资

---

① 《马克思恩格斯文集》第2卷，人民出版社2009年版，第69页。

② Hal Draper, *The "Dictatorship of the Proletariat" from Marx to Lenin*, New York: Monthly Review Press, 1987, p. 16.

③ 《马克思恩格斯文集》第2卷，人民出版社2009年版，第104页。

④ 同上书，第86—87页。

⑤ 同上书，第103页。

产阶级专政建立无产阶级专政："原先无产阶级想要强迫二月共和国予以满足的那些要求，那些形式上浮夸而实质上琐碎的、甚至还带有资产阶级性质的要求，就由一个大胆的革命战斗口号取而代之，这个口号就是：推翻资产阶级！工人阶级专政！"① 在这里，马克思明显也保留了专政原本意义上临时的集权统治内涵，但又把专政与阶级联系起来，"把专政的主体从一个人或少数人扩大到了整个阶级，也就是使专政的主体改变了"②。在马克思那里，专政的含义被赋予了新的内涵，专政具有了阶级的集权统治的含义，专政成为了阶级统治的同义语。

从专政与专制词汇的使用来看，马克思的专政概念也并不是专制的含义。马克思使用"专政""阶级专政""资产阶级专政""无产阶级专政"等术语时主要集中在两个时期，即1848年革命时期和1871年法兰西内战和巴黎公社时期。除此之外，马克思则在其他时期著作中频繁使用了"专制""专制主义""阶级专制"等术语，用来指某一社会中正常的统治情况。马克思曾经严厉批判了普鲁士的专制制度："专制制度的惟一思想就是轻视人，使人非人化，……专制君主总把人看得很低贱。"③ "君主政体的原则总的来说就是轻视人，蔑视人，使人非人化。"④ 马克思指出德国的出路在于唤醒人民的自由意识，把德国建成为真正的民主制国家："首先必须重新唤醒这些人心中的人的自信心，即自由。……只有这种自信心才能使社会重新成为一个人们为了达到自己的崇高目的而组成的共同体，成为一个民主的国家。"⑤ 在马克思那里，专政与专制是有着明确的区分和不同的含义的两个术语。马克思是在专政的本意上使用这个概念的，即意味着一种革命状态下的临时性和过渡性的统治体制。

在马克思那里，无产阶级专政是一种临时性存在的无产阶级居于统治地位的国家，它仅仅存在于无产阶级革命后由资本主义向共产主义转变的革命时期。在这个革命转变时期，无产阶级将作为整体掌握国家政

① 《马克思恩格斯文集》第2卷，人民出版社2009年版，第103—104页。

② 李延明等：《马克思恩格斯政治学说研究》，人民出版社2002年版，第214页。

③ 《马克思恩格斯全集》第47卷，人民出版社2004年版，第58页。

④ 同上书，第59页。

⑤ 同上书，第57页。

权用以改造资本主义社会、改造自然环境和人自身，以实现无阶级的共产主义社会。也就是说，马克思在保留古罗马专政概念的暂时性的基础上，也遵循了他的时代所赋予“专政”一词意义，即专政不是与民主直接对立的，在很大程度上成为人民权力和民主运动的代名词。与此同时，马克思又赋予专政更丰富的内涵，一是把无产阶级专政理解为一种由一个旧社会向新社会的过渡体制，而不是一个社会中应对危机试图保留原有状况而产生的临时体制；二是把专政的主体从一个人或极少数人扩大到整个阶级。马克思根据当时社会的状况而赋予专政以阶级内涵，强调了政治权力的阶级本质属性。马克思的专政概念具有阶级统治的涵义而区别于个人和极少数人的专制独裁。马克思使用“无产阶级专政”这一术语时，“实际上指的是无产阶级统治，即一种在革命后时期建立的工人阶级政治权力、工人国家”①。无产阶级专政就是无产阶级作为整体的阶级专政，就是无产阶级的政治统治。

前面已经分析了马克思的无产阶级概念，在这里主要对马克思关于资本主义社会中的两极分化作出一个简要论述，以说明无产阶级构成资本主义社会中的绝大多数人。这从根本上可以阐明马克思无产阶级专政的民主性质。在马克思看来，随着大工业的迅猛发展、商品经济的扩展以及世界市场的形成，资本主义的生产是由资本尤其是工业资本来控制和组织的。“一切财富都成了工业的财富，成了劳动的财富，而工业是完成了的劳动，正像工厂制度是工业的即劳动的发达的本质，而工业资本是私有财产的完成了的客观形式一样。——我们看到，只有这时私有财产才能完成它对人的统治，并以最普遍的形式成为世界历史性的力量。”② 资本之间的竞争和统治使得“资本在少数人手中积累起来”，使得“资本家和地租所得者之间、农民和工人之间的区别消失了，而整个社会必然分化为两个阶级，即有产者阶级和没有财产的工人阶级”③。在《德意志意识形态》中，马克思、恩格斯明确指出，工人阶级“是社会成员中的大多数”④。在《共产党宣言》中，马克思、恩格斯作出

---

① 郁建兴：《马克思国家理论与现时代》，东方出版中心 2007 年版，第 126 页。

② 《马克思恩格斯全集》第 3 卷，人民出版社 2002 年版，第 293 页。

③ 同上书，第 266 页。

④ 同上书，第 78 页。

了更为经典的论述：资本主义“整个社会日益分裂为两大敌对的阵营，分裂为两大相互直接对立的阶级：资产阶级和无产阶级”①。由于旧的生产方式被资本主义生产方式所摧毁和取代，其他阶级就被分化到这两大基本阶级中。封建社会中的贵族、封建领主和行会师傅转变成资产阶级；而“以前的中间等级的下层，即小工业家、小商人和小食利者，手工业者和农民——所有这些阶级都降落到无产阶级的队伍里来了。”②因此，马克思认为在成熟的发达的资本主义社会中，主要有两大阶级：占人口少数的资产阶级和占人口绝大多数的无产阶级。少数资本家凭借对资本的占有而在经济上剥削、在政治上压迫人口绝大多数的无产阶级，实行对无产阶级的专制统治。无产阶级作为社会中的大多数人则处于社会的最底层，处于受奴役和异化的状况。无产阶级革命就是为社会的绝大多数人谋取利益和解放的社会运动。无产阶级通过革命而建立的无产阶级专政，实际上就是绝大多数人的统治。无产阶级将作为整体掌握政治权力，实行民主统治，保证无产阶级的民主权利，并进行社会改造工作，最终实现人类的解放。正如俄罗斯学者梅茹耶夫指出，马克思并未把无产阶级专政“理解为一个阶级对另一个阶级的暴力镇压，而是理解为工人阶级所争取到的最广泛的政治民主，不仅是无产阶级自身的民主，而是所有人的民主”③。

马克思的无产阶级专政主张无产阶级作为整体的阶级统治，这就与布朗基等人主张的少数人的专政和个人的专政具有根本的区别。恩格斯曾指出布朗基的专政“不是整个革命阶级即无产阶级的专政，而是那些进行突袭的少数人的专政，而这些人事先又被组织起来，服从一个人或某几个人的专政”④。因此，“马克思、恩格斯从‘最大多数人’的、阶级的专政意义上定义无产阶级专政，就从根本上拒绝了后来有人对于无产阶级专政的那种理解：一个小的革命集团或政党的必要统治，根据

① 《马克思恩格斯文集》第2卷，人民出版社2009年版，第32页。

② 同上书，第39页。

③ ［俄］B. M. 梅茹耶夫：《马克思主义与布尔什维主义》，《马克思主义与现实》2011年第6期，第142页。

④ 《马克思恩格斯文集》第3卷，人民出版社2009年版，第358页。

它对群众利益的理解改造社会。”①

通过概念的考察，我们可以说马克思的无产阶级专政并不是现代人们所通常的那种认识，即无产阶级专政意味着无产阶级专制、共产党一党专政或者领袖个人的独裁。马克思的无产阶级专政是一种过渡的、暂时的和民主的国家形式，强调的是整个无产阶级掌握政治权力并实行政治统治，以实现人类解放的使命。这意味着马克思的无产阶级专政概念与当时的民主概念在内涵上是一致的，即居于社会底层的大多数人的统治；这一概念也与马克思的人民民主概念是一致的，无产阶级专政最终要实现的是消灭阶级和国家，最终实现人类解放。

① 郁建兴：《马克思国家理论与现时代》，东方出版中心 2007 年版，第 130 页。

第二章 马克思无产阶级专政的制度构想

无产阶级专政作为一种过渡的和暂时的国家形式，意味着作为社会大多数人的整个无产阶级掌握国家政权。那么，无产阶级如何来掌握国家政权呢？无产阶级将如何来设计一套制度体系来保证自己的统治并完成其历史使命呢？这一章将结合马克思对代议制民主的认识、无产阶级革命运动以及巴黎公社的实践，阐述马克思无产阶级专政的制度构想，在制度层面考察无产阶级专政与民主的关系。

第一节 马克思与代议制民主

在马克思的时代，近现代民主的发展处于亨廷顿所谓的第一波民主化时期①，代议制是资本主义国家开始盛行的政治制度。但当时真正建立了代议制民主制度的国家只有美国、英国和法国，其他欧美国家都处在君主制向民主制的转型之中。由于处在发展的早期阶段，代议制民主呈现出了诸多问题，表现了较为明显的阶级性、虚假性和脆弱性。正是在这样的历史背景下，马克思一方面公允地肯定了代议制民主的历史进步性；另一方面又敏锐地通过阶级分析观察到了其历史局限性，进行了深刻的批判。马克思揭示了代议制民主在资产阶级社会中的欺骗性以及三权分立而导致其自身走向专制的内在危险性，提出了社会转型过程中

---

① 亨廷顿认为民主化在现代历史上是成波出现的，一波民主化指的就是一组国家由非民主政权向民主政权的过渡。目前已经发生了三波民主化浪潮，其中第一波民主化起源于美国独立战争和法国大革命，延续到第一次世界大战后的 20 世纪 20 年代。参见［美］塞缪尔·亨廷顿：《第三波——20 世纪后期民主化浪潮》，刘军宁译，上海三联书店 1998 年版，第 11—26 页。

民主制的脆弱性问题。马克思也没有因此而完全否定代议制民主，他认为代议制民主对无产阶级具有重要的意义。

一　资产阶级代议制民主的历史进步性

马克思从唯物史观出发，历史地分析了代议制民主的历史进步性，肯定了代议制民主在反对封建主义和专制君主制斗争中的积极作用。在马克思看来，代议制民主是资本主义生产方式发展的必然结果，适应并实现了人类的政治解放以及市民社会与政治国家的分离，推动了生产力的发展，同时也创造了新的国家形式，促进了人类文明的进步。

资产阶级革命建立的代议制民主是资本主义生产方式发展和资产阶级崛起的必然产物结果。在《共产主义原理》中，恩格斯指出："凡是大工业代替了工场手工业的地方，工业革命都使资产阶级及其财富和势力最大限度地发展起来，使它成为国内的第一阶级。结果，凡是完成了这种过程的地方，资产阶级都取得了政治权力，并挤掉了以前的统治阶级——贵族、行会师傅和代表他们的专制王朝。……资产阶级在社会上上升为第一阶级以后，它也就在政治上宣布自己是第一阶级。它是通过实行代议制而做到这一点。"[①] 在《共产党宣言》中，马克思、恩格斯进一步指出，资产阶级通过自由竞争摧毁了封建所有制关系，建立了资产阶级私有制和自由竞争，成为经济领域的统治阶级。与之相应的是资产阶级在政治上的进展，"从大工业和世界市场建立的时候起，它在现代的代议制国家里夺得了独占的政治统治"[②]。资本主义的发展以及资产阶级力量的壮大，资本主义生产方式取代旧生产方式而在现代社会中占据了统治地位，资产阶级也已经成为了社会和国家中的主导阶级。但是由于忙于从事经济活动和追逐利益，资产阶级不能全部直接行使政治权力。代议制以法律承认的平等和自由竞争为基础，使得资产阶级可以通过选举产生自己的代表，组成为自己利益服务的政府，代议制民主就应运而生。

这种适应了现代社会发展的代议制民主实现了人类的政治解放，促

---

① 《马克思恩格斯文集》第 1 卷，人民出版社 2009 年版，第 680—681 页。

② 《马克思恩格斯文集》第 2 卷，人民出版社 2009 年版，第 33 页。

进了市民社会与政治国家的分离，推动了人类社会的进步。在中世纪宗教和封建君主统治下，人们被束缚在上帝和王权之下，等级关系和人身依附是那个时代的特征。资产阶级代议民主制度使国家摆脱了宗教的束缚，实现了政教分离，也使市民社会摆脱了国家的束缚。市民社会与政治国家的分离，也使得社会个人拥有了市民社会成员和政治国家成员的双重身份。资产阶级市民社会宣布每个人都拥有作为市民社会成员的“自然权利”①，包括财产权、自由权和平等权；政治国家作为公共领域赋予每个人以政治权利，这种权利“是与别人共同行使的权利”，内容“就是参加政治共同体，参加国家”②。这也就意味着，“在政治国家真正形成的地方，人不仅在思想中，在意识中，而且在现实中，在生活中，都过着双重的生活——天国的生活和尘世的生活。前一种是政治共同体中的生活，在这个共同体中，人把自己看作社会存在物；后一种是市民社会中的生活，在这个社会中，人作为私人进行活动，把他人看作工具，把自己也降为工具”③。市民社会中的个人是追求自身利益的私人“非政治的人”“自然人”“利己的人”；而政治国家中的个人是追求普遍性的“公民”“政治人”“法人”④。

代议制民主彻底解放了市民社会，使得市民社会成为追逐个人私利的场所，社会成员从纯粹的政治人转变为经济人。个人主义和自由主义得到了充分的发展，人的理性力量得到彰显，推动了市场经济的发展，创造了巨大的物质财富。财产和自由竞争成为准则，摧毁了封建社会“一切等级、同业公会、行帮和特权”⑤，建立了自由迁徙和商品所有者平等的王国，生产工具和交通工具得到不断革新，世界市场也逐步形成。这一切打破了各个民族、国家和地区的封闭状态，消灭了生产资料和人口的分散状态，促进了资本主义生产方式和自由市场的发展，从而创造了巨大的生产力。在《共产党宣言》中，马克思、恩格斯说道：“资产阶级在它的不到一百年的阶级统治中所创造的生产力，比过去一

---

① 《马克思恩格斯全集》第3卷，人民出版社1995年版，第182页。

② 同上书，第181页。

③ 同上书，第172—173页。

④ 同上书，第188页。

⑤ 同上书，第187页。

切世代创造的全部生产力还要多，还要大。”①

在政治国家领域，代议制民主形塑了新的公民和国家形式。代议制民主废除了封建专制君主的统治权力，消灭了封建等级特权制度和人身依附关系。“资产阶级在它已经取得了统治的地方把一切封建的、宗法的和田园诗般的关系都破坏了。它无情地斩断了把人们束缚于天然尊长的形形色色的封建羁绊。”② 资产阶级获得政治统治权之后，宣布人身自由、言论自由和出版自由、法律上的人人平等权和普选权，从而“把国家事务提升为人民事务”③。代议制民主也建立了一套新的适应市场经济和市民社会的政治制度，包括议会制度、选举制度和政党制度等，建构了新的国家政治形式，推动了政治文明的发展。正如恩格斯在《德国状况》中所做的分析：“资产阶级消灭了国内各个现存等级之间一切旧的差别，取消了一切依靠专横而取得的特权和豁免权。他们不得不把选举原则当做统治的基础，也就是说在原则上承认平等原则；他们不得不解除君主制度下书报检查对报刊的束缚；他们为了摆脱国内形成独立王国的特殊的法官阶层的束缚，不得不实行陪审制。”④

在思想领域，代议制民主起到了思想启蒙的作用，传播了自由、民主和平等的理念。近代启蒙思想家们借助文艺复兴运动和古希腊思想家的语言，以自由、平等、人权和民主的价值观为思想武器，无情地批判了宗教神权、君主王权，以及贵族享有的特权等观念，在欧洲开启了一场巨大的思想解放运动，为资产阶级民主革命作了思想准备。资产阶级在革命中也以自由、平等、人权和民主的启蒙口号为旗帜，在革命后建立了代议制民主制度，把这些理念写入宪法。代议制民主制度的实践推动了自由、民主的思想理念在广大民众中的传播，这些思想也成为现代社会的主流价值。

二 阶级统治与代议制民主的虚假性

资产阶级打着启蒙思想家自由、平等、博爱的口号，在广大人民群

① 《马克思恩格斯文集》第 2 卷，人民出版社 2009 年版，第 36 页。
② 同上书，第 33—34 页。
③ 《马克思恩格斯全集》第 3 卷，人民出版社 2002 年版，第 187 页。
④ 《马克思恩格斯全集》第 2 卷，人民出版社 1957 年版，第 647 页。

众的帮助下取得了政治统治权。然而，“在马克思所生活的时代，启蒙理想之花并没有在西欧社会中结出丰硕之果。马克思恩格斯所目睹到的资本主义，在我们现在看来还是资本主义发展的相当早期阶段，存在着各种社会弊病，尤其是无产者贫困队伍的不断扩大和社会矛盾的日益加剧。”① 政治方面的突出表现就是资产阶级所实现的民主非常有限，自由和平等并没有得到完全的实现。在马克思看来，在资产阶级占统治地位的社会中，国家权力是为资产阶级服务的。资本家采用民主制度只是为了更好地维护其经济利益和政治统治。资产阶级的代议制民主并不像资本家所鼓吹的那样，是所有人的自由与平等的实现。马克思对代议制民主的虚假性批判主要集中在选举制度、议会制度和政府制度方面。

首先来看马克思对选举制度的批判。在1852年发表的《宪章派》一文中，马克思描述了英国议会选举关于财产资格的限制：“一个男子要想享有不列颠议会选举权，如果是在城市选区，他就得有除缴纳济贫捐外收入不少于十英镑的房产；如果是在各郡，那他必须是一个每年收入不少于四十先令的自由农，或者是一个每年缴纳不少于五十英镑地租的土地租佃者。单单从这一点，就可以得出结论：宪章派在刚刚结束的选举斗争中能够正式参加活动的只是很少数的人。”② 19世纪上半叶，由于对议会议员选举资格的财产要求，英国广大的工人阶级和下层民众无法获得选举权，被排除在政治民主之外。当时普鲁士的选举也具有严格的限制，相关的选举制度安排使得大多数人也无法拥有选举权。马克思指出：“凡年满25岁的普鲁士公民都有被选举权这一条也保存下来了。但是，有关选举权和选举机构方面的安排，不仅把人民的大多数排除在外，而且还使其余享有特权的一部分遭到官僚集团最肆无忌惮的摆布。”③

马克思还揭露了投票权和选区划分的不平等以及选举中的贿赂。当时普鲁士选举分两级，首先选举复选人，再由复选人选举议员。马克思一针见血地指出了普鲁士选举权的不平等。他说：“在初选当中，不仅

---

① 尹保云编：《走出困境：马克思主义与中国现代化》，中国人民公安大学出版社2005年版，第4—5页。

② 《马克思恩格斯全集》第8卷，人民出版社1961年版，第391页。

③ 《马克思恩格斯全集》第12卷，人民出版社1962年版，第660页。

不缴纳直接税者都被排除在外，而且全部初选人还要分成三类：最高、中等、量低税额缴纳者。三类中的每一类都像塞尔维乌斯·土利乌斯王的特里布斯一样，选举同等数目的议员。”① 也就是说，按照财产分类来实行选举的结果就是选票不等价，拥有最多财产的少数人拥有与多数低量纳税人同等数目的代表。马克思还进一步指出，普鲁士的官僚集团拥有“把选区任意划分、拼凑、改变、分开、合并的权力”②，他们可以按照自己的利益和意愿来控制选举过程和结果。在1859年《英国的贿选活动》一文中，马克思以查格罗斯特和威克菲尔德选区的两位候选人为例揭露了选举中存在的贿选现象：“两位候选人都搞钱来买选票，……从选举开始直到结束，他们的代理人的账单以几何级数在增加着。”③ 在马克思看来，“英国下院的真正宪法可以用一个词来表达——贿赂”④。

关于资本主义社会中的议会制度和政府制度，马克思、恩格斯分析了其阶级统治的工具本质。马克思认为“现代资产阶级国家体现在议会和政府这两大机构上”⑤。这两大机构实际上都是资产阶级统治的工具：议会是“以社会自身的权力自居的阶级统治形式”，政府是“以凌驾于社会之上的权力自居的阶级统治形式”，而且“这两种形式是互为补充的”⑥。早在《共产主义原理》，恩格斯就写道：“资产阶级在社会上上升为第一阶级以后，它也就在政治上宣布自己是第一阶级。它是通过实行代议制而做到这一点的。代议制是以资产阶级的在法律面前平等和法律承认自由竞争为基础的。这种制度在欧洲各国采取立宪君主制的形式。在这种立宪君主制的国家里，只有拥有一定资本的人即资产者，才有选举权。这些资产者选民选出议员，而这些资产者议员可以运用拒绝纳税的权利，选出资产者政府。”⑦ 在这里，恩格斯明确指出了资产阶级通过选举自己的议员，组成有产者的议会，议会再产生资产阶级的

---

① 《马克思恩格斯全集》第12卷，人民出版社1962年版，第660页。
② 同上书，第660页。
③ 《马克思恩格斯全集》第13卷，人民出版社1962年版，第586页。
④ 同上书，第586页。
⑤ 《马克思恩格斯文集》第3卷，人民出版社2009年版，第218页。
⑥ 同上书，第193、194页。
⑦ 《马克思恩格斯文集》第1卷，人民出版社2009年版，第681页。

政府，以实现资产阶级的政治统治。

因此，资产阶级议会制度虽然是以法律面前的平等和法律承认的自由竞争为前提，但由于选举资格的限制，工人阶级和劳动者没有机会参与。在议会中就不可能有无产阶级和劳动者的代表，有的只是资产阶级的代理人。随着工人阶级获得选举权之后，资产阶级又设置新的障碍来阻止工人进入议会。马克思说："在英国，工人较难进入议会。因为议员不领取任何薪金，而工人所有的只不过是用自己劳动赚来的生活资料，所以议会对工人来说是可望而不可及的，而资产阶级顽固地拒绝付给议员们薪金，他们很懂得，这是防止工人阶级拥有自己的议会代表的一种手段。"① 资产阶级政府虽然以社会普遍利益形式出现，但其实质是市民社会的"国家形式主义"②，需要资产阶级的纳税以维持自身生存，是一种虚假的普遍形式。不仅如此，政府机构中的重要位置通常被资产阶级所有。在马克思看来，"现代工业的进步促使资本和劳动之间的阶级对立更为发展、扩大和深化。与此同步，国家政权在性质上也越来越变成了资本借以压迫劳动的全国政权，变成了为进行社会奴役而组织起来的社会力量，变成了阶级专制的机器"③。

代议制民主实际上成为了资产阶级维护自身利益的手段和工具。资产阶级的国家政权"不外是资产者为了在国内外相互保障各自的财产和利益所必然要采取的一种组织形式"④，"不过是管理整个资产阶级的共同事务的委员会罢了"⑤。马克思通过对法国 1848 年宪法的分析清晰地表现了资产阶级代议制民主的本质。马克思指出，这部宪法的最大特点就是它一方面宣布普遍的自由权利，即"人身、新闻出版、言论、结社、集会、教育和宗教等自由"⑥；另一方面，它又设置各种附带条件，限制除资产阶级而外其他阶级的权利，使资产阶级不受妨碍地获得自由。"这部宪法的主要矛盾在于：它通过普选权赋予政治权力的那些

---

① 《马克思恩格斯全集》第 17 卷，人民出版社 1963 年版，第 697 页。
② 《马克思恩格斯全集》第 3 卷，人民出版社 2002 年版，第 59 页。
③ 《马克思恩格斯文集》第 3 卷，人民出版社 2009 年版，第 152 页。
④ 《马克思恩格斯文集》第 1 卷，人民出版社 2009 年版，第 584 页。
⑤ 《马克思恩格斯文集》第 2 卷，人民出版社 2009 年版，第 33 页。
⑥ 同上书，第 483 页。

阶级，即无产阶级、农民阶级和小资产者，正是它要永远保持其社会奴役地位的阶级。”[①]因此，“宪法的每一条本身都包含有自己的对立面，……在一般词句中标榜自由，在附带条件中废除自由。”[②] 这无不表明了资产阶级代议制民主承认民主原则的正确性，但是从来不在实践中实现这些原则。

马克思敏锐地观察到了代议制民主的各项制度（包括议会制度、选举制度、政党制度等）都处在发展初期，表现出较强的阶级性。在马克思看来，作为现代国家政权组织的代议制民主，实际上是虚幻的民主普遍形式和实在的资产阶级特殊性的统一。代议制民主的不完善使得民主在社会中实践的范围较小，没有实现其所宣称的目标。在政治发展较早的英国，1688 年建立了议会主权的立宪君主政治体制。但在经过 1832 年的议会改革之后，资产阶级才正式获得了参政权利而逐步成为统治阶级，广大无产阶级和下层民众由于财产的限制仍然没有选举权。到 1867 年的第二次议会改革之后，城市小资产阶级、富有农民和上层工人才获得了选举权，广大工人和社会下层仍然没有选举权。1884 年议会通过人民代表法案，才正式规定年满 21 岁的男性公民拥有选举权，工人正式获得了选举权。[③] 在美国，虽然建立了较为完善的代议制度，但广大的黑人和印第安人由于农奴制的存在而没有选举权和投票权。即使在 19 世纪 60 年代的南北战争后，黑人获得了人身自由和选举权，但却并没有获得平等的政治权利。19 世纪的法国大部分时间都处在共和民主与帝国独裁的来回交替，民主在革命与反革命的对抗之中显得脆弱和不完善。直到 1875 年第三共和国的成立，民主制度才最终在法国确定下来。

三　阶级斗争与代议制民主的内在危险性

传统观点认为马克思对代议制民主的批判主要在于揭示了它的虚假性和阶级统治的工具本性。实际上马克思更深入地剖析了代议制民主制

---

① 《马克思恩格斯文集》第 2 卷，人民出版社 2009 年版，第 114—115 页。

② 同上书，第 484 页。

③ 参见应克复等：《西方民主史》，中国社会科学出版社 2003 年版，第 224—233 页。

度自身的弊病。通过考察法兰西第二共和国的兴衰，马克思分析了民主共和政体在社会阶级的政治斗争中走向专制独裁，剖析了权力分立制衡原则的弊端以及代议制民主走向专制的内在危险性。从世界民主化的历史潮流来看，我们可以说马克思较早洞察到了社会转型中民主制度的脆弱性问题，揭示了民主"回潮"现象。①

1848 年二月革命后，法国经过临时政府和制宪会议建立了一个由"王朝反对派、共和派资产阶级、民主共和派小资产阶级和社会民主派工人"② 参加的代议制民主政权，实行了普选制度和言论自由。但在马克思看来，二月革命的成果超出了广大人民群众的预期，社会各个阶级对于整个法国社会和自身都没有准确而清晰的认识。建立共和政体后的法国的情况仍然错综复杂，充斥着各种矛盾："浮夸的空话同实际上的犹豫不决和束手无策相混杂，热烈谋求革新的势力同墨守成规的顽固积习相混杂，整个社会表面上的和谐同社会各个成分的严重的彼此背离相混杂。"③ 社会和国家统一和谐的假象下，各个阶级之间正进行着激烈的斗争，最终使得共和国民主体制脱离了自身轨道而走向专制独裁。

在各阶级斗争中，第一个被排除出共和国民主体制的阶级是无产阶级。无产阶级由于自身的不成熟认识不到共和国错综复杂的矛盾，陶醉于二月革命的成就，看不到资产阶级已经在共和民主政权中占据主导地位。为了维护自身利益，资产阶级联合小资产阶级民主派和广大农民来反对无产阶级。资产阶级解散国家工场，加之革命的破坏使得无产阶级大量失业，巴黎无产阶级爆发了大规模的起义。资产阶级借机宣扬无产阶级对国家的危害、对小资产阶级和农民利益的侵犯，从而通过制宪议会强力镇压了巴黎工人的起义。马克思认为这次无产阶级的失败，以及临时政府的社会主义者被排挤出制宪议会成立的执行委员会，意味着无产阶级已经从共和国体制中排除。"无产阶级从这次失败后，就退到革

---

① 亨廷顿认为在每一波民主化浪潮之后，都出现了不同程度的"回潮"现象，即一些民主政体又退回到独裁政体。参见［美］亨廷顿：《第三波——20 世纪后期民主化浪潮》，刘军宁译，上海三联书店 1998 年版，第 11—26 页。

② 《马克思恩格斯文集》第 2 卷，人民出版社 2009 年版，第 476 页。

③ 同上书，第 477 页。

命舞台的后台去了。”[①]

在各阶级斗争中，第二个被排除出共和国民主政权的是资产阶级共和派。无产阶级退出政权舞台后，资产阶级共和派占据多数的制宪会议制定了法兰西宪法。新宪法规定实行立法权和行政权分立制衡的政治制度，并选举路易·波拿巴为法兰西共和国总统。制宪议会就完成了自己的历史使命，理应解散，重新选举产生新的立法议会。但资产阶级共和派为了自身利益，不愿立即解散制宪会议，要求推迟立法议会的选举。这引起了资产阶级正统派、奥尔良派和议会中波拿巴派对共和派的强烈不满，同时也引起了议会外的资产阶级、小资产阶级和农民的不满。路易·波拿巴通过联合其他派别组织内阁排除了资产阶级共和派在行政权力中的地位。联合反对派还利用民众对共和派的不满吸引选票，结果在1849 年 5 月的立法国立法议会选举中，资产阶级秩序党[②]成为最大政党，共和派在议会中势力微弱，失去了影响力。

第三个被排除出共和国民主政权的是小资产阶级和社会主义者组成的中间阶级，即所谓的民主派。立法议会中的民主派坚持他们的民主共和理想，但遭到资产阶级秩序党和波拿巴派的反对。资产阶级秩序党和波拿巴派联合起来，利用立法议会中的多数优势排除了民主派。他们否决了民主派反对立法会议和内阁政府对意大利的侵犯的议案。民主派因此宣布退出议会，并在议会外组织了小资产阶级的示威游行。波拿巴政府动用军队驱散了民主派的示威游行，逮捕了部分民主派议员。另一部分民主派议员则逃到了国外。巴黎宣布戒严，国民自卫军中的民主派部分也被取消。“从这时起，国民议会就只是秩序党的救国委员会了。”[③]

资产阶级秩序党的立法国民议会为了维护所谓的社会秩序，加强了对社会的控制，废除了普遍选举制度，限制人民的自由权利。这一做法违背了 1848 年宪法的原则，使得国民议会逐渐失去作为人民主权代表

---

① 《马克思恩格斯文集》第 2 卷，人民出版社 2009 年版，第 478 页。

② 秩序党是法国资产阶级在 1848 年镇压工人起义后由资产阶级共和派、正统派和奥尔良派所组成的议会政党。但在 1848 年 12 月 10 日后，资产阶级共和派被排除出秩序党。自此以后，秩序党就主要是资产阶级正统派和奥尔良派成员，主要代表大土地所有者、金融贵族和大工业资产阶级的利益。

③ 《马克思恩格斯文集》第 2 卷，人民出版社 2009 年版，第 144 页。

的合法性。同时资产阶级秩序党害怕引起革命造成社会动荡不安，“总是极力避免和拒绝在重大的、迫切的问题上和行政权进行斗争”①。这就为波拿巴利用有利时机发动政变，建立军事独裁提供了机会。波拿巴自从当选总统后，利用组织内阁的权力，排除了资产阶级在内阁中的势力，完全掌握行政权。他通过扩张行政权以抗衡立法权，利用秩序党害怕革命的弱点，通过撤换军队的领导人而控制了军队。波拿巴利用了所有阶级斗争造成的有利局面和国民议会公开决裂，于 1851 年 12 月 2 日发动军事政变。虽然在法国巴黎和外省的部分地区爆发了一些反抗，但是反对力量未能组织起来。同年 12 月 20 日，路易·波拿巴通过全民投票获得修改宪法的权力。法国民众用这种方式支持和赞成了波拿巴的政变，法兰西第二共和国寿终正寝。

在 1848 年二月革命之后，法国经过临时政府和制宪会议建立了权力分立的民主共和政体。马克思指出，民主共和政体是当时革命后最可能的政治形式，是革命中的各个阶级妥协的结果，“它（指临时政府——引者注）只能是各个不同阶级间妥协的产物，这些阶级曾共同努力推翻了七月王朝”②。这使得共和国为当时的社会各个阶级所接受。但第二共和国并没有解决当时的社会矛盾和危机，最终在社会阶级斗争中走向了专制独裁。马克思指出：“不管波拿巴怎样泄露秘密，不管国民议会怎样事先完全知悉内情，这个政变都是会成功的，因为这是先前的事变进程的必然而不可避免的结果。”③ 在马克思看来，阶级斗争之所以导致法国通过政变由民主政体走向专制独裁，关键在于代议制民主制度本身。第二共和国实行立法权与行政权的分立，这为代议制民主走向自身的对立面打下了基础。作为人民主权的代表的国民议会，在阶级斗争中使自己的代表性逐步遭到削弱而失去了合法性，失去了广大民众的支持。这也导致了立法权对行政权的制约越来越弱。路易·波拿巴则利用总统的特殊地位，不断和国民议会进行斗争。波拿巴首先使内阁脱离国民议会的制约，成为自己的附属物，随后又不断扩大行政权，建立

① 《马克思恩格斯文集》第 2 卷，人民出版社 2009 年版，第 529 页。

② 同上书，第 85 页。

③ 同上书，第 554 页。

了一个强有力和不受限制的政府。“这个行政权有庞大的官僚机构和军事机构，有复杂而巧妙的国家机器，有50万人的官吏大军和50万人的军队。”① 随着国民议会失去民众的支持，路易·波拿巴利用这个有利时机，通过政变使行政权战胜了议会的立法权，建立了独裁政权。

除了代议制民主制度设计的问题外，当时社会各阶级之间的利益冲突、意识形态的对立，以及历史传统的影响，也推动了民主政体逐渐脱离了原来的轨道，逐步走向专制。在这个过程中，社会各阶级，包括资产阶级在内的民主素养和能力在很大程度上起到了决定性的作用。由于受到法国革命传统的影响和阶级意识的偏见，社会各阶级的对立缺乏和解与妥协，“革命与民主及其反对者的理念高度意识形态化了”②，因而意识不到社会发展的要求，最后选择了独裁者路易·波拿巴。马克思指出：“在议会中，国民将自己的普遍意志提升为法律，即将统治阶级的法律提升为国民的普遍意志。在行政权面前，国民完全放弃了自己的意志，而服从于他人意志的指挥，服从于权威。”③ 也正如特雷尔·卡弗所言，在代议制民主中，社会各阶级的政治斗争，包含着专制独裁的危险；民主政体及其巩固需要阶级之间的政治互动，但是议会的议员和政府官僚却经常背离民主原则和民主制度，并且选举制度也存在被阶级以及政治阴谋家们所利用的危险。④ 从马克思的分析中，我们可以说，建立了一种民主政体并不意味着民主政体就可以稳定地运转，还需要一定的社会心理条件。民主的巩固是一个不断创造民主稳定运行条件的历史过程。如果不具备一定的条件，历史就会给人们以深刻教训，民主就会被少数人利用而成为独裁的工具。

四　代议制民主与无产阶级

马克思虽然批判了代议制民主是资产阶级统治的工具，具有虚伪性

① 《马克思恩格斯文集》第2卷，人民出版社2009年版，第564页。

② 应克复等：《西方民主史》，中国社会科学出版社2003年版，第286页。

③ 《马克思恩格斯文集》第2卷，人民出版社2009年版，第563页。

④ Terrell Carver, *Marx's Eighteenth Brumaire of Louis Bonaparte: Democracy, Dictatorship, and the Politics of Class Struggle*, in Peter Baehr and Melvie Richter (eds.), Dictatorship in History and Theory, Cambridge: Cambridge University Press, 2004, pp. 126 - 127.

和欺骗性，但并没有完全否定代议制民主。作为一种进步的制度体系，代议制民主对于无产阶级具有重要的意义，有利于无产阶级进行阶级斗争和走向成熟。

首先，代议制民主摧毁了封建专制体制，建立了资产阶级的政治统治，推动了资本主义和现代大工业的迅速发展。这为无产阶级的发展壮大创造了前提条件，也为无产阶级革命提供了物质前提。在马克思、恩格斯看来，无产阶级是工业革命的产物，是资本主义生产方式的产物，随着资产阶级的发展而壮大。恩格斯曾指出："无产阶级是由于工业革命而产生的。"[①] 在《共产党宣言》中，马克思、恩格斯分析了无产阶级是在资产阶级社会中产生的，资本主义的生产方式产生出了两个直接对立的阶级：资产阶级和无产阶级。"随着资产阶级即资本的发展，无产阶级即现代工人阶级也在同一定程度上得到发展。"[②] 此外，资产阶级通过代议制民主铲除了封建社会的残余，推动了大工业的发展，为无产阶级革命创造了物质前提条件。在《1848 年至 1850 年的法兰西阶级斗争》中，马克思指出："一般说来，工业无产阶级的发展是受工业资产阶级的发展制约的。在工业资产阶级统治下，它才能获得广大的全国规模的存在，从而能够把它的革命提高为全国规模的革命；在这种统治下，它才能创造出现代的生产资料，这种生产资料同时也正是它用以达到自身革命解放的手段。只有工业资产阶级的统治才能铲除封建社会的物质根底，并且铺平无产阶级革命唯一能借以实现的地基。"[③]

其次，随着代议制民主的发展与完善，马克思、恩格斯认为无产阶级应该积极利用代议制民主所赋予工人阶级的政治权利展开阶级斗争。这将有利于培养无产阶级的阶级意识，使无产阶级逐步走向自为阶级，为夺取政权准备主观思想和组织条件。在代议制民主发展的初期，由于封建势力仍然有着重大的影响力，资产阶级还需要和封建阶级分享政权。随着工业革命的推进、新技术的推广和生产工具的改进，资产阶级在经济、政治、文化等领域有了巨大的发展，逐步真正占据了社会统治

① 《马克思恩格斯文集》第 1 卷，人民出版社 2009 年版，第 676 页。
② 《马克思恩格斯文集》第 2 卷，人民出版社 2009 年版，第 38 页。
③ 同上书，第 88 页。

地位。在经济方面，资产阶级已经由赤裸裸的公开剥削，转变为隐蔽的“文明”的剥削，即由原来尽可能延长工人的工作时间转变为生产工具的革新从而缩短必要劳动时间，改善工人的生产条件。在社会方面，资产阶级社会逐步完善了社会保障制度，增加工人的社会福利。在政治方面，资产阶级对工人的暴力统治也日益缓和，工人获得了相当程度的政治自由权，包括选举权、结社权。工会和工人政党也开始出现，工会通过集体的力量与资本家进行斗争；工人政党则通过选举参加议会，在议会中为工人阶级的利益而斗争。

在这种新的历史发展面前，马克思认为无产阶级可以利用这些民主权利与资产阶级进行斗争，宣传自己的思想观点，获得社会其他阶级的支持。马克思甚至提出无产阶级可以利用资本主义代议制民主和平夺取政权的设想。早在 1852 年写的《宪章派》一文中，马克思就曾经分析了普选权对英国工人阶级的意义。马克思说，宪章派们争取的普选权以及实行秘密投票、规定议员支付薪水和每年举行大选“就等于英国工人阶级的政治统治，因为在英国，无产阶级占人口的绝大多数，……在这里，实行普选权的必然结果就是工人阶级的政治统治”①。在 1872 年第一国际海牙代表大会上，马克思正式提出了无产阶级利用代议制民主获得政权的和平道路设想。马克思说：“工人总有一天必须夺取政权，以便建立一个新的劳动组织；……但是，我们从来没有断言，为了达到这一目的，到处都应该采取同样的手段。……有些国家，像美国、英国，——如果我对你们的制度有更好的了解，也许还可以加上荷兰，——工人可能用和平手段达到自己的目的。”② 1880 年 5 月，马克思在为法国工人党拟定的《法国工人纲领导言》中指出，无产阶级为了实现全人类的解放要实现生产资料的集体占有，“就必须使用无产阶级所拥有的一切手段，包括借助于由向来是欺骗的工具变为解放工具的普选权”，即以工人政党“参加选举作为组织和斗争的手段”③。

马克思逝世后，资本主义代议制民主有了更进一步的发展，工人也

---

① 《马克思恩格斯全集》第 8 卷，人民出版社 1961 年版，第 390—391 页。

② 《马克思恩格斯全集》第 18 卷，人民出版社 1964 年版，第 179 页。

③ 《马克思恩格斯全集》第 19 卷，人民出版社 1963 年版，第 264 页。

在合法斗争中取得了更大的成绩。恩格斯更为深入地分析了代议制民主对于无产阶级的积极意义，主张在民主制度下展开和平的斗争。在恩格斯看来，参加选举和议会的斗争提高了无产阶级的阶级意识，使他们认识到自身的利益和历史使命而日益转变成自为的阶级。1885 年在给倍倍尔等人的一封信中，恩格斯指出，在德国，“普选权……在目前是无产阶级运动的最好的杠杆”，在英国，新的选举权赋予工人的力量“相当于德国的普选权所赋予的力量”[①]。在《家庭、私有制和国家的起源》中，恩格斯说：“随着无产阶级成熟到能够自己解放自己，它就作为独立的党派结合起来，选举自己的代表，而不是选举资本家的代表了。”[②]在《英国工人阶级状况》1892 年德文第二版序言中，恩格斯再次指出工人阶级在选举展现了日益成为自为阶级的意识：“在大城市和工业地区的许多选区里，工人都坚决拒绝和两个旧政党（指保守党和自由党——引者注）进行任何协商，并因此获得了在以往任何一次选举中都不曾有过的直接的和间接的成绩。……他们第一次看到和感觉到，如果他们为了自己阶级的利益而利用自己的选举权，就能获得什么东西。对‘伟大的自由党’的迷信——在英国工人中间统治了几乎四十年的迷信——完全被打破了。工人们从令人信服的实例中看到：当他们提出要求而且了解到他们要求的是什么的时候，他们在英国就成为一种决定性的力量。”[③] 1894 年 12 月，在就《工人报》改为日报一事给奥地利工人的贺信中，恩格斯认为奥地利工人党已经占领了“在报刊方面能够以同等的武器同自己的敌人作斗争的第一个阵地”，“现在的问题是要占领第二个阵地：选举权、议会。”[④] 在《〈1848 年至 1850 年的法兰西阶级斗争〉导言》中，恩格斯分析了无产阶级应该根据情况继续利用自己所获得普选权，利用代议民主制度进行斗争：无产阶级可以在全体人民面前宣传自己的主张；可以和其他政党进行公开的辩论揭露他们的问题而阐明自己的见解；工人代表可以利用议会作为讲坛公开发表无产阶级的政见。这些都为无产阶级提供了一个获取民众支持的独一无二

---

① 《马克思恩格斯全集》第 36 卷，人民出版社 1974 年版，第 368 页。

② 《马克思恩格斯全集》第 21 卷，人民出版社 1965 年版，第 197 页。

③ 《马克思恩格斯全集》第 22 卷，人民出版社 1965 年版，第 382—383 页。

④ 同上书，第 590 页。

的手段。这样，代议制民主制度使得“在资产阶级用来组织其统治的国家机构中，也有一些东西是工人阶级能够用来对这些机构本身作斗争的”①。

第二节 无产阶级专政的两种制度模式分析

马克思既肯定了代议制民主的历史进步性及其对无产阶级的重要意义，又尖锐地批判了代议制民主为资产阶级服务的实质。那么无产阶级将采用什么制度来实现自己的政治统治呢？很显然的是，马克思关于无产阶级专政的制度设计会与之有所区别。围绕这一问题，国内外学者形成了两种对立的观点：一种观点认为马克思的无产阶级专政是集权模式；一种观点认为无产阶级专政是民主模式。

一 无产阶级专政的集权模式

国内外学者论述马克思无产阶级专政的集权模式主要是根据无产阶级专政国家的职能和历史任务得出的结论。在他们看来，无产阶级专政需要把权力集中起来，这既是阶级斗争的需要，也是实现共产主义的需要。但这种集权模式不可能是无产阶级整体掌握政权，而只能是由少数人控制权力，在实践中最终走向了极权主义。

（一）无产阶级政权巩固、阶级斗争与中央集权

从巩固无产阶级政权和阶级斗争的视角出发，学者们认为无产阶级国家需要集权，而且是高度的集权。无产阶级推翻资产阶级的政治统治建立自己的政权后，资产阶级决不会心甘情愿地放弃统治权和既得利益，必定会设法颠覆无产阶级政权。也就是说，无产阶级获得政权后，还面临着政权巩固的问题。在革命后的一段时期内，革命与反革命仍然会进行激烈的斗争。无产阶级为了巩固政权和执政地位就必须把权力集中在无产阶级国家手中。

马克思曾在分析1848年德国革命时指出：“在革命之后，任何临时性的政局下都需要专政，并且是强有力的专政。我们一开始就指责康普

① 《马克思恩格斯文集》第4卷，人民出版社2009年版，第545页。

豪森没有实行专政，指责他没有马上粉碎和清除旧制度的残余。”① 三月革命后，德国资产阶级没有能够进行坚决的斗争，反革命势力趁机重新组织起来，最终导致了德国资产阶级民主革命的失败。马克思说："正当康普豪森先生陶醉于立宪的幻想时，被打垮的党派已在官僚机构和军队中巩固他们的阵地，甚至敢于在各处展开公开的斗争。"② 马克思在随后总结法国阶级斗争的经验时，直接提出了无产阶级专政这个口号。马克思认为无产阶级要想取得自身的解放，必须在革命之后建立无产阶级的革命政权。这种革命政权显然是集权的，不可能实行分权，这是马克思分析 1848 年革命得出的结论。在论述德国 1848 年革命形势时，马克思指出，三月革命后形成了国民议会和王权"两个平等的权力"，但"正是康普豪森先生想借以'拯救自由'的这种分权，正是临时局面下的这种分权状态，必然会导致冲突"③。资产阶级在阶级冲突中失去了本来属于自己的政权，被封建主排挤到次要地位。

无产阶级建立革命政权后，整个社会处在向共产主义社会过渡的时期，共产主义的生产方式正在逐步建立和巩固，同时资本主义的生产方式也还会继续存在。这也就意味着过渡时期里，资产阶级仍然会存在。由于根本利益的对立，无产阶级与资产阶级之间的阶级斗争会继续存在。为此，无产阶级政权就必须集中行使国家权力来应对资产阶级及其反动活动。在《哲学的贫困》中，马克思指出："劳动阶级在发展进程中将创造一个消除阶级和阶级对抗的联合体来代替旧的市民社会。……在这以前，无产阶级和资产阶级之间的对抗仍然是阶级反对阶级的斗争。"④ 在巴枯宁《国家制度和无政府状态》一书摘要中，马克思也认为无产阶级掌握政权后，由于无产阶级的敌人和旧的社会组织还没有消失，"只要其他阶级特别是资本家阶级还存在，只要无产阶级还在同它们进行斗争（因为在无产阶级掌握政权后无产阶级的敌人和旧的社会组织还没有消失），无产阶级就必须采用暴力措施，也就是政府的措

---

① 《马克思恩格斯文集》第 2 卷，人民出版社 2009 年版，第 69 页。

② 同上。

③ 同上。

④ 《马克思恩格斯文集》第 1 卷，人民出版社 2009 年版，第 655 页。

施"[①] 来进行斗争。在1875年3月给奥·倍倍尔的信中，恩格斯更是明确地指出，无产阶级国家是"在斗争中、在革命中用来对敌人实行暴力镇压的一种暂时的设施"，是"为了镇压自己的敌人"[②]。当然，这种暴力镇压是以资产阶级的暴力反抗为前提的。如果资产阶级没有暴力反抗，那么无产阶级的政权就不应该采取暴力形式来应对阶级斗争，马克思曾在《法兰西内战》中指出，阶级斗争应该以"最合理、最人道的方式经历它的几个不同阶段"[③]。

英国学者迈克·李维（Michael Levin）就无产阶级政权的集权模式作出了总结。在他看来，马克思的无产阶级专政意味着无产阶级控制着集权政权直到阶级敌人都被消灭。[④]这个无产阶级国家将取消少数资产阶级压迫大多数无产阶级的旧政权，并成为胜利的工人阶级维护自己对被剥夺的资产阶级及其同盟者的统治。[⑤]

（二）社会改造和有计划地组织生产与中央集权

从社会改造和有计划地组织生产的视角，即无产阶级专政的经济社会职能和任务，国内外学者论述了无产阶级国家集权的必然性。在马克思、恩格斯的设想中，无产阶级专政将是一个消灭资本主义私有制和阶级，建立有计划地组织生产的共产主义社会的过渡时期。在过渡时期内，无产阶级专政的政权将要进行对旧社会的全面改造，开始有计划地组织生产。

马克思、恩格斯对无产阶级专政时期国家的社会改造，尤其是废除生产资料私有制和建立生产资料公有制作出了大量的论述。他们认为在过渡时期，无产阶级将首先利用国家政权和市场机制逐步把所有生产资料集中在无产阶级国家手中，发展生产力，逐步实现生产资料的社会占有。在《共产主义原理》中，恩格斯指出，无产阶级在夺取政权之后就要立即侵犯私有制。他提出了改造私有制的十二项措施，包括实行累

① 《马克思恩格斯文集》第3卷，人民出版社2009年版，第403页。

② 同上书，第414页。

③ 同上书，第198页。

④ Michael Levin, *Marx, Engels and Liberal Democracy*, New York: St. Martin's Press, 1989, p. 118.

⑤ Ibid., p. 122.

进税和高额遗产税、开设国家农场、建立国有资本的国家银行以及把全部交通运输集中在国家手里等。恩格斯得出结论说无产阶级要把“全部资本、全部农业、全部工业、全部运输业和全部交换都越来越多地集中在国家手里。……最后，当全部资本、全部生产和全部交换都集中在国家手里的时候，私有制将自行灭亡”①。

在《共产党宣言》中，马克思、恩格斯指出无产阶级将利用自己的政治统治，对资产阶级所有制实行强制干涉，逐步夺取资产阶级的全部资本，把一切生产工具集中在无产阶级国家手中。他们列举了十项具体的措施，包括剥夺地产、征收高额累进税、建立国家银行、把交通运输业集中在国家手里、按照总的计划增加国家工厂和生产工具等。②在马克思、恩格斯看来，要实现共产主义，无产阶级就必须用自己的统治对资产阶级财产私有制和生产方式进行强制改造。迈克·李维认为马克思在《共产党宣言》里的论述，向人们展示了一个强调国家权力并实行大范围的国有化的措施的无产阶级专政形象。③ 布伦德（F. L. Blender）认为，《共产党宣言》实际上是描述了一个向共产主义经济基础过渡时期的一系列中央集权措施。这些措施要求无产阶级的政治权力在一个相当长的时间里控制一个权威国家。④ 随着这些要求废除资本主义所有制的措施的加强，就势必要求把重要的权力交给政府官员。虽然马克思设想这只是在很严格的条件和有限的时间下才存在，但在《共产党宣言》中马克思并没有成功地提出用宪法来约束这些官员。这样一种临时紧急状况下把最高权力授予一个人或少数人（或一个政党）就意味着对无产阶级政权的篡夺和对无产阶级民主的破坏。⑤

除了对资本主义私有制进行改造外，无产阶级政权还必须把集中在国家手里的生产资料按照计划的方式来进行生产，以克服资本主义社会

---

① 《马克思恩格斯文集》第1卷，人民出版社2009年版，第686—687页。

② 《马克思恩格斯文集》第2卷，人民出版社2009年版，第52—53页。

③ Michael Levin, *Marx, Engels and Liberal Democracy*, New York: St. Martin's Press, 1989, p. 121.

④ F. L. Blender: "*the Ambiguities of Marx's Concepts of 'Proletarian Dictatorship' and 'Transition to Communism'*", in Bob Jessop and Charlie Malcoln-Brown (eds.), Karl Marx's Social and Political Thought (Volume Ⅲ), London and New York: Routledge, 1990, p. 364.

⑤ Ibid., p. 365.

中由于市场自发性而造成的生产无政府状态。在《哥达纲领批判》中，马克思分析了共产主义第一阶段的社会特征。这为我们认识过渡时期的社会经济提供了明确的线索，因为过渡时期就是为共产主义社会创造条件，在这个时期，共产主义生产方式必定会在国家范围内存在并进行局部的实践。在马克思看来，共产主义第一阶段虽然仍然存在资产阶级的平等原则，但是并不存在商品经济，生产以及生产资料的配置都是由社会中心来计划指导实施的。也就是说，在过渡时期，作为国家的无产阶级专政将成为组织公有生产资料进行社会生产的计划者和指导者，即“一种国家控制的国有经济”[①]。布伦德认为，由于资产阶级的价值和权利观念仍然在无产阶级中存在，无产阶级的民主决定可能使无产阶级不会选择向真正的共产主义过渡。因此，布伦德指出，在过渡时期：（1）国家会控制在专业的社会主义者手中，他们最可能是马克思主义政党的成员，并宣称拥有排他的权力来实行专政并向共产主义过渡；（2）社会主义经济必须由国家的计划者或执政党控制，而不是控制在那些仍然受到资产阶级思想影响的无产阶级手中。[②]

总之，在这些学者看来，马克思的阶级斗争理论、过渡时期理论和共产主义理论中的相关措施一旦付诸实践，就必然会导致权力高度集中在国家手中。在无产阶级专政的国家中，实际掌握政治权力的人不可能是整个无产阶级而只能是极少数人或无产阶级的政党组织。政治权力不仅仅渗透在政治领域，而且还将进入经济和社会领域，以及意识形态领域，形成对生产活动的组织计划、对个人思想和行为的严密控制，这将导致极权主义国家的出现。

二 无产阶级专政的民主模式

马克思无产阶级专政的民主模式主要有三个来源：第一个是马克思无产阶级专政概念的民主内涵，即无产阶级专政意味着社会绝大多数人的政治统治；第二个是马克思对无产阶级专政国家形式的设想——民主

---

① F. L. Blender: “*the Ambiguities of Marx's Concepts of ‘Proletarian Dictatorship’ and ‘Transition to Communism’*”, in Bob Jessop and Charlie Malcoln-Brown (eds.), Karl Marx's Social and Political Thought (Volume Ⅲ), London and New York: Routledge, 1990, p. 378.

② Ibid..

共和国；第三个是马克思对被视为无产阶级政权的巴黎公社的肯定和辩护。

（一）无产阶级专政的国家形式：民主共和国

第一章已经论述过，在马克思的时代，专政概念一方面保留着古罗马共和国时期的临时性含义；另一方面由于专政主体的不同而具有了不同的内涵，人民的统治往往被政治家们称为人民专政。马克思把无产阶级与专政结合起来，意味着占社会大多数的无产阶级掌握政权，实行民主统治。马克思的无产阶级专政与当时的民主概念是一致的，也与马克思自己的人民民主概念相一致。无产阶级将通过民主统治实现对旧社会的彻底改造，实现无阶级无国家的共产主义社会，实现全人类的解放和真正的自由平等。

无产阶级专政国家将采取什么样的形式，又如何对待无产阶级呢？很显然，马克思设想的无产阶级国家对于无产阶级来说不会是专制的，而应是民主的。马克思、恩格斯对无产阶级取得政权后将采取什么样的国家形式这一问题总是持谨慎态度。他们总是根据社会发展和无产阶级运动的实际进程去分析而不凭空猜测。马克思在 1848 年谈论德国革命后应该采取的国家形式时曾说："国家制度的最终确立不能依靠颁布命令的办法，而要在我们即将进行的运动中实现。因此，问题不在于实现这个或那个意见，这种或那种政治思想；问题在于理解发展的进程。"①因此，马克思、恩格斯总是避免对无产阶级国家形式作出详细具体的描述，而仅在最一般的意义上指出未来无产阶级政治统治的国家形式将是真正的民主共和国；无产阶级国家应该保证无产阶级的民主权利，使整个无产阶级成为统治阶级。

早在《共产主义信条草案》中，恩格斯就指出："实行财产公有的第一个基本条件是通过民主的国家制度达到无产阶级的政治解放。"②在《共产主义原理》中，恩格斯认为无产阶级在推翻资产阶级统治的基础上，将"建立民主的国家制度，从而直接或间接地建立无产阶级的政治统治"，并"立即利用民主作为手段实行进一步的、直接向私有

① 《马克思恩格斯全集》第 5 卷，人民出版社 1965 年版，第 47 页。

② 《马克思恩格斯全集》第 42 卷，人民出版社 1979 年版，第 379 页。

制发起进攻和保障无产阶级生存的各种措施”①。在《共产党宣言》中，马克思、恩格斯指出“工人革命的第一步就是使无产阶级上升为统治阶级，争得民主”②。在马克思、恩格斯看来，无产阶级在推翻资产阶级统治取得政权之后，将会建立一套民主制度，保证整个无产阶级的民主权利和统治地位。

在分析1848年法国二月革命时，马克思曾指出，当时法国还没有达到进行无产阶级革命的客观前提，无产阶级还不能认识到自己的历史使命及其实现路径。因此，法国“工人们相信能在资产阶级旁边谋求自身解放，同样，他们也认为能够在其他资产阶级国家旁边实现法国国内的无产阶级革命”③。法国工人阶级不能认清“二月共和国事实上不过是，而且也只能是一个资产阶级共和国”④，“这个国家公开承认目的就是使资本的统治和对劳动的奴役永世长存”⑤。尽管如此，马克思认为法国工人提出的“社会共和国”口号，已经表明工人阶级“在观念中、在想象中越出资产阶级共和国的范围”⑥，表露出了无产阶级革命的内容。在马克思看来，无产阶级必须推翻资产阶级共和国，建立社会共和国，这样才能真正实现自身的解放。

19世纪80年代以来，在第二次工业革命的推动下，西方社会进入了又一个相对快速的发展时期。早期资本主义国家在经济发展的同时，完善了社会保障制度和民主制度，缓和了剧烈的社会矛盾，防止了重大的阶级斗争和暴力革命的发生。各国工人阶级政党在合法斗争中也取得了较大成绩，改善了工人阶级状况。在这样的情况下，恩格斯更加明确地指出无产阶级专政的国家应该是真正的民主共和国。1891年的德国仍然处在帝国专制统治之下，社会民主党由于害怕对抗政府而恢复“非常法”，提出在君主立宪制下和平走向社会主义的主张。恩格斯对这种思想进行了严厉的批判。在恩格斯看来，社会民主党应该积极争取

---

① 《马克思恩格斯文集》第1卷，人民出版社2009年版，第685页。
② 《马克思恩格斯文集》第2卷，人民出版社2009年版，第52页。
③ 同上书，第88页。
④ 同上书，第100页。
⑤ 同上书，第104页。
⑥ 同上书，第100页。

建立民主共和国，这样才能真正实现无产阶级的统治和目标。在《1891年爱尔福特纲领草案批判》中，恩格斯指出："如果说有什么是毋庸置疑的，那就是，我们的党和工人阶级只有在民主共和国这种政治形式下，才能取得统治。民主共和国甚至是无产阶级专政的特殊形式，法国大革命已经证明了这一点。"① 在1894年3月6日致保·拉法格的信中，恩格斯再次指出民主共和国是无产阶级的国家形式："对无产阶级来说，共和国和君主国不同的地方仅仅在于：共和国是无产阶级将来进行统治的现成的政治形式。"②

在马克思、恩格斯看来，作为社会大多数的无产阶级也一定会支持自己的国家政权。这也就意味着无产阶级的国家政权得到了无产阶级的授权和同意。约翰·霍夫曼（John Hoffman）通过分析古希腊时期的贫民（穷人）的统治这一民主概念来论证无产阶级专政的民主性质。霍夫曼认为以阶级来定义民主是与古希腊的概念一致的。在亚里士多德那里，民主意味着广大平民掌握国家主权；在柏拉图那里，民主体制始于穷人获得胜利，杀死或者放逐他们的敌人。③迈克·李维也指出，无产阶级专政如果可以说是民主的话，那就在于它的任务是要推翻资产阶级政权而建立一种新的秩序。马克思、恩格斯认为这种新的秩序是更为进步的，因为它有利于实现一种比资产阶级更广泛的自由，正如资产阶级推翻封建特权而建立了一种更大程度的自由一样。④

至于授权的方式，我们可以认为是普遍选举的方式。虽然在资本主义制度下，由于选举资格的限制以及资本家对选举过程的控制，普选权成了资产阶级实现其阶级统治的工具。但马克思指出："选举是一种政治形式，……选举的性质并不取决于这个名称，而是取决于经济基础，取决于选民之间的经济联系。"⑤ 在过渡时期国家中，无产阶级作为选民是共同占有社会生产资料的具有平等地位的劳动者，无产阶级国家的

---

① 《马克思恩格斯全集》第22卷，人民出版社1965年版，第274页。

② 《马克思恩格斯文集》第10卷，人民出版社2009年版，第671页。

③ John Hoffman, *The Gramscian Challenge: Coercion and Consent in Marxist Political Theory*, New York: Basil Blackwell, 1984, p. 179.

④ Michael Levin, *Marx, Engels and Liberal Democracy*, New York: St. Martin's Press, 1989, p. 122.

⑤ 《马克思恩格斯文集》第3卷，人民出版社2009年版，第406页。

选举是真正自由平等的选举，将保证无产阶级选出自己的真正代表，国家真正成为无产阶级的国家。这是“马克思对内在地超越自由主义民主的强调，表明了无产阶级专政作为无产阶级的政治统治，其实质就是无产阶级民主。无产阶级专政高于自由主义民主，是就无产阶级是‘最大多数人’而言的，这个‘多数’从根本上改变了民主的性质”[①]。

（二）巴黎公社与无产阶级专政

巴黎公社是一个带有浓厚直接民主色彩的自治模式。无产阶级专政的民主属性的重要依据之一就是巴黎公社。就国内而言，大多数学者认为作为第一个无产阶级掌握政权的巴黎公社就是无产阶级专政，或者说是无产阶级专政的一种政治形式。仅有极少数学者否认巴黎公社与无产阶级专政的内在联系，认为巴黎公社是对人民实行民主，无产阶级专政则是对敌对阶级实行专制。

国外学者则围绕巴黎公社与无产阶级专政的关系问题产生了激烈的争论，形成了三种主要观点。第一种观点认为巴黎公社就是无产阶级专政。戴维·赫尔德指出：“马克思是在1871年巴黎公社模式产生之后才提出‘废除国家’和‘无产阶级专政’思想的。1871年巴黎发生了一场大起义，在这次起义中，数千巴黎工人冲上街头，推翻了他们视为旧的腐败统治机构，尽管这场运动最终被法国军队所镇压，但马克思认为它是‘新社会的曙光’，这次起义为一系列卓越的制度创新和新统治形式的设计提供了足够的时间。”[②] 虽然赫尔德承认了巴黎公社是无产阶级专政的制度来源，但马克思显然不是在巴黎公社之后才提出废除国家和无产阶级专政理论的。乔恩·埃尔斯特也明确指出，“巴黎公社——无产阶级专政之主要的历史例证”[③]。在穆罕默德·塔巴克看来，马克思虽然没有公开称巴黎公社为无产阶级专政，但他在1852年3月5日致约·魏德迈的信和1875年的《哥达纲领批判》中都说到无产阶级专政是一个政治过渡时期。巴黎公社在马克思看来也是一种过渡现象，而

---

① 郁建兴：《马克思国家理论与现时代》，东方出版中心2007年版，第142—143页。

② ［英］戴维·赫尔德：《民主的模式》，燕继荣等译，中央编译出版社2008年版，第131页。

③ ［美］乔恩·埃尔斯特：《理解马克思》，何怀远等译，北中国人民大学出版社2008年版，第420页

且是可以使劳动者在经济上获得解放的政治形式。据此，塔巴克认为巴黎公社是无产阶级专政的一种形式。[①] 布伦德认为在《法兰西内战》中，马克思重新回到无产阶级专政以及国家的废除主张，并赞扬巴黎公社向废除国家迈出了第一步，马克思认为巴黎公社是无产阶级专政的第一次实践和新社会的先驱。[②]

第二种观点认为，巴黎公社和无产阶级专政是马克思所设想的无产阶级革命后向共产主义过渡的两种模式，这两者从本质上讲是不同的。尽管恩格斯在1891年为马克思的《法兰西内战》所写的导言中把巴黎公社视为无产阶级专政，但迈克·李维认为巴黎公社模式是分权主义和普遍参与式的，带有直接民主的色彩；无产阶级专政模式则是集权主义和专制独裁的。尽管二者都要消灭国家，但前者是通过限制国家权力来实现，而后者则是要在加强国家权力的基础上消灭国家。一个负责的、分权的、可废止的政权不可能同时是绝对的、集权的和专制的政权。李维认为马克思倾向于通过无产阶级专政而不是巴黎公社模式走向共产主义。[③]阿维纳日（Shlomo Avineri）则指出，关于《法兰西内战》的不同手稿明确表明了马克思并没有把巴黎公社视为无产阶级政权，而只是看作一个小资产阶级和激进民主主义者的政权。[④]

第三种观点认为，马克思没有明确说明巴黎公社与无产阶级专政的关系。达里尔·格雷泽认为马克思没有阐明向共产主义的过渡时期、无产阶级国家的性质以及在过渡时期国家是否开始消亡，但马克思曾经有过两种暗示可以作为进一步思考。第一种暗示是他称为向无阶级社会过渡的无产阶级专政，这种专政可能采取无产阶级统治而不是专制独裁；第二种暗示是《法兰西内战》所论述的巴黎公社，一种废除了政治特

---

① 曲延明编写：《重新认识马克思的无产阶级专政理论》，《国外理论动态》2001年第5期，第1页。

② F. L. Blender: *"the Ambiguities of Marx's Concepts of 'Proletarian Dictatorship' and 'Transition to Communism"*, in Bob Jessop and Charlie Malcoln-Brown (eds.), Karl Marx's Social and Political Thought (Volume III), London and New York: Routledge, 1990, p. 370.

③ Michael Levin, *Marx, Engels and Liberal Democracy*, New York: St. Martin's Press, 1989, p. 124.

④ Shlomo Avineri, *the Social and Political Thought of Karl Marx*, Cambridge: Cambridge University Press, 1968, p. 247.

权和官僚政治的新政府形式。在格雷泽看来，马克思是否把巴黎公社视为无产阶级专政是不确定的，也不太清楚，但马克思感到有义务为公社的首创精神和激进主义辩护，虽然公社并不符合规律。①

那么巴黎公社与无产阶级专政究竟是什么关系呢？马克思的确没有明确把巴黎公社称为无产阶级专政。但仅凭这一点就认为巴黎公社与无产阶级专政是两种截然不同的模式，二者之间没有任何关系也难以让人信服。在《法兰西内战》中，马克思指出，巴黎公社是“不但取代阶级统治的君主制形式、而且取代阶级统治本身的共和国”的“毫不含糊的形式”②。在分析了公社的结构及措施后，马克思说：“公社完全是一个具有广泛代表性的政治形式，……公社的真正秘密就在于：它实质上是工人阶级的政府，是生产者阶级同占有者阶级斗争的产物，是终于发现的可以使劳动在经济上获得解放的政治形式。”③ 在马克思看来，巴黎公社是巴黎无产阶级通过革命而获得的政权，是工人阶级控制下的政权。这与无产阶级专政意味着整个无产阶级的政治统治是一致的；同时，巴黎公社作为社会共和国的基础与无产阶级专政采用民主共和国形式是一致的。马克思说：“在法国和在欧洲，共和国只有作为‘社会共和国’才有可能存在；这种共和国应该剥夺资本家和地主阶级手中的国家机器，而代之以公社；公社公开宣布‘社会解放’是共和国的伟大目标，从而以公社的组织来保证这种社会改造。”④ 在此基础上，马克思进一步分析巴黎公社在经济上的任务：“公社是想要消灭那种将多数人的劳动变为少数人的财富的阶级所有制。它是想要剥夺剥夺者。它是想要把现在主要用做奴役和剥削劳动的手段的生产资料，即土地和资本完全变成自由的和联合的劳动的工具，从而使个人所有制成为现实。”⑤ 公社将在经济上对生产资料的私有制进行改造，废除旧有的生产关系，其最终指向是实现共产主义，这与无产阶级专政的历史任务也

---

① Daryl Glaser, *"Marxism and Democracy"*, in Andrew Gramble, David Marsh and Tony Tant (eds.), Marxism and Social Science, London: Macmillan Press Ltd, 1999, pp. 241 – 242.

② 《马克思恩格斯文集》第 3 卷，人民出版社 2009 年版，第 154 页。

③ 同上书，第 157—158 页。

④ 同上书，第 205 页。

⑤ 同上书，第 158 页。

是一致的。

从马克思关于巴黎公社性质和意义的论述可以看出，巴黎公社所处的历史阶段就是向共产主义转变的过渡时期，公社的历史任务就是要实现人类的解放。这与无产阶级专政的历史方位和历史任务是一致的。我们可以合乎逻辑地推论出，在马克思那里巴黎公社就是无产阶级专政，或者无产阶级专政的现实形式之一。恩格斯的论述也为我们提供了一个有力的论证。1891 年在为《法兰西内战》所写的导言中，恩格斯明确指出巴黎公社就是无产阶级专政。他说："近来，社会民主党的庸人又是一听到无产阶级专政这个词就吓出一身冷汗。好吧，先生们，你们想知道无产阶级专政是什么样子吗？请看巴黎公社。这就是无产阶级专政。"① 巴黎公社为无产阶级专政的民主模式提供了最为有力的论证。

三 两种模式比较分析

表面上看，无产阶级专政的集权模式和民主模式具有根本的差异，是两种根本对立的制度体系。但是如果我们深入分析这两种模式的理论渊源，就会发现二者在表面对立背后有着更深层次的内在逻辑联系。这两种模式实际上是无产阶级专政国家在过渡时期不同阶段的不同职能的凸显和集中表现。

（一）两种模式的理论渊源及其关系

无产阶级专政集权模式首先与阶级斗争理论紧密联系在一起。马克思认为无产阶级专政是阶级斗争的必然结果。无产阶级掌握国家政权后，由于敌对阶级的存在，必须把权力集中掌握在自己手中，这是无产阶级巩固政权的需要。在阶级社会中，国家本质是经济上占统治地位的阶级对其他阶级进行剥削和压迫的工具，其目的是为了维护统治阶级的利益。由于过渡时期各种阶级仍然存在，尤其是敌对阶级的存在，无产阶级的国家政权仍然具有阶级统治的工具性质和应对敌对阶级反抗的职能。也就是说，无产阶级专政国家将实行无产阶级的政治统治，在巩固政权的同时维护社会秩序的稳定。但无产阶级国家政权实现的是资产阶级社会中被剥削的无产阶级及其同盟者对少数剥削者即资产阶级的统

---

① 《马克思恩格斯文集》第 3 卷，人民出版社 2009 年版，第 111—112 页。

治。这种统治是采用专制暴力方式还是和平方式，取决于资产阶级的态度和反抗行为。如果资产阶级采取暴力方式，那么无产阶级只能用革命的暴力来反对反革命的暴力；如果资产阶级在无产阶级国家里采用和平的方式进行反抗，那么无产阶级也将以人道的方式来应对。

无产阶级专政集权模式也与马克思的过渡时期理论有密切联系。无产阶级国家将在过渡时期对资本主义私有制进行彻底的改造，首先建立国家所有制和集体所有制①，再逐步过渡到社会所有制。改造私有制这项巨大工程必须要由国家自上而下来推动，这就要求把权力集中在国家手里，用国家的力量来帮助无产阶级实现所有制的变革。在已经建立的国有制和集体所有制里，有计划地组织联合起来的个人进行社会生产将取代市场调节的自发生产。这种组织联合的个人有计划地进行生产的职能显然个人和社会团体也是不可能完成的。这样无产阶级国家就成为了社会总的领导机构，在国家层面上分配社会劳动时间和生产资料，实现生产资料共同占有下的联合生产。这也意味着无产阶级国家需要把权力集中起来，作出权威性的决策，并通过国家力量付诸实施，保证整个社会向共产主义前进。

无产阶级专政的民主模式主要是从如何更好地组织和实现无产阶级的政治统治得出的结论。资产阶级利用国家机器实行对其他阶级的政治统治，但资产阶级本身并不是铁板一块，而是存在着有不同利益的派别。为了维护整体利益，资产阶级需要调节阶级内部的矛盾，通过实行代议民主制度，赋予各派别以平等政治权利。资产阶级的不同派别通过选举代表组成议会，在议会中讨价还价并达成妥协，把他们的共同意志上升为国家的普遍意志，从而维持资产阶级统治地位。在无产阶级专政国家中，由于分工和职业差异等因素的存在，无产阶级内部也会存在着具体利益的差别。为了维护和实现共同利益，无产阶级也需要通过民主制度体系调节不同的利益。在恩格斯看来，无产阶级国家的民主体制是社会发展的必然，而且有利于无产阶级的阶级斗争。恩格斯说："国家

---

① 马克思认为集体所有制主要表现为工人合作工厂和农业合作社。工人合作工厂是由部分工人自己联合组织起来共同占有生产资料，通过合作劳动有计划地进行生产的组织形式。农业合作社是农民共同占有土地，通过合作劳动进行农业生产的所有制形式。

的最高形式，民主共和国，在我们现代的社会条件下正日益成为一种不可避免的必然性，它是无产阶级和资产阶级之间的最后决定性斗争只能在其中进行到底的国家形式。”① 无产阶级专政的民主模式就是要保证整个无产阶级成为统治阶级。这就要求用民主制度体系来协调无产阶级内部不同阶层之间的利益差别，形成共同的意志。

无论是集权模式的阶级斗争和过渡时期理论，还是民主模式的无产阶级统治理论，它们的根本指向其实是一致的，都是要巩固和维持无产阶级政权，从根本上改造私有制，逐步把生产资料集中到无产阶级国家手中，逐步实行有计划地组织社会生产，消灭阶级和阶级对立、国家，最终实现共产主义和人类解放。在马克思看来，共产主义是人类社会发展的客观趋势和自然历史过程，是生产力与生产关系矛盾发展的必然结果。同时，人们在实践中推动了改造旧的生产关系而建立新的生产关系，推动生产力的发展和人类社会的不断进步。共产主义实现也需要革命的无产阶级作为主体力量。为此，无产阶级必须把国家权力集中起来改造旧有的社会经济基础，大力发展生产力。如何发展生产力呢？无产阶级将通过国家政权对生产资料进行科学配置，使联合起来的劳动者按照计划进行共同生产，以克服资本主义社会中由于市场自发调节而引起的生产的无政府状态。“当阶级差别在发展进程中已经消失而全部生产集中在联合起来的个人的手里的时候，公共权力就失去政治性质。原来意义上的政治权力，是一个阶级用以压迫另一个阶级的有组织的暴力。”② 在马克思、恩格斯看来，无产阶级国家将随着过渡时期的结束而消亡。正如恩格斯指出：“国家并不是从来就有的。曾经有过不需要国家，而且根本不知国家和国家权力为何物的社会。在经济发展到一定阶段而必然使社会分裂为阶级时，国家就由于这种分裂而成为必要了。现在我们正在以迅速的步伐走向这样的生产发展阶段，在这个阶段上，这些阶级的存在不仅不再必要，而且成了生产的真正障碍。阶级不可避免地要消失，正如它们从前不可避免地产生一样。随着阶级的消失，国家也不可避免地要消失。在生产者自由平等的联合体的基础上按新方式

---

① 《马克思恩格斯文集》第4卷，人民出版社2009年版，第192页。

② 《马克思恩格斯文集》第2卷，人民出版社2009年版，第53页。

来组织生产的社会，将把全部国家机器放到它应该去的地方，即放到古物陈列馆去，同纺车和青铜斧陈列在一起。”①

（二）两种模式是无产阶级国家不同职能的集中表现

如果从历史发展的角度进一步分析，这两种模式实际上是无产阶级专政国家的不同职能在不同阶段的集中表现。统治职能和社会经济改造职能在革命后政权建立初期更为突出。随着政权巩固以及社会经济改造的逐步进行，和平建设时期就会到来。此时无产阶级国家的社会管理、公共服务职能以及组织社会成员参与职能就凸显出来。

对于刚刚取得革命胜利的无产阶级来说，首要的任务就是巩固自己的政权。在面对资产阶级的反革命破坏活动时，无产阶级必须把权力集中起来以及时作出应对。正是在这个意义上，马克思曾经明确指出："在革命之后，任何临时性的政局下都需要专政，并且是强有力的专政。"② 在马克思看来，一个新政权的巩固并取得对旧政权的胜利，总是要应对大量的反革命势力的阻碍。"资产阶级所有制对封建所有制的胜利，民族对地方主义的胜利，竞争对行会制度的胜利，遗产分割制对长子继承制的胜利，土地所有者支配土地对土地所有者隶属于土地的胜利，启蒙运动对迷信的胜利，家庭对宗族的胜利，勤劳对游手好闲的胜利，资产阶级权利对中世纪特权的胜利"③ 经过了长期的阶级斗争。在资本主义最发达的英国，资产阶级在1648年革命中同新贵族结成同盟推翻了封建贵族和君主制，并在1688年建立了立宪君主制，但其真正获得统治权却是在19世纪30年代。在法国，虽然在1789年爆发了法国大革命，但大革命结束后，革命与反革命总是在不断交替，资产阶级直到1875年法兰西第三共和国建立之后才真正建立了自己的统治。资产阶级对封建君主的彻底胜利是一个长期的阶级斗争过程。对于无产阶级来说，巩固政权也是革命后的第一个长期的艰巨的任务。由于资产阶级的强大，无产阶级必须把权力集中起来，利用国家强制力量来保卫政权。当政权巩固之后，无产阶级的主要任务就是立即对资本主义旧社会

① 《马克思恩格斯文集》第4卷，人民出版社2009年版，第193页。

② 《马克思恩格斯文集》第2卷，人民出版社2009年版，第69页。

③ 同上书，第74页。

进行改造，为实现共产主义创造条件。

随着政权的巩固和私有制改造的逐步进行，越来越多的生产资料将集中在无产阶级国家手中。这时无产阶级国家政权的经济建设职能和社会管理职能就凸显出来。在马克思、恩格斯看来，要实现无产阶级以及整个人类的解放，就必须使生产资料由联合起来的个人直接支配和占有，进行有计划地组织生产。无产阶级国家中的社会成员将享有经济上的平等权利，即共同占有生产资料，成为平等的“有产者”。这就从根本上改变了国家“作为阶级专制工具的性质，作为用暴力长久保持财富占有者对财富生产者的社会奴役、资本对劳动的经济统治的政治机器的性质”①。在社会管理方面，无产阶级专政的国家废除“政府的压迫力量和统治社会的权威”②，使国家成为社会的仆人。进入和平建设时期，无产阶级国家的大部分职能都将回归社会，只保留必要的少数重要的职能。但是马克思、恩格斯本着谨慎的态度，并没有具体地预言无产阶级专政国家的社会公共职能。在他们看来，无产阶级专政的国家社会职能应该是一个实践问题而非理论推演来预测。在政治方面，无产阶级国家将保证劳动者享有真正的民主，享有平等的政治权利，成为国家和社会的主人。

第三节　无产阶级专政的有限集权民主制度体系

在马克思看来，无产阶级国家的统治职能、经济社会职能以及组织无产阶级参与政权是可以在一套政治制度下实现的。在批判和反思代议制民主的基础上，马克思总结了无产阶级革命运动，尤其是巴黎公社的政治实践，提出了无产阶级国家的一套有限集权的民主制度设计。

一　集权模式与民主模式的结合

无产阶级专政是国家形式和政治体制的统一，是无产阶级革命胜利后向无阶级无国家的共产主义转变的过渡性政权组织形式。无产阶级国

---

① 《马克思恩格斯文集》第3卷，人民出版社2009年版，第219页。

② 同上书，第223页。

家具有两种类型的职能：(1)集权性质的职能：无产阶级需要维护自己的政治统治，应对资产阶级及其同盟者的反抗，因而必须建立起具有压迫性质的有组织的国家暴力机器；无产阶级也需要利用国家政权逐步实现生产资料的国家所有和集体所有，科学配置集中在国家手里的生产资料，有计划地组织劳动者进行联合生产。(2)民主性质的职能：无产阶级专政国家需要把无产阶级以及劳动者组织为统治阶级，保证他们的民主政治权利和生产过程中的自由平等权利。

无产阶级国家这两类不同性质的职能应该如何体现，是否能从制度设计方面进行区分呢？这两类职能是否需要不同的组织机构来实行——一类是等级制的、镇压性的暴力机构，一类是平等的、合作性的机构？令人遗憾的是马克思并没有明确详细的论述。正是由于马克思的这种模糊性，西方学者提出了马克思关于无产阶级专政国家的结构与职能理论的两种对立模式——集权模式和民主模式。法国政治思想家列菲伏尔就曾指出："马克思并没有很好地区分组织与制度。他是否设想了一种没有制度的组织呢？人们可以坚持这一点，但这很容易遇到一个危险的悖论。马克思并没有看到国家制度化的过程，也没有看到作为合理化和制度化结果的国家。他没有看到社会之上的制度，而只看到了它所反映的组织。除此之外，在他看来，从属于（市民）社会的国家与无产阶级专政又是同义语。……难道管理着如此之多的重要事务的国家，不会变成一种'上层建筑'，……变成一种占压倒性优势的政治实体吗？"① 客观地说，列菲伏尔对马克思的评价有一定的道理，尤其是他对无产阶级专政所提出的问题。但是他没有看到的是马克思对这些问题有着深刻的思考。

任何社会形态中的国家，包括无产阶级专政的国家都有集权统治和民主管理的职能，这两种职能都是通过不同的制度设计来实现的。但这些制度并不是彼此独立的，而是通过理论的建构而组成为一套制度系体系，因为国家的这两种职能是相辅相成的。关键的问题是如何设计一套制度体系来保证国家不同职能充分而有效地实现。马克思通过分析代议

---

① 转引自唐士其：《西方政治思想史》（修订版），北京大学出版社 2008 年版，第 382 页。

制民主看到了资产阶级国家日益成为凌驾于社会之上而奴役社会和劳动群众的力量，也意识到无产阶级专政国家也仍然具有这种倾向，而且无产阶级国家还掌握着集中起来的政治权力。因此，要保证整个无产阶级成为统治阶级，就必须把政治权力控制在整个无产阶级手中。马克思也看到了资产阶级国家的暴力性质，看到这种国家力量对无产阶级和劳动者阶级的镇压。资产阶级之所以能够做到这一点，关键就在于资产阶级控制了国家机器。无产阶级要维护自己的政权和新的社会秩序，也必须把国家权力控制在自己手中，以及时有效应对资产阶级及其同盟的反抗。与此同时，无产阶级还需要借助国家政权进行社会改造和组织社会生产。也就是说，为了保证完成无产阶级消灭私有制和阶级的历史任务，无产阶级也必须把国家权力控制在社会和劳动者手中，就必须使国家按照无产阶级的意志来行事，其中最为关键就是设计一套有效的制度体系。

如何来设计这一套制度体系呢？根据1848年欧洲革命和巴黎公社经验，马克思认为无产阶级不能直接利用资产阶级国家机器来达到自己的目的："工人阶级不能简单地掌握现成的国家机器，并运用它来达到自己的目的。奴役他们的政治工具不能当成解放他们的政治工具来使用。"① 无产阶级必须打碎少数人对多数人实行压迫的旧国家机器，在批判和借鉴代议制民主的基础上建立一套新的民主制度。马克思指出，资产阶级革命与以前的革命一样，是一个剥削阶级推翻另一个剥削阶级，以新的阶级压迫代替旧的阶级压迫，使得国家这个暴力机器更加完备。资产阶级国家是资产阶级剥削无产阶级，对其他阶级实行统治的工具。无产阶级为了使自己得到解放，就必须消灭私有制、阶级和国家，实现全人类的解放。在过渡时期，无产阶级还需要国家，但这个国家是经过彻底改造后的国家。正如马克思所言，无产阶级要建立新的国家政权，"第一个条件是改造传统的国家工作机器，把它作为阶级统治的工具加以摧毁"②。恩格斯也指出："胜利了的无产阶级在能够利用旧的官

---

① 《马克思恩格斯文集》第3卷，人民出版社2009年版，第218页。

② 同上。

僚的、行政集中的国家机构来达到自己的目的之前，必须把它加以改造。”① 无产阶级掌握国家政权后要改造旧的国家机器，摧毁和铲除资产阶级国家政权中具有纯粹阶级压迫性质的机构，尤其是庞大的军事和官僚机构。这些机构是资产阶级国家的主要支柱，是镇压和奴役广大劳动阶级的暴力工具。巴黎公社为无产阶级建立新的国家制度和组织提供了宝贵的实践和经验。1891 年，恩格斯在为马克思的《法兰西内战》单行本写导言时说：“国家再好也不过是在争取阶级统治的斗争中获胜的无产阶级所继承下来的一个祸害；胜利了的无产阶级也将同公社一样，不得不立即尽量除去这个祸害的最坏方面，直到在新的自由的社会条件下成长起来的一代有能力把这国家废物全部抛掉。”②

打碎旧的国家机器并不是要简单地否定一切，完全抛弃资产阶级代议制民主制度。无产阶级要扬弃资产阶级民主，把其中的合理成分改造成为无产阶级国家政治制度的组成部分，建立一种新的民主制度以实现社会解放。前面已经分析了马克思对资产阶级民主局限性的揭露和批判：代议制民主没有实现真正的平等和自由，本质上成了资本奴役无产阶级的工具；代议制民主由于权力分立的制度设计使其在阶级斗争中容易走向专制。但马克思并没有完全否定代议制民主，而是高度评价了代议制民主的历史进步性及其对于无产阶级的重要意义。马克思也没有把代议制民主等同于民主制度，没有把代议制民主局限看成是民主制度本身的局限。相反，马克思高度肯定了作为一般概念的民主制度及其普遍价值。

马克思认为民主制度是一种代表了全体人民利益的国家制度，是人民的自我规定和自由的实现。“在民主制中，国家制度本身只是表现为一种规定，即人民的自我规定。……在这里，国家制度不仅自在地，不仅就其本质来说，而且就其存在、就其现实性来说，也在不断地被引回到自己的现实的基础、现实的人、现实的人民，并被设定为人民自己的作品。国家制度在这里表现出它的本来面目，即人的自由产物。”③ 真

---

① 《马克思恩格斯全集》第 36 卷，人民出版社 1974 年版，第 81 页。

② 《马克思恩格斯文集》第 3 卷，人民出版社 2009 年版，第 111 页。

③ 《马克思恩格斯全集》第 3 卷，人民出版社 2002 年版，第 39—40 页。

正的民主制度具有三个特点：第一，人民是国家制度的基础、创造者和目的。“民主制从人出发，把国家变成客体化的人。正如同不是宗教创造人，而是人创造宗教一样，不是国家制度创造人民，而是人民创造国家制度。”① 第二，法律是人民意志的体现，人民是立法的依据和最终目的。“在民主制中，不是人为法律而存在，而是法律为人而存在；在这里法律是人的存在，而在其他国家形式中，人是法定的存在。”② 第三，民主制是内容和形式是统一，是普遍性和特殊性的统一。“在民主制中，任何一个环节都不具有与它本身的意义不同的意义。”“其他一切国家构成都是某种确定的、特定的、特殊的国家形式。而在民主制中，形式的原则同时也是物质的原则。因此，只有民主制才是普遍和特殊的真正统一。”③ “在民主制中，作为特殊东西的国家仅仅是特殊东西，而作为普遍东西的国家则是现实的普遍东西，就是说，国家不是有别于其他内容的规定性。”④

在此基础上，马克思认为民主制是一切类型国家的最终归宿和最终形式，“是国家制度的类”，“是一切形式的国家制度的已经解开的谜”⑤。在真正的民主制度中，人们成为了国家和社会的真正的主体，人民是国家及其制度的创立者和目的。“马克思认为，在民主制中，宪政制度是人民自己的作品——人民自己的决定。在马克思设想的民主制中，社会中的个人不再与政治国家、公共领域和共同体的分离和疏远。”⑥ 因此，“在真正的民主制中政治国家就消失了。……政治国家作为政治国家，作为国家制度，已经不再被认为是一个整体了。……国家制度、法律、国家本身，就国家是政治制度来说，都只是人民的自我规定和人民的特定内容。”⑦ 按照马克思的逻辑，无产阶级专政国家是国家消亡前的最后一种存在形式，必然也应当是民主的，而且是一种真正

① 《马克思恩格斯全集》第3卷，人民出版社2002年版，第40页。

② 同上。

③ 同上书，第39、40页。

④ 同上书，第41页。

⑤ 同上书，第39页。

⑥ Philip J. Kain, *Marx and Modern Political Theory: From Hobbes to Contemporary Feminism*, Lanham: Rowman & Littlefield, 1993, p. 168.

⑦ 《马克思恩格斯全集》第3卷，人民出版社2002年版，第41页。

的民主制。无产阶级专政国家是以无产阶级为主体的人民的具体体现，是服务于人民和社会的仆人。正如俄罗斯学者梅茹耶夫所言，马克思把无产阶级专政“理解为工人阶级所争取到的最广泛的民主，不仅是无产阶级自身的民主，而且是所有人的民主”①。戴维·赫尔德则把马克思的无产阶级专政理解为“由工人阶级及其同盟者对国家和社会的民主支配”②。

无产阶级专政国家的制度体系是民主的具体形式之一。那么无产阶级专政国家的政治制度是一种什么类型的民主呢？无产阶级专政的制度设计继承了代议制民主中的合理成分，但更多是吸收了巴黎公社的制度设计，其目的是要实现无产阶级的历史使命。在马克思的构想中，无产阶级专政是把国家民主性质的职能和集中性质的职能结合起来的真正的民主。我把它称之为有限集权民主，以区别于古典直接民主和代议制民主。

二　有限集权民主的理论原则

马克思认为无产阶级专政国家的制度体系要充分实现其任务和职能，需要建立在一些基本原则之上。这些原则包括人民主权原则、社会制约国家原则、集权原则和社会收回权力原则。这些原则从根本上指导着无产阶级国家的制度设计。

（一）人民主权原则

在《黑格尔法哲学批判》中，马克思通过否定黑格尔的君主主权论而肯定了人民主权论。在马克思看来，人民主权具有一元性、至上性和不可分性。马克思说：“如果君王，就其代表人民统一体来说，是主宰，那么他本人只是人民主权的代表、象征。人民主权不是凭借君王产生的，君王倒是凭借人民主权产生的。”③ 主权本身也不可能有双重的

---

① ［俄］B. M. 梅茹耶夫：《马克思主义与布尔什维主义》，《马克思主义与现实》2011年第6期，第142页。

② ［英］戴维·赫尔德：《民主的模式》，燕继荣等译，中央编译出版社2008年版，第131页。

③ 《马克思恩格斯全集》第3卷，人民出版社2002年版，第37页。

存在，“不是君主的主权，就是人民的主权——问题就在这里”①。君主的主权和人民的主权“是两个完全对立的主权概念，其中一个是能在君主身上存在的主权，另一个是只能在人民身上存在的主权……二者之中有一个是不真实的”②。这个不真实的就是存在于君主身上的主权：“那集中于君主身上的主权难道不是一种幻想吗?”③ 国家的主权是属于人民的，人民才是主权的所有者而非君主。

无产阶级专政国家是劳动者阶级作为统治阶级的国家，国家的一切权力都应该由人民来掌握和控制。这是无产阶级国家与以前剥削阶级国家的本质区别。无产阶级专政的国家真正实践了民主的原本含义，即人民的统治。资产阶级在其推翻封建专制制度的革命中，用启蒙思想家“自由”“民主”和“平等”的口号，尤其是人民主权的口号来动员广大劳动者阶级组成革命大军参加革命。这时资产阶级“与整个社会亲如兄弟，汇合起来，与整个社会混为一体并且被看做和被认为是社会的总代表”④。因为“每一个企图取代旧统治阶级的新阶级，为了达到自己的目的不得不把自己的利益说成是社会全体成员的共同利益，……赋予自己的思想以普遍性的形式，把它们描绘成唯一合乎理性的、有普遍意义的思想”⑤。但是资产阶级建立起自己的政治统治后所宣称的自由、民主和平等只是资产阶级少数人享有的自由、民主和平等。对广大的无产阶级和劳动者来说，真正的自由和平等只能存在于虚幻的想象中。

马克思高度赞扬巴黎公社真正实践了人民主权原则，实现了最大多数人的民主。马克思说：“公社——这是社会把国家政权重新收回，把它从统治社会、压制社会的力量变成社会本身的充满生气的力量；这是人民群众把国家政权重新收回，他们组成自己的力量去代替压迫他们的有组织的力量；这是人民群众获得社会解放的政治形式，这种政治形式代替了被人民群众的敌人用来压迫他们的假托的社会力量（即被人民群众的压迫者所篡夺的力量）（原为人民群众自己的力量，但被组织起

① 《马克思恩格斯全集》第3卷，人民出版社2002年版，第38页。
② 同上。
③ 同上。
④ 《马克思恩格斯文集》第1卷，人民出版社2009年版，第14页。
⑤ 同上书，第552页。

来反对和打击他们)。”① 巴黎公社是一个具有广泛代表性的政治形式和政权组织，它代表的是旧社会中被压迫的占人口绝大多数的劳动者人民。马克思说：“多种多样的人把公社看成自己利益的代表者，这证明公社完全是一个具有广泛代表性的政治形式。”② 公社代表了包括工人、农民在内的一切劳动群众，是“法国社会的一切健全成分的真正代表，因而也就是真正的国民政府”③。巴黎公社是真正代表广大人民利益的政权，公社所采取的措施“显示出走向属于人民、由人民掌权的政府的趋势”④。人民是公社（国家）权力的所有者，公社（国家）的权力来自于人民，并为人民服务，代表人民的根本利益。“它是由人民自己当自己的家。”⑤

（二）社会制约国家原则

国家产生于社会各阶级之间的矛盾和冲突，并成为社会中占统治地位的阶级维护其特权和统治的工具。与此同时，任何国家都承担着一定的公共职能，以一种普遍的和公共利益的身份出现，成为虚幻的共同体形式。这些使得国家成为凌驾于社会之上并统治和支配社会的独立力量。恩格斯说：“国家是社会在一定发展阶段上的产物；国家是承认：这个社会陷入了不可解决的自我矛盾，分裂为不可调和的对立面而又无力摆脱这些对立面。而为了使这些对立面，这些经济利益互相冲突的阶级，不致在无谓的斗争中把自己和社会消灭，就需要有一种表面上凌驾于社会之上的力量，这种力量应当缓和冲突，把冲突保持在‘秩序’的范围以内；这种从社会中产生但又自居于社会之上并且日益同社会相异化的力量，就是国家。”⑥ 虽然国家是从社会中产生的，但是却日益脱离社会而具有相对的独立性。虽然国家是统治阶级的工具，但是却表现出超越于社会各阶级之上的独立性。国家的这种双重独立性使得国家有可能形成自己的、不同于任何一个社会阶级（包括统治阶级）的利

---

① 《马克思恩格斯文集》第3卷，人民出版社2009年版，第195页。

② 同上书，第157页。

③ 同上书，第162页。

④ 同上书，第163页。

⑤ 《马克思恩格斯全集》第17卷，人民出版社1963年版，第565页。

⑥ 《马克思恩格斯文集》第4卷，人民出版社2009年版，第189页。

益，同时摆脱社会阶级力量的控制与支配而独立行动。用美国学者斯考切波的话来说就是国家具有它自身的、不同于社会中统治阶级或政治共同体全体成员利益的逻辑和结构。[①]

马克思、恩格斯具体分析了两种情况下的国家独立性。首先是相互冲突的社会各阶级力量达到某种均势和平衡状态的情况。恩格斯认为国家虽然是为经济上占统治地位的阶级服务的，“但也例外地有这样的时期，那时互相斗争的各阶级达到了这样势均力敌的地步，以致国家权力作为表面上的调停人而暂时得到了对于两个阶级的某种独立性。17 世纪和 18 世纪的专制君主制，就是这样，它使贵族和市民等级彼此保持平衡；法兰西第一帝国特别是第二帝国的波拿巴主义，也是这样，它唆使无产阶级去反对资产阶级，又唆使资产阶级来反对无产阶级。使统治者和被统治者都显得同样滑稽可笑的这方面的最新成就，就是俾斯麦国家的新的德意志帝国：在这里，资本家和工人彼此保持平衡，并为了破落的普鲁士土容克的利益而遭受同等的欺骗”[②]。其次是当某一阶级社会处于相对和平稳定的发展时期，国家也呈现出它的独立性和自主性。马克思指出，国家把阶级之间的斗争限制在一定的范围和秩序之内，“只要这种秩序还被人当做不容异议、无可争辩的必然现象，国家政权就能摆出一副不偏不倚的样子。这个政权把群众现在所处的屈从地位作为不容变更的常规，作为群众默默忍受而他们的‘天然尊长’则放心加以利用的社会事实维持下去。”[③]

在代议制民主下，资产阶级国家建立在获得了平等的公民权的市民社会个体成员的基础之上，以法律上的“公民”概念为政治基础。这样国家就成为了普遍事务的代表，自主性得到了更大程度的发展，与市民社会全体成员的利益产生一种无法解决的张力。马克思、恩格斯认为无产阶级国家必须消除国家的自主性和国家机关的主人地位。“国家再好也不过是在争取阶级统治的斗争中获胜的无产阶级所继承下来的一个祸害；胜利了的无产阶级也将同公社（指巴黎公社——引者注）一样，

---

① Theda Scokpol, *State and Social Revolution*, New York: Cambridge University Press, 1979, p. 27.

② 《马克思恩格斯文集》第 4 卷，人民出版社 2009 年版，第 191—192 页。

③ 《马克思恩格斯文集》第 3 卷，人民出版社 2009 年版，第 219 页。

不得不立即尽量除去这个祸害的最坏方面，直到在新的自由的社会条件下成长起来的一代有能力把这国家废物全部抛掉”[①]。无产阶级专政必须要用社会来制约国家，使国家服从无产阶级的控制，为整个无产阶级的利益和实现人类解放的目标而服务。马克思在《哥达纲领批判》中指出：“自由就在于把国家由一个高踞社会之上的机关变成完全服从这个社会的机关。”[②]

（三）集权原则

马克思认为无产阶级国家在权力配置方面，应该取消资产阶级的权力分立与制衡原则，实行立法权和行政权由人民选举的代表机关集中统一行使的原则。这是马克思分析权力分立与制衡原则与资产阶级代议制民主的实践得出的结论。对马克思而言，立法权是人民主权最重要的表现和实现途径，立法权“代表人民，代表类意志”[③]。立法权包含了制定作为政治国家机体的国家制度的权力，成为规定普遍东西的“最高的政治领域”[④]。分权制衡导致议会的立法权受到行政权的侵蚀，使立法权得不到真正地实现：行政权直接处理国家事务，并建立了庞大的官僚机构和军队等强制力量，往往容易扩张自己的权力，甚至吞噬立法权，使民主制度走独裁专制。

在研究1848—1850年法兰西阶级斗争中，马克思就分析了权力分立和制衡的代议制民主在实践中使得议会的立法权力受到行政权的侵蚀，最终路易·波拿巴通过军事政变废除了民主政体，建立起帝国专制体制。马克思指出，由于实行分权原则，法国1848年宪法造成了“一国二主——国民议会和总统——同时并存”[⑤]：一方面规定通过实行普选权产生的国民议会“拥有主权”和最高的立法权，并且“不许解散”，“总统应当对国民议会负责”；另一方面又把行政权力全部授予了总统，“国民议会则只是作为一种道义力量悬浮在行政权之上”[⑥]。在马

① 《马克思恩格斯文集》第3卷，人民出版社2009年版，第111页。
② 同上书，第444页。
③ 《马克思恩格斯全集》第3卷，人民出版社2002年版，第73页。
④ 同上书，第117页。
⑤ 《马克思恩格斯文集》第2卷，人民出版社2009年版，第114页。
⑥ 同上书，第121页。

克思看来，“资产阶级的政治统治被宪法硬塞进民主主义的框子里，而这个框子时时刻刻都在帮助敌对阶级取得胜利，并危及资产阶级社会的基础本身”①。为什么会这样呢？马克思认为其中原因就在于：虽然国民议会代表着人民主权，但资产阶级的物质利益却与庞大的行政权紧密结合在一起，因为“行政权支配着由50多万人组成的官吏大军，也就是经常和绝对控制着大量的利益和生存”②。资产阶级面对其他阶级的反抗时，为了维护其政治利益需要依靠行政权来进行镇压。这样，法国资产阶级“一方面要根本破坏一切议会权力、包括它自己的议会权力的生存条件，另一方面则使得与它相敌对的行政权成为不可抗拒的权力”③。作为主权代表的议会无法限制行政权，反而受到行政权的压制和破坏，成为“行政权用以骗人的附属物而已”④。

无产阶级专政国家要真正实现人民主权，在中央国家机关的设置上就必须消除立法权与行政权的分工。无产阶级国家应该让行政权归属于人民选举出来的具有立法权的代议机关。恩格斯就曾明确指出：无产阶级国家将“把一切政治权力集中于人民代议机关之手”⑤。正是基于人民主权和代议制民主的实践，马克思高度肯定了巴黎公社实行的议行合一的新政府模式：“人民组成了公社，从而把他们这次革命的真正领导权握在自己手中，同时找到了在革命胜利时把这一权力保持在人民自己手中的办法，即用他们自己的政府机器去代替统治阶级的国家机器、政府机器。”⑥

（四）社会收回权力原则

如果说人民主权原则反映了无产阶级专政的本质，那么社会收回国家权力就是无产阶级国家政权的目的和最终归宿。早在《黑格尔哲学批判》中，马克思就已经提出：“在真正的民主制中政治国家就消失了。”⑦ 在马克思看来，只有把国家政治权力归还社会，彻底改造国家

---

① 《马克思恩格斯文集》第2卷，人民出版社2009年版，第115页。

② 同上书，第511页。

③ 同上书，第512页。

④ 《马克思恩格斯全集》第17卷，人民出版社1963年版，第587页。

⑤ 《马克思恩格斯全集》第22卷，人民出版社1965年版，第274页。

⑥ 《马克思恩格斯文集》第3卷，人民出版社2009年版，第207页。

⑦ 《马克思恩格斯全集》第3卷，人民出版社2002年版，第41页。

机器，消除其阶级压迫的性质，扩大社会的自主权，实现人民的自我管理，才能实现真正的民主。正如一位西方学者所指出："真正的民主制是这样一种情况，正式的制度不再是来自市民社会的抽象存在。相反，制度是由人们决定的，并渗透到他们的社会生活中……真正的民主制是人类超越社会和个人利益的政治化概念。"① 按照马克思的逻辑，真正的民主制的实现意味着社会和政治国家的统一，人民真正成为国家和社会的主人。政治国家的权力回归到社会和全体人民手中，使国家制度成为人民社会生活的一个组成部分和表现形式。这也就接近了马克思所追求的人类解放和自由人的联合体的理想社会，"在那里，每个人的自由发展是一切人的自由发展的条件"②。

巴黎公社正是社会把委托给国家的权力重新收回的典型形式。马克思说："公社——这是社会把国家政权重新收回，把它从统治社会、压制社会的力量变成社会本身的充满生气的力量；这是人民群众把国家政权重新收回，他们组成自己的力量去代替压迫他们的有组织的力量；这是人民群众获得社会解放的政治形式。"③ 他还指出："这次革命的对象不是哪一种国家政权形式——正统的、立宪的、共和的或帝制的，而是国家本身这个社会的超自然怪胎。这次革命是人民为着自己的利益而重新掌握自己的社会生活的行动。"④ "公社体制会把靠社会供养而又阻碍社会自由发展的国家这个寄生赘瘤迄今所夺去的一切力量，归还给社会机体。"⑤

三 有限集权民主的制度设计

根据无产阶级专政国家的历史任务和人民主权等原则，马克思在批判借鉴资本主义代议制民主制度和总结巴黎公社经验的基础上，建构了无产阶级专政国家的有限集权的民主制度体系。

---

① Ira J. Cohen, *The Under emphasis of Democracy in Marx and Weber*, in Robert J. Antonio and Ronald M. Glassman (eds.), A Weber-Marx Dialogue, Kansas: University Press of Kansas, 1985, p. 277.

② 《马克思恩格斯文集》第2卷，人民出版社2009年版，第53页。

③ 《马克思恩格斯文集》第3卷，人民出版社2009年版，第195页。

④ 同上书，第193页。

⑤ 同上书，第157页。

（一）人民武装的军事制度

在马克思看来，人民主权最重要的实现途径和保证就是把革命的武装力量留在人民手中，保证人民的革命权。这样人民就可以从根本上掌握和控制国家权力，防止国家权力反过来对抗人民，成为压迫和奴役大众的力量。在以往的阶级社会里，广大人民群众之所以处于被奴役的地位，就是因为在过去的一切革命中，人民作为革命的胜利者总是放下自己的武器，而占人口少数的统治阶级拥有庞大的常备军和警察。一旦人民放下革命的武器，"这些武器就被转用来反对人民自己"①。因此，当无产阶级革命取得胜利时，必须把军事武装保留在无产阶级手中，从而把革命权保留在无产阶级手中。

正是基于这样一种认识，马克思高度赞同巴黎公社以国民自卫军代替旧政府的常备军。马克思指出，巴黎公社和以前革命相同的地方在于"革命以人民群众的名义，并且是公开为着人民群众即生产者群众的利益而进行"，但"新的特点在于人民在首次起义之后没有解除自己的武装，没有把他们的权力拱手交给统治阶级的共和主义骗子们"②。用人民武装来代替常备军，从而把革命的领导权掌握在人民手中，既消除了以往庞大的军事支出，也能保证政府权力控制在人民手中，保卫了革命的果实。马克思认为用人民武装代替常备军"是一切社会进步在经济方面的第一个必要条件，它一下子既消除这样一个捐税与国债之源，也消除这样一个一直存在着的危险，即阶级统治——不论是通常的阶级统治还是一个自称拯救所有阶级的冒险家的统治——僭取政府权力"，"同时它也是抵御外国侵略的最可靠的保障，并在事实上使所有其他国家都不可能维持耗资巨大的军事机器"③。

（二）代议制度和普选制度

代议制度和选举制度是无产阶级有限集权民主最基本的制度。虽然人民享有国家主权，但是由于现代国家地域广大、人口数量众多，不可能由所有人民直接行使权力，因此，人民的统治需要通过代议制度间接

① 《马克思恩格斯文集》第3卷，人民出版社2009年版，第195页。
② 同上书，第207页。
③ 同上书，第196页。

地实现。即是说，人民通过普遍选举产生国民代表组成权力机关，并按照人民的共同意志行驶国家权力，管理国家事务，维护社会公共秩序。实现这种代议制度的关键就是普选制度。马克思认为，无产阶级国家也将实行普选制度，这种普选将选出真正的人民代表，因为“选举的性质并不取决于这个名称，而是取决于经济基础，取决于选民之间的经济联系”①。在无产阶级国家中，广大劳动者共同占有生产资料，在生产中形成平等互利的合作关系，废除了财产、居住条件等各种阻碍普选权实现的不利因素。这样，人民将在真正平等的基础上进行公开的选举，使自己的意志能够通过其选举产生的真正代表而上升为国家意志。

巴黎工人在起义胜利后就立即组织人民进行普遍的选举，产生了新的政权——巴黎公社。当选的公社委员共有 86 名，包括囚禁在监狱中的布朗基，其中 21 名资产阶级代表退出了公社，公社委员实际共有 64 名：工人代表 27 名，职员代表 8 名，新闻记者、教师、医生等知识分子 29 名，“其中大多数自然都是工人或公认的工人阶级代表”②。这次选举废除了财产、教育等限制条件，所有巴黎市民都参与其中，第一次真正实现了普选权。马克思说：“普选权在此以前一直被滥用，或者被当做议会批准神圣国家政权的工具，或者被当做统治阶级手中的玩物，只是让人民每隔几年行使一次，来选举议会制下的阶级统治的工具；而现在，普选权已被应用于它的真正目的：由各公社选举它们的行政的和创制法律的公职人员。”③ 除了选举制定和执行法律的人民代表机关之外，公社的其他一切公职人员也由选举产生，包括警察、教师、公务人员、法官和审判官等。在马克思看来，由巴黎人民普遍选举产生的巴黎公社是一个真正的代表人民的政府。根据马克思对巴黎公社普选制度的评述，无产阶级专政国家的选举具有以下的特点：第一，除了因犯罪而被法律剥夺政治权利的人外，每个成年公民都享有平等的选举权和被选举权；第二，选举产生的国家公务人员大多数都是劳动人民的代表；第三，普选范围不仅包括人民代议机关，还包括法官、教师等具有公共性

① 《马克思恩格斯文集》第 3 卷，人民出版社 2009 年版，第 406 页。

② 同上书，第 154 页。

③ 同上书，第 196 页。

质的职务。

（三）集权政府制度

马克思认为无产阶级国家权力必须实行集权的原则，即立法权和行政权由人民普遍选举的代议机关来行使。因为分权制衡原则会使国家权力和国家机构处于选民的直接监督和控制之外。这为国家权力和国家机关成为凌驾于社会和人民之上奴役人民的力量和机关提供了客观条件。因此，马克思设想的无产阶级国家将实行立法权与行政权合一、立法机关与行政机关合一的集权政府制度。由全国人民普遍选举产生的人民代表组成国家权力机关，行使立法权和行政权。在这种政府制度下，人民代表既是立法者，制定各项法律，把人民的普遍意志变成为国家意志，又是行政人员，执行代表人民制定的各项法律，组织管理社会，把人民的共同意志付诸实践。在马克思看来，这种政府体制相比权力分立制衡政府的优点，就在于人民的意志能够得到直接实现，同时保证国家权力和国家机构处在人民的监督之下。这种"议行合一"的中央政府制度克服了资本主义议会制度清谈式的作风，同时又把行政权置于人民监督下，使政府机构真正对人民负责。赫尔德曾指出：马克思的"后资本主义的国家将完全不同于代议制政府。议会造成了统治者和他们的代表之间无法令人接受的障碍。马克思认为一次投票时常不能完全保证人民观点得到充分的表达。直接代表制则克服了这个困难，因为它克服了由分权原则导致的国家权力缺乏责任的根本缺陷。分权原则使国家机构处于选民的直接控制之外。所有国家机构都必须在单一的直接负责人的机制范围内。"① 此外，这种"议行合一"的中央集权的政府体制也可以克服由于分权而导致的行政权对立法权的制约和扭曲，保证了人民主权的实现。这种集权中央政府体制还克服了由分权导致的行政权与立法权对立，从而大大提高了政府工作效率。

巴黎公社恰好就是典型的对人民负责的议行合一的政府模式。马克思说："公社是由巴黎各区通过普选选出的市政委员组成的。这些委员对选民负责，随时可以罢免。……公社是一个实干的而不是议会式的机

① ［英］戴维·赫尔德：《民主的模式》，燕继荣等译，中央编译出版社 2008 年版，第 133 页。

构，它既是行政机关，同时也是立法机关。”[①] 公社是由人民普遍选举产生的兼管行政和立法的工作机关，这就使得“公社体制会把靠社会供养而又阻碍社会自由发展的国家这个寄生赘瘤迄今所夺去的一切力量，归还给社会机体”[②]。巴黎公社虽然是地方性的政府机关，但是给无产阶级共和国“奠定了真正民主制度的基础”[③]。在马克思看来，法国的中央政府机构可以建立在公社模式基础上，即由全国各区的公社向设在巴黎的国民代表会议选出自己的代表，同时每一个代表都可以随时罢免，并受到选民给予他的限权委托书（正式指令）的约束，执行中央政府应该履行的为数不多但很重要的公共职能。民族的统一也将由公社在体制上、组织上加以保证，把“脱离民族、凌驾于民族之上的国家政权”[④] 收回到人民手中。

（四）社会勤务员制度

在马克思看来，官僚机构、警察机关、法庭和教会与军队一道构成了资产阶级国家的压迫机器。在资产阶级社会中，官僚、警察、法官和教士等国家行政人员依赖于资产阶级和现存的经济基础，因为资产阶级的赋税是他们的生活源泉。因此，这些公职人员往往成为统治阶级的组成部分，资产阶级依靠他们来控制国家政权。同时，马克思又指出官僚机构、警察机关、法庭和教会等资产阶级国家机器拥有脱离统治阶级和市民社会的相对独立性，成为具有自身特殊利益的政治集团。这使得他们在一定条件下成为资产阶级和市民社会的主人。在《路易·波拿巴的雾月十八日》中，马克思指出，路易·波拿巴之所以能够政变成功，就是因为他所掌握的行政权“有庞大的官僚机构和军事机构，有复杂而巧妙的国家机器”[⑤]。恩格斯也指出：“官吏既然掌握着公共权力和征税权，他们就作为社会机关而凌驾于社会之上。……他们作为同社会相异化的力量的代表，必须用特别的法律来取得尊敬，凭借这种法律，他

---

① 《马克思恩格斯文集》第3卷，人民出版社2009年版，第154页。

② 同上书，第157页。

③ 同上。

④ 同上书，第156页。

⑤ 《马克思恩格斯文集》第2卷，人民出版社2009年版，第564页。

们享有了特殊神圣和不可侵犯的地位。”①

马克思认为无产阶级国家必须消除这种寄生于社会而又凌驾于社会之上，成为社会主人的国家机关和行政官僚，代之以为无产阶级和广大人民服务的社会机构和社会勤务员。马克思肯定并高度评价了巴黎公社为此所作出的创举。马克思说：巴黎公社使“旧政权的纯属压迫性质的机关予以铲除，而旧政权的合理职能则从僭越和凌驾于社会之上的当局那里夺取过来，归还给社会的承担责任的勤务员”②。巴黎公社通过选举产生所有社会公务人员并随时可以罢免的办法，使警察、行政官僚、教士、法官和审判官“不再是中央政府的工具，他们立刻被免除了政治职能，而变为公社的承担责任的、随时可以罢免的工作人员”③，并总是在公众监督下进行工作。这样就“彻底清除了国家等级制，以随时可以罢免的勤务员来代替骑在人民头上作威作福的老爷们，以真正的责任制来代替虚伪的责任制”④。巴黎公社对一切公职人员实行工薪制，“从公社委员起，自上至下一切公职人员，都只能领取相当于工人工资的报酬”⑤。在马克思看来，公社实行选举撤换制和工薪制的社会勤务员制度，“一举而把所有的公职——军事、行政、政治的职务变成真正工人的职务，使它们不再归一个受过训练的特殊阶层所私有”⑥，不再是旧中央政府官僚们的私有物了。

（五）社会自治

以往人们往往有一种错觉，认为马克思主张立法权与行政权合一的中央集权政府，因此在中央与地方的关系上，马克思认为中央政府应该控制地方，地方完全服从中央政府。事实却恰恰相反，在无产阶级专政国家里，地方将实行社会自治，即联合起来的劳动者独立自主地进行联合生产，共同管理地方事务。普选产生的中央政府将不干涉地方事务，“国家的职能将只限于几项符合于普遍性、全国性目的的职能”⑦。在

---

① 《马克思恩格斯文集》第4卷，人民出版社2009年版，第191页。

② 《马克思恩格斯文集》第3卷，人民出版社2009年版，第156页。

③ 同上书，第154页。

④ 同上书，第196页。

⑤ 同上书，第154页。

⑥ 同上书，第197页。

⑦ 同上。

《法兰西内战》中，马克思指出在公社体制下，地方居民直接选举自己的代表建立按民主原则组织的自治政府，管理共同的事务。在马克思看来，巴黎公社是法国一切大工业中心的榜样，“只要公社制度在巴黎以及次一级的各中心城市确立起来，那么，在外省，旧的集权政府就也得让位给生产者的自治政府”①。与此同时，“公社将成为甚至最小村落的政治形式，常备军在农村地区也将由服役期限极短的国民军来代替。每一个地区的农村公社，通过设在中心城镇的代表会议来处理它们的共同事务”②。在自治基础之上，由普选产生的人民代表组成的中央政府就是“组织起来的各公社的意志的自觉表现”③。

当然，这种社会自治并不是要否定无产阶级国家的政治统一和中央的权威。实际上，人民的社会自治是要实现国家的政治统一。马克思在肯定公社是社会自治的政治形式后，紧接着就反驳了那种认为公社制度会完全否定中央权威和职能的观点。马克思指出地方自治后，仍然存在“留待中央政府履行的为数不多但很重要的职能”，这些职能“不会像有人故意胡说的那样加以废除，而是由公社的因而是严格承担责任的勤务员来行使。民族的统一不是要加以破坏，相反，要由公社在体制上、组织上加以保证”④。

在马克思的理论体系中，无产阶级专政实行的是一套有限集权民主制度体系，包括人民武装制度、代议制度、普选制度、集权政府制度、社会勤务员制度和社会自治。人民武装制度、普选制度、社会勤务员制度和社会自治制度的主要目的就是实现人民对国家政治权力的控制和制约；而议行合一的中央政府只是掌握有限的权力，执行为数不多、设计全国性的公共职能。无产阶级专政的有限集权民主是一种直接民主与间接民主相结合的新型民主。它继承了代议制民主的代议制度而否定了权力分立与制衡的政府体制；它汲取了古典民主的人民的统治和自治概念而否定了公民直接参与国家政治决策。这套制度体系的核心是要把政治权力控制在人民和社会手中，使之为整个劳动者阶级服务，防止无产阶

① 《马克思恩格斯文集》第3卷，人民出版社2009年版，第155页。
② 同上。
③ 同上书，第197页。
④ 同上书，第155页。

级国家脱离人民而成为人民的主人。在马克思看来，这样一套无产阶级民主制度克服了代议制民主的弊端，真正地实现了人民的统治。这样无产阶级专政国家就能保证无产阶级完成其历史使命，最终实现共产主义和人类解放。

第三章　无产阶级专政与代议制民主之比较

代议制民主是现代西方社会的主流民主理论，代议制民主制度也是当今最主要的民主制度体系。通过与代议制民主的比较分析，我们可以更好地认识无产阶级专政有限集权民主制度体系，进一步确认无产阶级专政的民主本质。本章将从价值目标、经济基础、国家与民主原则、制度设计四个方面展开无产阶级专政与代议制民主的比较分析。

第一节　自由：个人与整体之别

无论是马克思的无产阶级专政，还是代议制民主，两者追求的价值目标都是人的自由。但是两者追求的自由在内涵上却有着不同的指向：代议制民主的自由观是对封建君主专制和中世纪神学统治的否定，以个人为本位，具有现实主义的特点；马克思的自由观是在批判代议制民主自由思想的基础上提出来的，是对个人自由本位的扬弃，强调实现社会每个成员的真正的自由，具有理想主义的特点。

一　代议制民主的自由观

代议制民主追求的自由是启蒙—自由主义的自由，因为代议制民主制度就是资产阶级以启蒙—自由主义为理论武器，在反对封建专制和中世纪宗教对理性的束缚中建立起来的。兴起于16世纪，结束于19世纪初的启蒙运动提出了“理性”“自然状态”“自然权利”“个人主义”“自由”“平等”“博爱”等一系列现代社会的核心价值，也催生了以个人自由为核心的自由主义。启蒙—自由主义思想所理解的自由源于人的理性和自然法（自然权利）。“启蒙呼吁的理性具有回到人的自然本性和社会的‘自然状态’的含义，是一种世俗化的价值观，它的实质是用人性反对神性，要求人们从宗教信仰中解放出来。启蒙思想家宣扬：人是为现实的、现世的幸福而活着，追求幸福是人的自然本性；人不是为了某个遥远的历史目的而活着，既不是为了‘神’的目的而活着，也不该为了‘神’而牺牲眼前的幸福。”① 在启蒙思想家那里，理性是人的本质属性，人可以依靠理性来认识、改造，甚至控制自然界；人也可以通过理性来认识自身，通过现实的努力而获得尘世的幸福。

实现这一切最重要的就是依靠自然法所赋予个人的自由意志和自然权利。自然法理论认为人类社会与自然界一样，都受着确定不移的法则——自然法的支配。自然法赋予了人们最基本的权利——自然权利，包括生命、财产、自由和追求幸福的权利。启蒙—自由主义思想家认为自然权利就是天赋人权，即人生来就具有的天然权利。其中自由是自由意志最重要的体现，是自然权利中最重要的权利，也是其他自然权利的基础和前提。斯宾诺莎指出，人们在自然状态（前国家状态）下拥有完全的自由，不受宗教与法律的限制，自由是人的第一权利：“天然的状态，在性质和时间两方面，都先于宗教。……我们认为的自然状态是先于缺乏神圣启示的法律与权利，并不只是因为我们无知，也是因为人人生来就赋有自由。”② 洛克则阐述了自由的重要意义——自由是其他自然权利的基础：“在自然状态中想夺取处在那个状态中的任何人的自由的人，必然被假设为具有夺去其他一切东西的企图，这是因为自由是其余一切的基础。同样地，凡在社会状态中想夺去那个社会或国家的人们的自由的人，也一定被假设为企图夺去他们的其他一切，并被看作处于战争状态。”③

建立在现实个人的理性和自然权利基础上，启蒙—自由主义思想家

---

① 尹保云：《什么是现代化：概念与范式的探讨》，人民出版社 2001 年版，第 19 页。

② ［荷］斯宾诺莎：《神学政治论》，温锡增译，商务印书馆 1982 年版，第 222—223 页。

③ ［英］洛克：《政府论》（下篇），叶启芳、瞿菊农译，商务印书馆 1964 年版，第 13 页。

认为个人的自由及其实现，是个人幸福的条件，也是社会发展的前提[①]。他们阐明了个人自由的三大领域：思想领域、经济领域和社会领域，以及个人所享有的不可侵犯的自由权利：(1)人身自由权，包括行动自由、迁徙自由、住所安全自由等；(2)精神活动自由权，包括言论自由、信仰自由、出版自由等；(3)经济自由权，包括财产自由、竞争自由、交换自由和贸易自由等；(4)社会自由权，包括秘密通信自由、集会自由和结社自由等。

启蒙—自由主义思想家指出，为了实现个人自由，关键在于正确处理个人与国家（政府）、社会与国家（政府）的关系。他们认为国家是为了实现个人自由而建立起来的，其目的在于维持社会的自由秩序，保护公民的自由权利不受侵犯。因此他们主张必须对国家进行理性设计，代议制民主就是最佳的选择。代议制民主是自由主义和民主主义的结合，以个人为本位，是保障和实现公民自由的最有效的手段。首先，代议制民主反对传统的君主、国王、家族等的专制独裁，倡导主权在民原则，保证国家权力来自公民。也就是说，任何权力统治都必须得到公民的同意和认可，人们通过选举方式来选择自己的代理人组成权力机关，组织或改变政府。其次，代议制民主反对“多数人的暴政”，充分保证少数人的自由权利，即在公民政治参与的内容、范围、方式和程度方面作出必要的限制和规定以实现少数人的权利。最后，代议制民主反对政府滥用国家权力，侵害公民自由和平等的权利。总之，在启蒙思想家看来，代议制民主通过保障公民个人的自由和平等权利，实行有限政府、责任政府和法治政府，并设计出一套制约和限制政府的制度体系，为个人的自由和人类社会的进步提供了制度保障。

二　马克思的自由思想

马克思的自由思想受到启蒙思想的巨大影响，其早期的自由观就是启蒙思想的自由观。启蒙思想家所阐述的现代西方核心价值——理性、自由权利、自由、平等、民主等，经过康德理想主义的理性自由概念、法国大革命和黑格尔的绝对精神理念而进入德国。随后的青年黑格尔派

① ［英］约翰·密尔：《论自由》，许宝骙译，商务印书馆1959年版，第67页。

继承了黑格尔的革命性思想和启蒙思想家的人本主义，通过自我意识哲学论证了个人自由权利，企图通过宗教和政治的批判来实现个人自由。受到青年黑格尔派自我意识哲学的影响，青年马克思是一个激进的民主主义者和人本主义者，信奉理性主义和自由主义思想。他激烈地批判普鲁士的君主专制制度，要求实现个人的自由和平等。在博士论文中，马克思通过伊壁鸠鲁的原子论论证了自我意识哲学，阐述了个人的自由和理性，并且要求在现实中予以充分的实现。《莱茵报》时期，马克思直接参与普鲁士现实政治问题的讨论，继承了以往对理性和自由的推崇和追求，从哲学上探讨了自由及其实现问题。同时受到黑格尔法哲学的影响，马克思建立了一种整体主义的理性国家观，认为国家应该承担实现人类整体的理性和自由的职责。马克思以理性为武器，批评普鲁士的书报检查制度，要求新闻和出版自由；批判封建等级制度和基督教国家，要求实现全体普鲁士人的自由。

随着从哲学与政治学转入经济学的研究，马克思逐步创立了唯物主义历史观，认为经济基础制约着政治和意识形态等上层建筑，规定了政治的性质以及自由的实现。马克思批判了启蒙—自由主义思想以及资本主义社会中自由的局限性，要求实现所有人的真正的自由，即实现人类的解放。在马克思看来，资产阶级依靠启蒙自由的口号号召广大无产阶级和劳动群众参加反对封建专制统治的斗争，建立了代议制民主制度。但自由并没有在资本主义社会中完全实现，并被资产阶级用来“标榜自己不是某一特殊的阶级的代表，而是整个受苦人类的代表”①。资本主义社会中的自由只是形式的自由，是资产阶级利用国家这个暴力机器维护其统治地位、对其他阶级实行压迫的自由，是资产阶级实现其经济利益的自由。马克思指出，资本主义社会中的自由就是财产和资本的自由，是资本家依靠雇佣劳动剥削无产阶级的自由、贸易的自由和竞争的自由；对广大的无产阶级来说，自由就是出卖自己劳动力受资本剥削的自由；对小资产者和小农来说，自由只是失去财产的自由。资产阶级社会的自由只是资产阶级一小部分人的自由，而社会的绝大多数人却处于奴役和压迫的状况。马克思一方面通过启蒙—自由主义的口号批判了资

① 《马克思恩格斯文集》第3卷，人民出版社2009年版，第525页。

本主义社会中不自由的现实；另一方面又指出启蒙—自由主义所主张的自由成了资产阶级用来谋求自己阶级利益并掩盖其阶级性的工具。

虽然激烈批判了启蒙—自由主义的自由口号被资产阶级所利用，但马克思并没有否定自由这一普遍价值。相反，马克思通过唯物主义的解释，赋予了自由更加激进的涵义。在马克思看来，自由意味着现实的个人摆脱自然界的、社会的以及人自身的限制和束缚，成为独立的、自主的和全面发展的人，克服了资本主义社会的异化状态。这种真正的自由不仅仅是个人的自由或部分人的自由，而是一切人的自由。这种真正的自由不能仅仅只是形式的自由，而要在政治解放的基础上实现劳动解放和社会解放，摆脱自然界和人类社会的一切束缚，包括资本和财产、国家权力、自然力量、分工等的束缚。实现了每个人的自由的社会就是代替资本主义旧社会的共产主义社会，这是一个“自由人的联合体”。无产阶级就是实现这个历史任务的主体力量。无产阶级将通过革命推翻资产阶级政治统治，实现真正的政治自由，再运用国家权力改造资本主义社会，发展生产力，创造实现人类自由的实现条件。在马克思看来，“要全面彻底地（而不是部分阶级地）实现启蒙这个目标，必须依靠无产阶级的革命手段。这个逻辑不仅说明了马克思继承启蒙思想，强调普遍主义的社会目标，而且比自由主义强调得更加突出”①。

三　人性与自由：现实主义与理想主义

无论是代议制民主还是马克思的自由思想，都是基于对人性的认识，对人的认识能力和认识方法的思考，以及个人与社会、个人与国家（政府）的关系的分析。但二者在这些问题的认识上却存在着明显的差异，这种差异让我们可以更好地理解其自由概念及其特点。

启蒙—自由主义倡导一种功利主义的人性伦理观，认为理性和自由是人所具有的本质属性。但这种理性和自由是现实的，是为了尘世中个人的利益和幸福。在启蒙—自由主义思想家看来，人性是丰富的、多样的和多面的，每个人都是具有不同个性的个体，具有不同的存在方式。

---

① 尹保云主编：《走出困境：马克思主义与中国现代化》，中国人民公安大学出版社2005年版，第11页。

正是由于人与人之间的差异和多样性从而为社会的发展和进步提供了动力。爱尔维修认为人的肉体和精神感受是支配人的行为的原则，指出人是自爱和利己的："在任何时代，任何国家，人民过去、现在和未来都是爱自己甚于爱别人的"，"人永远服从他的理解得正确的或不正确的利益"①，以个人利益作为判断和行为的标准。但公共利益，即最大多数人的幸福是美德的目的，每个人在追求自己的利益时，不能妨碍他人的幸福。国家的法律就是要保证个人利益与公共利益的协调。从边沁的功利主义道德伦理观来看，人的本性是趋乐避苦，这是个人的利益和行为的动机和目的。边沁认为，功利原则就是要求增加个人的幸福快乐，减少不幸和痛苦，肯定人的现实生活。对边沁而言，社会是由个人组成的，社会利益就是组成社会的成员利益的总和，只要每个人都能够追求和实现最大利益，那么整个社会也就实现了利益的最大化。最大多数人的幸福是衡量国家法律和制度化好坏的标准，国家制度应该保障每个个人利益的实现和最大化。随后的密尔发展了边沁的功利思想，同样把趋乐避苦视为人的本性，但他认为理性的快乐要比感官的快乐有更高的价值。密尔也坚持个人利益和自由的优先性，但也指出个人是社会的一分子，个人在追求利益和自由的同时，也要顾及他人的自由，必要时可以为他人和社会作出牺牲，建立一种"己所欲，施于人"，"爱邻如爱己"② 的道德理想。

总之，启蒙—自由主义思想家认为"人的本性中存在着或者不可避免地发展出普遍的、永恒的正义与权力体系；通过建立适合于维护法律与安全的机构，人们可以获得自由与平等，现代社会的发展就是通向这个目标的"③。启蒙—自由主义把个人看作现实的存在，要实现的就是个人在现实社会中的幸福和自由，从而使社会利益最大化。因此，启蒙—自由主义主张的自由是世俗的自由，是现实的自由，其自由的主体

① 北京大学哲学系编译：《十八世纪法国哲学》，商务印书馆 1979 年版，第 501、536 页。

② ［英］约翰·穆勒：《功利主义》，徐大建译，上海世纪出版集团 2008 年版，第 17 页。

③ 尹保云主编：《走出困境：马克思主义与中国现代化》，中国人民公安大学出版社 2005 年版，第 4 页。

是个人。据此，启蒙—自由主义认为在个人、社会与国家（政府）三者的关系中，个人是真正的具有终极价值目标的“实体”。在个人与社会关系上，个人先于社会，每个个体的联合构成了社会，个体是最基本的要素；在社会与国家的关系上，社会在逻辑上先于国家和政府，国家是个人为了维持社会集体生活和实现个人自由而建立契约的结果。一切社会和国家制度都是为了实现个人自由和幸福。基于人性的多样性，不同个体具有不同的幸福体验和个性发展，社会和国家就必须给个人以自由，让个人充分发挥其理性能力。与此相关，启蒙—自由主义的平等主要是指法律平等、政治平等和机会平等，而反对结果平等。

马克思与启蒙—自由主义思想家一样，也是从现实的个人出发来考察人性。马克思说：“我们开始要谈的前提不是任意提出的，不是教条，而是一些只有在臆想中才能撇开的现实前提。这是一些现实的个人，是他们的活动和他们的物质生活条件，包括他们已有的和由他们自己的活动创造出来的物质生活条件。”① “我们的出发点是从事实际活动的人”，“是处在现实的、可以通过经验观察到的、在一定条件下进行的发展过程中的人”②。但依据唯物主义历史观，马克思得出了与功利主义不同的人性观。他从人类历史和现实的社会事实中观察出人所具有的一般本性：人在本质上是一种具有能够满足自身生存和发展需要的、具有自我意识的生产性社会存在物。在马克思看来，人是具有各种需要和拥有不同利益的个体，其中最基本的需要就是生存，因为“全部人类历史的第一个前提无疑是有生命的个人的存在”③。人区别于动物的关键就在于人拥有通过自己的生产活动来满足这些需要的能力，同时在这个过程中又培养了新的能力并产生新的需要。马克思指出，在满足生存需要的生产活动中，“已经得到满足的第一个需要本身、满足需要的活动和已经获得的为满足需要而用的工具又引起新的需要”④。在《经济学手稿（1861—1863）》中，马克思做了进一步的阐释：“由于人类自然发展的规律，一旦满足了某一范围的需要，又会游离出、创造出新

① 《马克思恩格斯文集》第1卷，人民出版社2009年版，第516—519页。
② 同上书，第525页。
③ 同上书，第519页。
④ 同上书，第531页。

的需要。”[①] 在马克思那里，人满足自身需要又产生新的需要使得“人类本质地且永远地具有一种保持并改进其物质的生存形态的取向”[②]。这其中的决定性因素就是人的生产活动：生产活动满足了人的需要，同时又产生新的需要，是人朝向全面自由发展的条件和保证，也是人的创造力的来源；但个人的生产活动能力是有限的，不能完全满足个体的需要，这时个人就需要同其他人发生联系，进行共同生产劳动，形成复杂的社会关系，这构成了人的社会本质。因此，马克思说人的本质“在其现实性上，它是一切社会关系的总和”[③]。

我们可以看出，马克思“是将人类作为本质上是积极的、社会生产的创造物来描绘的”[④]。在这里，马克思实际上就批评了功利主义的人性伦理观，因为人性意味着生存和发展，也就是各种需要和能力的不断发展和满足，因此不能用善与恶、利己与利他等词汇来界定。“人性只是需要活着而已。用马克思的话说，基本的人性即需要‘维持’并且‘改善’他的‘物质的生存形态’。人性的本身，根本与道德无关。”[⑤] 更进一步说，马克思的人性是处在不断的进步的状态中，人通过生产活动改造自然，在共同的劳动中发展自己，使自身趋于完善。真正的自由就是人类本性，即人的各种需要和能力的全面发展和高度实现，也就是人的自由自觉的活动。马克思从现实的人出发来谈论人性，但实际上是把人作为一个类来探讨的，强调的是整个人类而不是其中的某个个体。这很明显区别于启蒙—自由主义的个人本位。马克思试图把个人与作为整体的人类结合起来，强调实现每个人的全面自由发展，强调个人自由与所有人的自由的实现，带有集体主义和平等主义的特性，也带有理想主义的特点。正是在这个意义上，马克思批判资本主义造成了人的异化和物化，具体表现为精神的异化、劳动的异化和资本拜物教，阻碍了人性的全面发展和自我实现，因此，资本主义社会中的自由

---

① 《马克思恩格斯全集》第47卷，人民出版社1979年版，第260页。

② 吴恩裕：《马克思的政治思想》，商务印书馆2008年版，第169—170页。

③ 《马克思恩格斯文集》第1卷，人民出版社2009年版，第501页。

④ ［英］肖恩·塞耶斯：《马克思主义与人性》，冯颜利译，东方出版社2008年版，第6页。

⑤ 吴恩裕：《马克思的政治思想》，商务印书馆2008年版，第173页。

只是资本的自由。在《哥达纲领批判》中，马克思认为在共产主义社会将实现人的真正的自由，因为人性在那里得到了最大程度的实现："各尽所能，按需分配！"①

第二节 制度设计的经济基础：根本的对立

如果说马克思的无产阶级专政与代议制民主在追求自由方面有一定的共性，那么二者关于政治制度的经济基础认识就存在着根本的对立。代议制民主信奉私有制和自由竞争的市场体系；而马克思则主张公有制和有计划地组织生产。这种经济基础上的对立从根本上导致了二者关于国家经济职能的认识和政治制度设计上的巨大差异。

一 代议制民主的经济基础：私有制与市场

启蒙—自由主义思想家从自然法（自然权利）和天赋人权理念出发，强调私有财产权是个人不可侵犯的"自然权利"，是实现自由的最根本保证。作为近代西方自然法理论奠基人之一的格劳修斯将财产所有权视为自然法的重要原则，他指出私有财产是不可侵犯的。他说："自然法规定，不得侵犯他人的财产。"② 自由主义创始人洛克认为私有财产是个人为了维持自己的生存而通过个体的劳动获得的。他把财产的私人占有和自由支配看成是最重要的自然权利：自由就是"在他所受约束的法律许可范围内，随其所欲地处置或安排他的人身、行动、财富和他的全部财产的那种自由，在这个范围内他不受另一个人的意志的支配，而是可以自由地遵循他自己的意志"③。孟德斯鸠也主张保护私有财产权：公民可以依照民法保卫他的财产权不受他人和公共权力的损害，因为"公共的利益永远是：每一个人永恒不变地保有民法所给予

---

① 《马克思恩格斯文集》第3卷，人民出版社2009年版，第436页。

② ［荷］格劳修斯：《战争与和平法》，载《西方法律思想史资料选辑》，北京大学出版社1983年版，第144页。

③ ［英］洛克：《政府论》（下篇），叶启芳、瞿菊农译，商务印书馆1964年版，第36页。

的财产”①。在孟德斯鸠看来，国家为了公共利益而涉及私人财产权时，应该依据民法，以私人的资格同私人交涉和谈判，不应该剥夺或削弱个人的财产。卢梭是一个激进民主主义者，认为私有制的产生导致了财产上的不平等，是人类不平等和不自由的根源。但他并不主张消灭私有制，而是希望在财产的分配和占有上尽可能地平等。卢梭还积极肯定了财产权对于个人独立和实现自由的重要意义。在《论政治经济学》中，卢梭指出：“财产权的确是所有公民权利中最神圣的权利，它在某些方面，甚至比自由还更重要。”②

随着商品经济的发展，理性原则、财产权和自由原则在经济社会领域得到更为充分的实践。大卫·休谟、亚当·斯密、大卫·李嘉图等自由主义思想家都主张私有财产制度、自由竞争制度、自由贸易制度，以及看不见的手——市场的重要作用。他们都竭力倡导经济自由、契约自由、竞争自由和自由放任原则，主张国家的职能和作用就是保证公民财产权和自由权，而不是干涉经济生活。市场能达到个人利益与社会利益、个人发展与社会进步的相互统一。这其中以亚当·斯密的论述最为典型。斯密首先强调了自由贸易的重要性。他认为贸易导致分工，分工又使社会结构分化，推动了社会进步。对一个国家来说，要实现富强就必须实行自由贸易制度，通过贸易来促进国民财富的增长。至于国内的生产，斯密把人设想为追求利益和效用最大化的经济人，认为活动的动机是为了获得利益。在斯密看来，虽然社会的每个人都是为了私利，但是有一只看不见的手——市场引导这些追求私利的个人实现社会公益。斯密说：“由于每个个人都努力把他的资本尽可能地用来支持国内产业，都努力经营管理国内企业，使其生产物的价值能达到最高程度，他就必然竭力使社会的年收入尽量增大起来。确实，他通常既不打算促进公共利益，也不知道他自己是在什么程度上促进那种利益。由于宁愿投资支持国内产业而不支持国外产业，他只是盘算他自己的安全；由于他管理产业的方式目的在于使其生产物的价值能达到最大程度，他所盘算

① ［法］孟德斯鸠：《论法的精神》（下册），张雁深译，商务印书馆 1959 年版，第 212 页。

② ［法］卢梭：《论政治经济学》，王运成译，商务印书馆 1962 年版，第 25 页。

的也只是他自己的利益。在这场合，像在其他场合一样，他受着一只看不见的手的指导，去尽力达到一个非他本意想要达到的目的。也并不因为事非出于本意，就对社会有害。他追求自己的利益，往往使他能比在真正处于本意的情况下更有效地促进社会的利益。”① 斯密认为在自由交换和公开竞争的条件下，每个人都在追求自身利益的最大化，但在市场的引导下，这些追逐私利的个人会为社会公益作出贡献。因此，斯密坚决反对政治对经济的干预，主张自由放任的经济政策。他说：“如果政治家企图指导私人应如何运用他们的资本，那不仅是自寻烦恼地去注意最不需要注意的问题，而且是僭取一种不能放心地委托给任何个人、也不能放心地委之于任何委员会或参议院的权力。把这种权力交给一个大言不惭地、荒唐地自认为有资格行使的人，是再危险也没有了。”②

启蒙—自由主义在经济领域极力主张私有财产权和自由放任的市场经济，强调国家与市场的分离，反对国家对社会个体和经济活动的干预。如果说国家有什么经济职能，那就是制定一套保护私有财产权、自由竞争和自由贸易的法律体系，维护自由竞争的市场秩序，为社会和个人从事自由的经济活动创造条件；举办私人没有能力经办的公共工程。

二　无产阶级专政的经济基础：公有制与计划生产

在马克思的时代，资本主义正处在早期发展阶段。一方面，第一次工业革命正在如火如荼地进行，市场经济的发展以及资本主义生产方式的扩张，使得生产力获得了极大的发展，社会也获得巨大进步。另一方面，整个资本主义社会矛盾十分突出，土地和资本日益集中到少数大土地所有者和资本家手中，出现剧烈的阶级分化和贫富分化，经济危机也频频发生，导致生产力的破坏、工人大量失业和生活的贫困。面对这个新社会，马克思始终坚持唯物主义历史观进行科学研究。马克思认为资本主义作为一种进步的生产方式，资本主义私有制作为一种新的生产关系，促进了人类全面地向前发展，“资产阶级在历史上曾经起过非常革

---

① ［英］亚当·斯密：《国民财富的性质和原因的研究》下卷，郭大力、王亚南译，商务印书馆 1979 年版，第 27 页。

② 同上书，第 27—28 页。

命的作用。”① 随着资本主义的发展，“封建的所有制关系，就不再适应已经发展的生产力了。这种关系已经在阻碍生产而不是促进生产了。它变成了束缚生产的桎梏。它必须被炸毁，它已经被炸毁了。起而代之的是自由竞争以及与自由竞争相适应的社会制度和政治制度、资产阶级的经济统治和政治统治”②。

马克思同时又从根本上否定了资本主义私有制和市场，试图以未来社会的自由人联合体所有制和有计划地组织生产取而代之。在马克思看来，资产阶级发展历程中，资本的原始积累过程充满了暴力，资本是带着原罪进入现代社会的。原始积累“首要的因素是：大量的人突然被强制地同自己的生存资料分离，被当作不受法律保护的无产者抛向劳动市场。对农业生产者即农民的土地的剥夺，形成全部过程的基础”③。马克思以当时资本主义最为发达的英国作为个案，揭露了资产阶级用暴力剥夺的方法把属于农业劳动者的土地财产转化为现代私有财产，“为资本主义农业夺得了地盘，使土地与资本合并，为城市工业造成了不受法律保护的无产阶级的必要供给”④。在分析工业资本的原始积累时，马克思还分析了通过暴力建立的殖民制度和商业战争的重要地位和作用。“美洲金银产地的发现，土著居民的被剿灭、被奴役和被埋葬于矿井，对东印度开始进行的征服和掠夺，非洲变成商业性地猎获黑人的场所——这一切标志着资本主义生产时代的曙光。这些田园诗式的过程是原始积累的主要因素。接踵而来的是欧洲各国以地球为战场而进行的商业战争。”⑤因此，“资本来到世间，从头到脚，每个毛孔都滴着血和肮脏的东西”⑥。

马克思认为资本主义财产私有制导致了资本家对工人阶级的剥削，资本主义财产私有制和雇佣劳动是一种不公正的制度安排。资本主义的生产过程是劳动过程和价值形成和增殖过程的统一：“作为劳动过程和

① 《马克思恩格斯文集》第 2 卷，人民出版社 2009 年版，第 33 页。
② 同上书，第 36—37 页。
③ 《马克思恩格斯全集》第 44 卷，人民出版社 2001 年版，第 823 页。
④ 同上书，第 842 页。
⑤ 同上书，第 860—861 页。
⑥ 同上书，第 871 页。

价值形成过程的统一，生产过程是商品生产过程；作为劳动过程和价值增殖过程的统一，生产过程是资本主义生产过程，是商品生产的资本主义形式。”[①] 在价值形成和增殖过程中，雇佣工人的劳动时间被分为两部分：一部分是必要劳动时间，用于再生产劳动力的价值；另一部分是剩余劳动时间，用于无偿为资本家生产剩余价值。马克思指出，剩余价值是工人所创造的被资本家无偿占有的超过劳动力价值的那部分价值，它是雇佣工人剩余劳动的凝结，体现了资本家与雇佣工人之间的剥削与被剥削关系。在资本主义生产中，资本家凭借对作为生产资料的占有和所有，无偿占有了工人所创造的剩余价值。

马克思还批判了资本主义生产和市场经济是非理性的和浪费的，无法克服自身存在的危机。市场是一种“资本和地产的自然规律的自发作用”[②] 的资源配置和生产调节方式。在马克思看来，这种资源配置和生产调节方式只会导致生产的无政府状态和周期性的经济危机。因为资本主义生产方式推动了生产的日益社会化，这种日益社会化的生产就要求生产资料在社会的范围内予以配置，并根据社会的需要进行生产。但是在资本主义私有制下，每个资本家都是为了追求最大限度的利润，盲目扩大自己的生产，导致生产过剩。与此同时，由于无产阶级的日益贫困而没有足够的社会需求和市场购买力，导致经济危机出现。“在商业危机期间，总是不仅有很大一部分制成的产品被毁灭掉，而且有很大一部分已经造成的生产力被毁灭掉。在危机期间，发生一种在过去一切时代看来都好像是荒唐现象的社会瘟疫，即生产过剩的瘟疫。社会突然发现自己回到了一时的野蛮状态；仿佛是一次饥荒、一场普遍的毁灭性战争，使社会失去了全部生活资料；仿佛是工业和商业全被毁灭了。”[③] 资产阶级却无法从根本上克服这些危机，他们所采取克服危机的办法只能是缓和矛盾而非根除危机。资本主义私有制将被共产主义社会的社会所有制所取代，这就是生产资料归联合的个人占有，进行有计划地联合生产。

---

① 《马克思恩格斯全集》第44卷，人民出版社2001年版，第229—230页。
② 《马克思恩格斯文集》第3卷，人民出版社2009年版，第199页。
③ 《马克思恩格斯文集》第2卷，人民出版社2009年版，第37页。

总之，资本主义私有制度和自由竞争的市场体系不可能通过资本主义制度自身得到自我救赎。要克服资本主义社会造成的一切苦难、扫除每个人全面自由发展的障碍，就必须消灭私有制、市场、阶级和国家，实现没有私有制和市场的共产主义。这既是人类社会生产力与生产关系矛盾运动发展的必然结果，也是实现每个人的全面自由发展的必然途径。实现这个伟大目标必须依靠无产阶级这个最革命的、具有普遍意义的阶级，利用国家政权对资本主义私有制和市场进行彻底改造，把所有土地、工厂等生产资料首先国有化，再逐步实现社会占有和有计划地组织生产。在无产阶级国家中，占主导地位的将是公有制经济和有计划地组织生产，私有制和市场将逐渐退出历史舞台。

三　准确理解马克思过渡时期所有制理论

虽然马克思认为由资本主义向共产主义的过渡期，无产阶级专政将对资本主义所有制和生产关系进行彻底改造，但马克思并没有全面否定在过渡时期私有制和市场的继续存在。长期以来，人们把马克思过渡时期理论简单地理解为建立无产阶级专政和消灭私有制，建立国有制经济。这是对马克思思想的误解，导致了实践的异化。实际上，马克思认为，改造资本主义经济关系将是一个长期的过程。在过渡时期，无产阶级国家必然存在多种所有制，发生复杂的关系。

（一）过渡时期将存在多种所有制

传统认识中，人们往往认为过渡时期只存在资本主义私有制和国家所有制，因为马克思、恩格斯曾多次说到，过渡时期首先把资产阶级私有制改造为国有制。实际上，除了这两种所有制外，马克思还论述了劳动者个体所有制和集体所有制。这就是说，过渡时期是多种所有制并存的阶段，这些所有制按性质可以分为公有制和私有制两大类。

公有制指生产资料归劳动者共同占有和支配的所有制，主要特征是生产资料归劳动者共同所有，劳动者地位平等。共产主义所有制是社会所有制，是一切生产资料归整个社会本身所有的公有制，联合起来的个人将有计划地组织社会生产。在过渡时期，无产阶级应当首先把生产资料集中在国家手中，建立无产阶级国家所有制，“大规模地采用合作生产”①。在马克思、恩格斯看来，生产资料国有化是通过向生产资料社会所有的一个途径，“意味着达到了一个新的为社会本身占有一切生产力作准备的阶段”②。也就是说，国家作为社会的代表拥有对生产资料的所有权，无产阶级作为劳动主体通过合作来共同占有生产资料，进行独立自主的生产。需要指出的是，马克思、恩格斯的国家所有制并不同于现实社会主义的国家所有制（或全民所有制），后者是由国家计划组织生产，而不是工人自主联合生产。过渡时期还存在另一种公有制形式——集体所有制，具体表现为工人合作工厂和农业合作社。工人合作工厂是由部分工人自己联合组织起来共同占有生产资料，通过合作劳动有计划地进行生产的所有制形式。农业合作社是农民共同占有土地等生产资料，通过合作劳动进行农业生产的所有制形式。

私有制是以生产条件的私人占有和所有权为基础的所有制形式。正如马克思所指出：“私有制作为社会的、集体的所有制的对立物，只是在劳动资料和劳动的外部条件属于私人的地方才存在。”③ 资本主义所有制是“以剥削他人的但形式上是自由的劳动为基础的私有制”④，其实质是资本对劳动的剥削，即资本家凭借对生产资料的垄断和所有权无偿占有雇佣工人所创造的剩余价值。马克思认为在过渡时期，资本主义私有制会长期存在，直到共产主义社会的实现才能真正消灭私有制：“‘资本和地产的自然规律的自发作用’只有经过新条件的漫长发展过程才能被‘自由的联合的劳动的社会经济规律的自发作用’所代替。”⑤ 恩格斯也曾指出不能一下子把私有制废除，“只能逐步改造现今社会，只有创造了所必需的大量生产资料之后，才能废除私有制”⑥。根据马克思、恩格斯的论述，过渡时期还存在着劳动者个体所有制，这是“靠自己劳动挣得的私有制，即以各个独立劳动者与其劳动条件相结合

---

① 《马克思恩格斯全集》第36卷，人民出版社1975年版，第416页。
② 《马克思恩格斯文集》第3卷，人民出版社2009年版，第558页。
③ 《马克思恩格斯全集》第44卷，人民出版社2001年版，第872页。
④ 同上书，第873页。
⑤ 《马克思恩格斯文集》第3卷，人民出版社2009年版，第199页。
⑥ 《马克思恩格斯文集》第1卷，人民出版社2009年版，第685页。

为基础的私有制”[1]，其主要表现形式为小土地所有制，农民占有有限土地，自主进行农业生产。在巴枯宁《国家制度和无政府状态》一书摘要中，马克思指出无产阶级掌握了国家政权以后“将以政府的身份采取措施，直接改善农民的状况，从而把他们吸引到革命中来”[2]，引导农民把土地私有制转变为集体所有制。

（二）过渡时期的运行机制：计划和市场缺一不可

马克思认为，在过渡时期，市场对彻底扬弃资本和改造私有制有着重要的作用。在马克思看来，资本和市场造成了普遍性的联系和世界历史，资本只有通过市场在发展中达到自己的极限，实现自我否定和扬弃。“资本不可遏止地追求的普遍性，在资本本身的性质上遇到了限制，这些限制在资本发展到一定阶段时，会使人们认识到资本本身就是这种趋势的最大限制，因而驱使人们利用资本本身来消灭资本。”[3] 股份公司作为资本在资本主义范围内对自身的扬弃，也只有在过渡时期的市场体系发展中而使自身成为“资本再转化为生产者的财产所必需的过渡点”[4]，逐步摆脱资本的私人属性而成为直接的社会财产，成为联合起来的劳动者的财产。

无产阶级在过渡时期也要利用市场，扩大国有制的范围，加快对资本和私有制的改造。一是国家利用市场手段来增加国有资产的数量。《共产党宣言》提出了通过市场来改造资本主义的一些具体措施，如“剥夺地产，把地租用于国家支出”“征收高额累进税”“通过拥有国家资本和独享垄断权的国家银行，把信贷集中在国家手里”[5]。二是国有制企业参与市场竞争，把部分资本转变为国家所有，扩大国家财产的数量和国有制的范围。在《共产主义原理》中，恩格斯指出：“一部分用国家工业竞争的办法，……逐步剥夺土地所有者、工厂主、铁路所有者和船主的财产。”[6] 三是通过市场来限制资本家对工人和农民的剥削。

---

① 《马克思恩格斯全集》第44卷，人民出版社2001年版，第873页。
② 《马克思恩格斯文集》第3卷，人民出版社2009年版，第404页。
③ 《马克思恩格斯全集》第30卷，人民出版社1995年版，第390—391页。
④ 《马克思恩格斯全集》第46卷，人民出版社2003年版，第495页。
⑤ 《马克思恩格斯文集》第2卷，人民出版社2009年版，第52页。
⑥ 《马克思恩格斯文集》第1卷，人民出版社2009年版，第686页。

对工人来说，无产阶级国家要“在国家农场、工厂和作坊中组织劳动或者让无产者就业，这样就会消除工人之间的竞争，并迫使还存在的厂主支付同国家一样高的工资”①。对农民而言，无产阶级要阻止资本家和大土地所有者对农民的不公正竞争、直接的掠夺以及欺诈行为。

恩格斯还认为，无产阶级国有制运行也有赖于市场，即国家把国有资本通过市场交换原则租赁给联合起来的劳动者管理和经营。恩格斯说：国家所有的“房屋、工厂和劳动工具的用益权，至少在过渡时期难以无偿地转让给个人或团体。同样，消灭地产并不是消灭地租，而是把地租——虽然形式发生变化——转交给社会。所以，由劳动人民实际占有全部劳动工具，决不排除保存租赁关系”②。此外，无产阶级国家可以通过市场帮助农民发展农业合作社，实现联合生产：“由国家银行接收它们（指农民合作社——引者注）的一切抵押债务并将利率大大减低；从社会资金中抽拨贷款来建立大规模生产（贷款不一定或者不主要是货币，而可以是必需的产品：机器、人造肥料等等）及其他各种便利。”③

在过渡时期，除了市场的继续运作外，有计划地组织联合起来的个人的社会生产将在国有制、合作工厂和农业合作社中实行，这可以看作是具有共产主义社会性质的运作方式。在马克思看来，资本主义生产方式下生产力的社会本性得到极大的发展，“规模不断扩大的劳动过程的协作形式日益发展”“科学日益被自觉地应用于技术方面”“土地日益被有计划地利用”和“劳动资料日益转化为只能共同使用的劳动资料”④。这些使得有计划地组织联合起来的个人的社会生产成为必然。国有制和集体所有制实现了一定范围内生产资料的共同占有，通过计划使劳动力和生产资料得到有效配置，提高了社会生产率，为实现全社会的联合生产奠定了基础。这种有计划地组织起来的联合劳动从根本上改变了生产的性质，消灭了剥削，劳动者共同享有劳动产品，社会生产的目的是为了人的全面发展，“人不是在某一种规定性上再生产自己，而

---

① 《马克思恩格斯文集》第1卷，人民出版社2009年版，第686页。

② 《马克思恩格斯文集》第3卷，人民出版社2009年版，第328页。

③ 《马克思恩格斯文集》第4卷，人民出版社2009年版，第525页。

④ 《马克思恩格斯全集》第44卷，人民出版社2001年版，第874页。

是生产出他的全面性”[①]，为劳动解放创造了条件。

按照马克思的设想，过渡时期的无产阶级国家将成为社会生产的领导和组织机构，形成以计划分配社会劳动时间和社会生产资料的经济运行模式，逐步实现生产资料共同占有下的联合生产。一方面，无产阶级国家资本通过贷款、租赁等多种形式，调节国有企业、工人合作工厂和农村合作社内部和彼此之间的社会劳动协作和生产资料配置，逐步消除分工以及由此带来的阶级差别、城乡差别。恩格斯认为作为劳动联合体的公社“将从事工业生产和农业生产，将把城市和农村生活方式的优点结合起来，避免二者的片面性和缺点”[②]。《共产党宣言》也提出“把农业和工业结合起来，促使城乡对立逐步消灭”[③]。另一方面，无产阶级国家的宏观调控还在全国范围内实施以克服市场导致的生产无政府状态和经济危机。马克思、恩格斯肯定市场对生产力发展起过巨大的作用，同时对市场的弊端也有深刻认识。他们认为自由竞争市场存在自发性和盲目性，使得社会劳动和生产资料在资本主义私有制下得不到合理配置，导致生产过剩的经济危机。无产阶级将利用自己的政权，根据全社会生产的需要，通过调节国有制经济和集体经济的生产来实现整个社会生产的平衡，缓和生产过剩的经济危机和对生产力的破坏。

我们可以看到，由于在过渡时期存在多种所有制，还没有实现生产资料的社会占有，因此市场和有计划地组织生产作为运行机制都将存在。同时由于掌握了国家政权，无产阶级必定会用自己手中的政权对市场进行限制，使其为改造资本主义私有制服务。

第三节　国家观与民主原则：同中存异

基于各自的自由理念和经济观，马克思与启蒙—自由主义思想家对于国家的认识和态度上既存在着相同之处，又有明显的差异。二者虽然都是从功能主义的视角来理解国家的起源、权力来源、作用和地位以及

---

① 《马克思恩格斯全集》第 30 卷，人民出版社 1995 年版，第 480 页。
② 《马克思恩格斯文集》第 1 卷，人民出版社 2009 年版，第 686 页。
③ 《马克思恩格斯文集》第 2 卷，人民出版社 2009 年版，第 53 页。

未来的发展趋势，但得出的结论却同中有异。启蒙自由主义思想家以个人自由为本位，强调对国家及其权力进行限制以防止侵犯个人自由。马克思则从社会与国家的关系出发，强调社会制约国家直到最终消灭国家。这也导致了无产阶级专政与代议制民主原则也同中有异：二者都主张对国家权力的制约，代议制民主更强调权力分立与制衡以及法治；马克思则强调社会对国家的制约。

一　代议制民主的国家观与民主原则

启蒙—自由主义思想家认为国家是个人为了实现和保护自然权利，通过相互订立契约建立起来的。用这种社会契约论来解释国家以及国家权力的起源，就否定了君权神授，证明了人是目的，国家的职能就是实现和保证人的生命、财产、自由和平等的权利。这也意味着肯定了人民主权论，主张对国家权力予以限制，以防止国家对个人权利的侵犯。洛克和卢梭是最具代表性的两位社会契约论与人民主权论学者。洛克认为虽然自然状态是一种完备无缺的自由状态，人们是自由而平等的，拥有生命、财产、自由这些不可让与和剥夺的自然权利。但自然状态也存在不完善之处，由于利害关系导致人们存在偏私，造成不遵守自然法，用强力侵犯他人的自然权利。为了克服自然状态的缺陷，更好地保护人身和财产安全，人们便相互订立契约，把惩罚他人的权利交给指定的人，按照全体成员或授权代表的一致同意来执行。“这就是立法和行政权力的原始权利和这两者之所以产生的缘由，政府和社会本身的起源也在于此。”① 国家即政府权力是出于“个人更好地保护自己、他的自由和财产的动机”，“绝不容许扩张到超出公众福利的需要之外”，国家的目的是“保障每一个人的财产”，“为了人民的和平、安全和公众福利”②。因此，国家权力必须受到人民订立的契约的制约，“不是，也不能是专断的”③。洛克还确立了人民主权论，他认为只有由人民委托、认可的政府才是合法政府，而且政府是有期限的和暂时的。政府必须按照人民

---

① ［英］洛克：《政府论》（下篇），叶启芳、瞿菊农译，商务印书馆1964年版，第78页。

② 同上书，第80页。

③ 同上书，第83页。

的意志行事，如果政府滥用权力侵犯人民的权利，人民可以收回政府权力，重新建立代表他们意志的新政府。洛克指出，个人通过契约“规定他们立法机关的期限，使任何个人或议会只是暂时地享有这种最高权力，或如果掌权的人由于滥用职权而丧失权力，那么在丧失权力或规定的期限业已届满的时候，这种权力就重归于社会，人民就有权行使最高权力，并由他们自己继续行使立法权，或建立一个新的政府形式，或在旧的政府形式下把立法权交给他们认为适当的新人”①。

卢梭是社会契约论与人民主权论的集大成者，他继承了自然权利和自然状态学说，认为“人是生而自由的”，“却无往不在枷锁之中”②。由于自然状态不利于人的生存和自由发展，人们就通过契约来解决“要找出一种结合的形式，使它能以全部共同的力量来卫护和保障每个结合者的人身和财富，并且由于这一结合而使得每一个与全体相联合的个人又只不过是在服从其本人，并且仍然像以往一样地自由”③ 这一根本问题。这个由契约建立起来的新的结合形式，卢梭称之为“道德的与集体的共同体”“公共人格”“共和国或政治体”。“当它是被动时，它的成员就称它为国家；当它是主动时，就称它为主权者；而以之和它的同类相比较时，则称它为政权。至于结合者，他们集体地就称为人民；个别地，作为主权权威的参与者，就叫做公民。”④ 在卢梭看来，共同体是人民在自愿、平等的基础上建立起来的，他们遵循自己的契约、服从共同体的最高权力，“就不是在服从任何别人，而只是在服从他们自己的意志”⑤。为了保护社会全体成员的利益，就必须具有“一种普遍的强制力量”，即“支配它的各个成员的绝对权力”，这种权力受到公意的指导时就是主权。由于“公意”是代表全体人民的共同利益和愿望的意见，主权就是人民共同意志的体现，因而属于全体人民，是不可转让和不可分割的。国家作为主权的行使者，其行为是共同体和

① ［英］洛克：《政府论》（下篇），叶启芳、瞿菊农译，商务印书馆 1964 年版，第 151 页。

② ［法］卢梭：《社会契约论》，何兆武译，商务印书馆 2003 年版，第 4 页。

③ 同上书，第 19 页。

④ 同上书，第 21 页。

⑤ 同上书，第 40 页。

它的各个成员之间的一种约定，并“以社会契约为基础”，“对一切人都是共同的”；国家“除了公共的幸福而外就不再能够任何其他的目的”①。“主权权力虽然是完全绝对的、完全神圣的、完全不可侵犯的，却不会超出、也不能超出公共约定的界限；并且人人都可以任意处置这种约定所留给自己的财富和自由。”②

启蒙—自由主义认为个人由于需要而相互订立契约来实现自由平等权利。作为契约产物的国家就是建立在人的理性基础上的，将随着人类社会的存在而永久存在下去。洛克指出：“人们在参加社会时交给社会的权力，只要社会继续存在，就决不能重归于个人，而是始终保留在社会中；因为如果不是这样，就不会有社会，不会有国家。”③ 虽然国家的目的是保护个人的权利和保证个人自由的实现，但国家掌握着巨大的政治权力，往往取代个人而真正威胁到个人的生命、自由和财产权。因此，启蒙—自由主义思想家往往对国家持一种怀疑态度，警惕掌权者为了个人或团体私利而滥用权力，侵害个人权利和公共利益。在他们看来，国家是一种必要的祸害，核心的问题是如何限制国家，如何设计合理的政府制度防止权力的滥用。为此，他们提出了两个主要的原则：一是法治（rule of law）原则；二是分权制衡原则。法治原则是在资产阶级反对封建专制的革命之后逐步建立起来的，其核心就是要用法律来限制政府的权力以及运行方式。法治要求政府服从宪法和法律，按照既定的法律规则行事。除了用法律限制政府的权力外，还必须在机构设置上制约政府权力，这集中表现为政府权力的分立与制衡，即以权力来制约权力。即使没有明确的分权，国家政府内部也要存在明确的分工以防止政府权力的过分集中。

在洛克看来，法治原则首要目标是对个人自由的保障。他说：“法律按其真正的含义与其说是限制不如说是指导一个自由而有智慧的人去追求他的正当利益……法律的目的不是为了废除或限制自由，而是为了

① ［法］卢梭：《社会契约论》，何兆武译，商务印书馆2003年版，第40页。

② 同上书，第41页。

③ ［英］洛克：《政府论》（下篇），叶启芳、瞿菊农译，商务印书馆1964年版，第150—151页。

保护和扩大自由。"① 其次，法治意味着政府权力不能超越法律的限制和规范，必须"以正式公布和被接受的法律，而不是以临时的命令和未定的决议来进行统治"。"因为，政府所有的一切权力，既然只是为社会谋幸福，而不应该是专断和凭一时高兴的，而是应该根据既定的和公布的法律来行使；这样，一方面使人民可以知道他们的责任并在法律范围内得到安全和保障，另一方面，也使统治者被限制在适当的范围之内，不致为他们所拥有的权力所诱惑，利用他们本来不熟悉的或不愿承认的手段来行使权力。"② 最后，法治意味着国家权力获得的方法来自于法律的规定。"无论何人，如果不用国家法律所规定的方法取得行驶统治权的任何部分的权力，即使国家的形式仍被保存，也并不享有使人服从的权利；因为他不是法律所指定的人，因而就不是人民所同意的人。"③ 为了实现保护个人自由的目的，洛克认为还必须把国家权力分为立法权、执行权和对外权，由不同的人彼此独立行使。他说："如果同一批人同时拥有制定和执行法律的权力，就会给人们的弱点以绝大诱惑，使他们动辄就要攫取权力，借以使他们自己免于服从他们所制定的法律，并且在制定和执行法律时，使法律适合于他们自己的私人利益，因而他们就与社会的其余成员有不相同的利益，违反了社会和政府的目的。"④

孟德斯鸠在继承洛克的法治和分权制衡思想的基础上，以维护人的自由权利为出发点，提出了较为完整的法治观念和"三权分立"学说。孟德斯鸠认为"政治自由并不是愿意做什么就做什么"，"自由是做法律所许可的一切事情的权力；如果一个公民能够做法律禁止的事情，他就不再自由了，因为其他的人也同样会有这样的权利。"⑤ 在孟德斯鸠看来，自由离不开法治，只有按照法律统治的政府才会是宽容的政府，而在宽容的政府里政治自由才会存在。但即使有宽容的政府存在，政治

---

① ［英］洛克：《政府论》（下篇），叶启芳、瞿菊农译，商务印书馆1964年版，第35—36页。

② 同上书，第86页。

③ 同上书，第121页。

④ 同上书，第89页。

⑤ ［法］孟德斯鸠：《论法的精神》（上册），张雁深译，商务印书馆1959年版，第183页。

自由也是不经常存在的，只有在“国家的权力不被滥用的时候才存在”。“但是一切有权力的人都容易滥用权力，这是万古不易的一条经验。有权的人们使用权力一直到遇有界限的地方才休止。……从事物的性质来说，要防止权力滥用，就必须以权力约束权力。”[①] 孟德斯鸠认为只有分权才能保证法治原则的实现和法律的执行，才能实现政治自由。权力分立并彼此制衡的政制“不强迫任何人去做法律所不强制他做的事，也不禁止任何人做法律所许可的事”[②]。孟德斯鸠第一次把国家权力划分为立法权、行政权和司法权，指出这三种权力必须交给不同的国家机关行使，以实现权力间的制约与平衡。“当立法权和行政权集中在同一个人或机关之手，自由便不复存在了。……如果司法权不同立法权和行政权分立，自由也就不存在了。……如果同一个人或是由重要人物、贵族或平民组成的统一机关行使这三种权力，及制定法律权、执行公共决议权和裁判私人犯罪或争讼权，则一切便都完了。”[③]

二 马克思的国家观与无产阶级专政

与启蒙—自由主义思想家从人的理性、自然权利和超阶级性阐述的国家学说相比，马克思认可了黑格尔对启蒙—自由主义思想家的批判，并在继承黑格尔的市民社会理论和辩证法的基础上，提出了一个不同于启蒙—自由主义的国家学说。

黑格尔以绝对观念为出发点和基础，通过辩证法构建了一个庞大的哲学体系。在他看来，绝对观念是决定自然界和人类社会一切事物的主宰。绝对观念处在不断运动和发展过程中，共经历了三个发展阶段：逻辑阶段、自然阶段和精神阶段。绝对观念在精神阶段也经历了三个发展阶段：主观精神、客观精神和绝对精神。客观精神就是黑格尔所谓的自由，其发展也经历了三个阶段：抽象法、道德和伦理。自由也依次经历抽象法阶段、道德阶段和伦理阶段，并最终得到实现。黑格尔把客观精神在伦理阶段的发展又分为家庭、市民社会和国家三个阶段。依照黑格

---

① ［法］孟德斯鸠：《论法的精神》（下册），张雁深译，商务印书馆1959年版，第184页。

② 同上。

③ 同上书，第185—186页。

尔的辩证法，一切事物都按照正、反、合（即肯定、否定、否定之否定）三个阶段辩证发展。事物的第一阶段（正）处于一种低级形式的统一状态，内部矛盾尚未爆发。第二阶段（反）破坏了前一阶段的统一性，事物开始被区分出来，表现出各自的特殊性，这是对前一阶段的否定。第三阶段（合）是事物在新的更高形式上的统一，是主观和客观、普遍与特殊、内容与形式的综合。事物的发展在第一阶段和第二阶段都是片面的，第三阶段才是全面的，包含了前两个阶段。黑格尔把家庭看作伦理发展的第一阶段，市民社会看作第二阶段，国家看作第三阶段。在黑格尔那里，市民社会是个人和家庭的聚合，是独立的个人由于相互需要而结合起来的。在市民社会里，个人追求自己的利益，彼此结合不过是达到私人目的的手段。市民社会“是个人私利的战场，是一切人反对一切人的战场”①，其中私人利益同作为整体的公共利益存在根本的冲突。为了克服市民社会的冲突，就必须到市民社会之外而又高于市民社会的领域去寻找力量，这种力量就是国家。国家是伦理精神发展的最高阶段，包含着家庭和市民社会。这也就意味着国家是自由的真正实现：“国家是绝对自在自为的理性东西”，“国家的根据就是作为意志而实现自己的理性的力量。”② 对黑格尔而言，国家的本质是公共利益和个人利益的结合，其目的在于普遍利益本身。也就是说，国家是自由本身，是目的而不是手段，高于社会和个人。据此，黑格尔批判了启蒙—自由主义的国家产生于契约的理论。他认为契约理论的一个根本缺陷是混淆了国家与社会的根本区别。契约论从孤立的个人出发，把个人自由和利益视为人们订立契约的最终目的。契约可以定义也可以废除，这样国家就成了偶然的事物。黑格尔指出，这种国家观是肤浅的，契约论者没有认识到通过契约建立起来的共同体不是真正的国家，而只是市民社会的人们基于私利的一种联合。契约论者不可能认识和把握国家的本质以及个人与国家的真正的关系。

“马克思赞同黑格尔的基本概念前提，但是通过逻辑倒置的方法和社会唯物主义的观点，用人类存在、类本身、社会的概念取代了黑格尔

---

① ［德］黑格尔：《法哲学原理》，范扬、张企泰译，商务印书馆2010年版，第309页。

② 同上书，第253、259页。

国家精神的理念至上性，从而否定了黑格尔的主要结论”。① 马克思批判了黑格尔的唯心主义从观念出发来理解国家与社会的关系：黑格尔“使作为观念的主体的东西成为观念的产物，观念的谓语。他不是从对象中发展自己的思想，而是按照自身已经形成了的并且是在抽象的逻辑领域中已经形成了的思想来发展自己的对象”②。这样黑格尔就没有把作为出发点的事实理解为事实本身，而是理解为神秘的结果，导致了神秘主义，颠倒了国家与市民社会的关系。马克思进而指出：“家庭和市民社会都是国家的前提。”③ “家庭和市民社会使自身成为国家。”④ 也就是说，“政治国家没有家庭的自然基础和市民社会的人为基础就不可能存在。它们对国家来说是必要条件。……国家是从作为家庭的成员和市民社会的成员而存在的这种群体中产生的。”⑤ 马克思还批判了黑格尔关于市民社会过渡到国家的一系列论证。黑格尔把同业公会、官僚机构、等级作为市民社会向国家过渡的中介，而马克思则通过历史和现实的分析揭示了这些机构也不过只是特殊团体利益的体现，作为抽象的普遍的国家与市民社会实际上是彻底分裂和彼此对立的。随着政治经济学研究的逐步深入，马克思在继承黑格尔的辩证法和异化思想基础上，深化了对国家与市民社会关系的研究，阶级成为联结市民社会与国家的关键性概念。

在《德意志意识形态》中，马克思对市民社会进行了界定：“受到迄今为止一切历史阶段的生产力制约同时又反过来制约生产力的交往形式，就是市民社会。……这个社会是以简单的家庭和复杂的家庭，即所谓部落制度作为自己的前提和基础的。……这个市民社会是全部历史的真正的发源地和舞台。”⑥ “市民社会这一名称始终标志着直接从生产和交往中发展起来的社会组织，这种社会组织在一切时代都构成国家的基

---

① ［美］乔治斯·戴尔马斯：《马克思的黑格尔国家哲学批判及其民主理论》，《马克思主义与现实》2010 年第 1 期，第 11 页。

② 《马克思恩格斯全集》第 3 卷，人民出版社 2002 年版，第 18—19 页。

③ 同上书，第 10 页。

④ 同上书，第 11 页。

⑤ 同上书，第 12 页。

⑥ 《马克思恩格斯文集》第 1 卷，人民出版社 2009 年版，第 540 页。

础以及任何其他的观念的上层建筑的基础。”① 随着分工的发展，作为物质生产关系和交往形式总和的市民社会产生了具有不同特殊利益的阶级，其中一个阶级统治着其他一切阶级。统治阶级的特殊利益从市民社会的单个利益和全体利益中分离出来，并以独立形式表现出来。这样国家就获得了独立于市民社会之外的地位，并以虚幻的共同体的形式表现出来。在马克思看来，国家是统治阶级维护其共同利益的需要而产生的，“对于被统治的阶级来说，它不仅是完全虚幻的共同体，而且是新的桎梏”②。国家是随着阶级以及阶级对抗而产生的，国家的本质是阶级统治的政治形式。这样马克思就以唯物主义历史观和阶级分析阐明了国家的起源和本质。很明显，虽然都对国家抱着一种怀疑和不信任的态度，但马克思实际上否定了契约论的国家观：国家是个人为了保护自己的权利和自由而通过契约建立起来的。国家不是中立的、不偏不倚的基于全体人民同意的共同体，而是一个为统治阶级服务的特殊利益集团。马克思尤其重点分析了资产阶级社会，认为现代国家“不外是资产者为了在国内外相互保障各自的财产和利益所必然要采取的一种组织形式”③。在《共产党宣言》中，马克思、恩格斯更直接地指出了资产阶级国家的阶级本质：“现代的国家政权不过是管理整个资产阶级的共同事务的委员会罢了。”④

另外，马克思也指出了国家在某些时刻具有中立性和自主性。国家作为从社会中分化出来的管理机构和控制阶级冲突保持社会秩序的公共权力，具有独立于市民社会和统治阶级的意志。国家的中立性和独立性首先表现在必须执行一定的社会公共职能。马克思、恩格斯认为自人类社会形成以来就存在着一定的公共事务和公共利益。随着国家日益从社会中分离出来，这些公共职能就转到国家身上。马克思指出，“亚洲的一切政府都不能不执行一种经济职能，即举办公共工程的职能”⑤。恩格斯也说：“社会为了维护共同的利益，最初通过简单的分工建立了一

① 《马克思恩格斯文集》第1卷，人民出版社2009年版，第583页。
② 同上书，第571页。
③ 同上书，第584页。
④ 《马克思恩格斯文集》第2卷，人民出版社2009年版，第33页。
⑤ 同上书，第679页。

些特殊的机关。”① 国家的中立性和自主性还表现当社会阶级斗争处于平衡状态时，国家以一种独立的第三方力量出现。恩格斯曾指出：“国家是承认：这个社会陷入了不可解决的自我矛盾，分裂为不可调和的对立面而又无力摆脱这些对立面。而为了使这些对立面，这些经济利益互相冲突的阶级，不致在无谓的斗争中把自己和社会消灭，就需要有一种表面上凌驾于社会之上的力量，这种力量应当缓和冲突，把冲突保持在‘秩序’的范围以内；这种从社会中产生但又自居于社会之上并且日益同社会相异化的力量，就是国家。”② 也就是说，国家为了维持社会秩序，必须在某些方面采取独立于、甚至有损于统治阶级利益的独立行为。

马克思认为国家是人类社会发展到一定阶段的产物，起源于阶级以及阶级对抗，并随着阶级和阶级斗争的消亡而消亡。这也意味着马克思否定了启蒙思想家的国家将会随着人类的存在而一直存在下去的观点。虽然国家要履行一定公共职能，但其本质是阶级统治的工具。在资产阶级社会中，即使是现代国家的最高形式——民主共和国，其性质仍然是阶级统治的工具。在马克思看来，启蒙—自由主义思想家们企图依靠国家来实现个人自由实际上是一种幻想。人类不可能依靠国家来实现对个人权利的保护，更不用说实现人类自由的目标。恰恰相反，如果要实现每个人真正的自由，就必须要消灭国家这种异化的、奴役人民的力量。

对于无产阶级来说，国家也是一个祸害，但也是必须的工具，是实现共产主义和真正的自由的必要条件。马克思反对无政府主义者在无产阶级革命后立即废除国家的主张。在马克思看来，关键的问题在于对资产阶级国家进行彻底改造，最核心的就是无产阶级国家必须保证权力控制在人民手中。“工人阶级一旦取得统治权，就不能继续运用旧的国家机器来进行管理；工人阶级为了不致失去刚刚争得的统治，一方面应当铲除全部旧的、一直被利用来反对工人阶级的压迫机器，另一方面还应当保证本身能够防范自己的代表和官吏，即宣布他们毫无例外地可以随

---

① 《马克思恩格斯文集》第3卷，人民出版社2009年版，第110页。

② 《马克思恩格斯文集》第4卷，人民出版社2009年版，第189页。

时撤换。"[①] 因此，无产阶级专政的国家也必须实行人民主权原则。客观地说，马克思的人民主权思想受到了卢梭人民主权论的影响。卢梭用人民主权来界定民主概念，认为人民主权不受约束、不可转让和不可分割，政府权力来自人民。马克思的人民主权论继承了卢梭的上述思想，强调民主的人民主体性，强调人民的统治。意大利学者德拉·沃尔佩曾指出马克思的民主理论的一个决定性前提就是卢梭的著作。他认为马克思的《黑格尔法哲学批判》是"一部自始至终渗透着典型的卢梭的人民主权思想的著作"[②]。科莱蒂也持有相同的观点，他说："马克思应该大大感谢革命民主思想的先驱们，尤其应该感谢卢梭。……马克思对议会制度的批判，他的普遍代表权理论，甚至关于国家消亡的思想都能够追溯到卢梭那里。"[③] 但马克思从唯物史观出发，通过对民主实质的阶级分析，以及对实现人民主权的途径的探讨而超越了卢梭。卢梭认为人民主权不能被代表、转让，认为在现代社会中不可能实现真正的民主，英国的代议制民主根本不是民主制度。但马克思认为人民主权是可以实现的，巴黎公社就是实现人民主权的典型形式。更为重要的是，在卢梭那里，主权的主体是拥有生产资料的小私有者，而马克思强调的是占社会人口绝大多数的无产阶级。

为了保证政权始终掌握在无产阶级手中，除了实行人民主权原则外，马克思更是从国家与社会的关系提出了社会制约国家和社会收回权力的原则。这些原则将保证国家政权始终掌握在无产阶级和人民大众手中，为改造资本主义私有制、实现生产资料国有化服务。无产阶级专政的国家政权将使无产阶级通过有计划地组织生产，克服生产的无政府状态，消灭经济危机，从而在历史发展进程中实现无产阶级国家的自行消亡。国家的消亡也就意味着国家和社会的统一，国家成为社会的真正代表。恩格斯在《反杜林论》中曾说："当国家终于真正成为整个社会的代表时，它就使自己成为多余的了。……国家政权对社会关系的干预在

---

① 《马克思恩格斯文集》第3卷，人民出版社2009年版，第110页。

② ［意］德拉·沃尔佩：《卢梭和马克思》，赵培杰译，重庆出版社1993年版，第136页。

③ ［意］L. 科莱蒂：《〈马克思早期著作〉导言》，张战生等译，载《马克思主义研究参考资料》1985年第11期，第52页。

各个领域中将先后成为多余的事情而自行停止下来。那时，对人的统治将由对物的管理和对生产过程的领导所代替。国家不是‘被废除’的，它是自行消亡的。”①

第四节　民主制度设计：权力制约与人民统治

由于追求共同的目标和对国家的不信任，无产阶级专政与代议制民主具有一些相同的制度设计；但基于对经济基础和国家来源、性质和未来命运的不同认识，无产阶级专政与代议制民主又有着截然不同的制度构想。

一　国家常备军制度与人民武装制度

军队是国家实行政治统治和推行各项政策的强制性暴力，军事制度是国家制度的重要组成部分。军事制度的差异构成了马克思无产阶级专政与代议制民主制度的根本区别。

西方代议制民主国家实行的军事制度是国家常备军制度，奉行军队属于国家的原则。第一，军队向国家负责，对政治保持中立，并在法律规定下形成了稳定的军事政治制度。英国宪法规定，作为国家代表的国王是世袭的武装部队总司令，军队向英国国王及其所代表的国家效忠和负责。美国宪法也规定军队以及军事大权归国会和总统掌握，对国家负责。法国、德国、意大利、日本等主要资本主义国家都实行了军队国家化和中立化的制度。第二，军队由国家来直接管理和指挥。西方各国主要是通过设立相关的部门和文职官员来实现对军队的管理。英国负责国家军事防务的职能机构是国防部。有关军事的重大决策都由内阁作出，经国王签字后生效，再由国防部具体执行。在美国军事制度中，议会拥有宣战权、决定武装力量的建立、给养和装备的权力，以及负责审批军事拨款，制定征调民兵办法等。总统是全国武装力量总司令，拥有统帅权和最高军事指挥权，包括作出军事决策、任命高级军官以及发布军队动员令等权力。法国、德国、日本等国与英国和美国的军事管理制度相

① 《马克思恩格斯文集》第9卷，人民出版社2009年版，第297页。

差无几。①

代议制民主实行军队国家化和中立化的军事制度，这与契约论有关。根据契约论思想，国家是个人为了克服自然状态的种种缺陷，保障自己的自然权利而建立起来的。人们让渡给国家的是惩罚违法自然法的个人的权力，国家按照社会成员或他们代表的一致意见或法律来行使权力。因此，国家相对于个人来说就具有绝对的权威和力量，以防止个人在实现自身权利的同时损害他人的权利。军队作为一种强制性力量，自然属于代表社会成员的国家这种享有公共权力的权威机关，而不属于某一个人、某一部分人或某一政党。在实践中，这种中立化和国家化的军事制度的建立也与西方资本主义国家政治制度发展过程紧密相关。在资产阶级推翻封建君主专制革命的18、19世纪，代议制政府成为当时最有权威的政治组织。政党等政治组织在当时正处于萌芽和初步发展阶段，随着议会制度和选举制度的完善才逐步成熟起来。这样的历史条件下，在反对封建君主专制的斗争中曾经由个人或部分集团控制的军队，在革命胜利后就自然而然地交由政府统一管理，以防止军队像封建君主那样被个人控制，成为谋取个人利益的工具。

在马克思看来，资本主义国家在本质上是资产阶级统治的工具，军队作为暴力力量构成了其最重要的组成部分。在资产阶级社会里，军队的首要任务就是镇压无产阶级和劳动人民，维持资产阶级的自由秩序。马克思在1867年曾经指出："目前欧洲大批军队的扩充是由1848年革命所引起的。庞大的常备军是社会现状的必然结果。现在保持常备军不是用来进行对外战争，而是用来镇压工人阶级。"② 不仅如此，马克思还指出常备军是虽然由政府供养的，但政府的收入却又是靠捐税和发行国债获得的。这样，资产阶级政府就把一切费用转嫁到广大的工人和农民身上。无产阶级国家是广大劳动者阶级居统治地位的国家，必须废除常备军，代之以人民武装。这是无产阶级改造资产阶级国家最重要的一个环节，是去掉政府所具有的少数统治阶级对绝大多数劳动群众实行统

① 参见梁琴、钟德涛：《中外政党制度比较》，商务印书馆2000年版，第246—257页。

② 《马克思恩格斯全集》第16卷，人民出版社1964年版，第612页。

治的压迫性质的核心举措。废除常备军同时也免除了人民在资产阶级国家中的庞大捐税负担，实现了“所有资产阶级革命都提出的廉价政府这一口号”①。

马克思之所以要用人民武装取代常备军，更为重要的原因在于马克思认为只有人民掌握了武装力量才能拥有革命权，才能把国家权力牢牢控制在人民手中，防止国家机关“为了追求自己的特殊利益，从社会的公仆变成了社会的主人”②。这是马克思总结以往革命和巴黎公社实践得出的结论：在以往的革命中，人民在革命刚胜利之时就放下自己手中的武器，结果这些武器就被转用来反对人民自己。当巴黎公社宣布用人民武装取代常备军时，马克思给予了高度的赞扬：“这次革命的新的特点在于人民在首次起义之后没有解除自己的武装，没有把他们的权力拱手交给统治阶级的共和主义骗子们。”③

二　代议制政府制度与普选制度

（一）代议制政府制度

代议制民主中，代议制政府是其制度的核心，是“人民主权”原则的最直接体现。民主的本意就是人民的统治，人民管理国家事务，但人民当家作主的政治理念的实现形式要随着环境的变化而有所变化。对于一个面积和人口规模都很小的国家来说，如古希腊的城邦，实行直接民主是可能的。但是现代国家的地域和人口规模远远超过了城邦，人民的统治就只能通过代表间接实现，将分散的权力集中起来管理国家公共事务。“代议制度是指一国统治阶级从各阶级、阶层、集团中，选举一定数量能够反映其利益、意志的成员，组成代议机关，并根据少数服从多数的原则，决定、管理国家政治、经济、文化和社会生活等各方面重大事务的制度。”④ 在密尔看来，代议制政府是最好的政府形式。他说：“理想上最好的政府形式就是主权或作为最后手段的最高支配权力属于整个社会集体的那种政府；每个公民不仅对该最终主权的行使有发言

---

① 《马克思恩格斯文集》第3卷，人民出版社2009年版，第157页。

② 同上书，第110页。

③ 同上书，第207页。

④ 周叶中：《代议制度比较研究》，武汉大学出版社2005年版，第10—11页。

权，而且，至少是有时，被要求实际上参加政府，亲自担任某种地方的或一般的公共职务。”① “显然能够充分满足社会所需要求的唯一政府是全体人民参加的政府；任何参加，即使是最小的公共职务也是有益的；这种参加的范围大小应到处和社会一般进步程度所允许的范围一样；只有容许所有的人在国家主权中都有一份才是终究可以想望的。但是既然在面积和人口超过一个小市镇的社会里除公共事务的某些极次要的部分为所有的人亲自参加公共事务是不可能的，从而就得出结论说，一个完善政府的理想类型一定是代议制政府了。”② 代议制政府是“全体人民或一大部分人民通过由他们定期选出的代表行使最后的控制权，这种权力在每一个政体都必定存在于某个地方。他们必须完全握有这个最后的权力。无论什么时候，只要他们高兴，他们就是支配政府一切行动的主人”③。密尔认为代议制政府既克服了直接民主的局限性，又保留了民主制度的一般原则。这样代议制民主政体比其他任何政体都更有利于提供良好的管理，也比其他政体更有助于人民的道德、智力和能力的发展。

在法治和分权制衡理论基础上，代议制民主建立了权力分立与制衡的代议政府制度。国家权力分为立法、行政和司法三种权力，交由三个不同的国家机关——立法机关、行政机关和司法机关独立行使，形成相互制约的三足鼎立之势。代议制政府的立法机关一般称为议会，由公民普选产生。议会以“人民主权”的名义行使立法权和对其他政府部门的监督权，以确保法律得以贯彻执行。议会除了立法权职能外，一般还有财政权、人事任命权和战争与和平的决定权。④ 行政机关即狭义的政府，其主要职能是执行国家的法律，制定和实施政策，负责管理国家的具体事务。除了执行法律和管理公共事务职能外，行政机关拥有行政立法权，并且参与议会的立法程序。司法独立是法治原则的重要体现，司法机关独立行使司法权，法院只依照法律来独立审判，不受任何组织、机构或者个人的干涉。但在司法过程中，政府和立法机构也会参与其

---

① ［英］J. S. 密尔：《代议制政府》，汪瑄译，商务印书馆 1982 年版，第 43 页。

② 同上书，第 55 页。

③ 同上书，第 68 页。

④ 宋玉波：《民主政制比较研究》，法律出版社 2001 年版，第 44 页。

中。在西方民主国家，这一切都由宪法和有关的法律规定下来，使之成为制度化、规范化和程序化的设计。

虽然具有一般的原则和总体制度架构，但实行代议制民主的国家由于历史传统等因素的差异，立法、行政和司法机关之间的关系以及运作方式都有所不同，形成了不同类型的民主制度。一类是以英国为典型代表的议会制政府，又称议会内阁制政府（或责任内阁制政府），其特点是"虚位元首、议会中心、内阁（首脑）集权、'议''行'相容、议会内阁相互制约"①。一类是以美国为典型代表的总统制政府，这是严格按照权力分立的原则建立起来的政府体制，其特点是总统拥有行政大权，对国民而不对议会负责。一类是以瑞士为典型代表的委员会制政府，其特点在于行政权是由议会选举组成的九人委员会共同行使。

马克思的无产阶级专政也主张实行代议制政府制度。但马克思并没有采取权力分立与相衡的制度设计，而是代之以立法权和行政权合一、立法机关和行政机关合一的集权政府制度。在马克思看来，人民主权最重要的表现就是由人民选举的代表行使立法权，作为人民意志代表的立法机构应该拥有最高的立法权力。在《黑格尔法哲学批判》中，马克思就指出立法权是实现人民主权的最重要保证，因为"立法权代表人民，代表类意志"②，"只有'立法权'才是本来的总体的政治国家"③。立法权包含了制定国家制度的权力，成为规定普遍东西的"最高的政治领域"④。"在立法权就其特殊性来说作为统治要素出现的地方，它完成了伟大的根本的普遍的革命。"⑤ 马克思把立法权看作人民统一意志的体现，实际上也就要求人民代表机关是一个统一的立法机关，实行一院制，反对现代议制民主国家普遍实行的议会两院制。法兰西第二共和国由于实行权力分立制度，导致了作为执行法律和从事社会管理职能的行政机关与代表选民的立法机关的对立，行政权逐步膨胀而最后吞噬了立法权。这一历史教训使马克思认识到，分权会导致立法权受到扭曲而

---

① 宋玉波：《民主政制比较研究》，法律出版社 2001 年版，第 55 页。

② 《马克思恩格斯全集》第 3 卷，人民出版社 2002 年版，第 73 页。

③ 同上书，第 112—113 页。

④ 同上书，第 117 页。

⑤ 同上书，第 73 页。

无法真正实现，人民主权也就得不到真正的实现。与此相反，如果立法与行政合一，让人民代表组成的代议机关行使立法权和行政权，这不仅能够保证立法权不会被行政权扭曲和吞噬，而且有利于法律的执行，大大提高了工作效率。巴黎公社是由巴黎人民（包括资产阶级）普遍选举产生的政权机关，是由工人阶级或公认的工人阶级代表组成的人民政府，统一行使立法权和行政权。公社市政委员既制定法律和作出重大决策，又担任各部门委员会委员，直接执行公社制定的法律和决议，从而大大提高了工作效率。

马克思也注意到国家和政府权力有可能脱离社会和人民，由社会和人民的仆人转变成为主人而统治社会，侵犯人民的权利和利益。但以权力制约权力是不可取的，这只会破坏人民主权原则。要真正实现人民主权，关键是要让社会和人民来制约权力，让人民控制政府。马克思高度认可巴黎公社实行的一系列制度，就在于他认为巴黎公社保证了公社成员对政治权力和官员的监督，对政府的实际控制而建立了对人民负责的责任政府。

我们可以看出，代议制民主设计政府制度的指导原则是如何限制政府权力及其规范权力运行方式。代议制民主强调以权力来制约权力，用法律来规范权力运行，同时把这些原则和制度写入宪法和法律，使之法律化、制度化和程序化。马克思的政府制度的目标是要在人民主权的基础之上实现人民的统治，强调人民控制权力以及权力的集中和统一行使。因此，马克思明确反对三权分立的政府制度，主张实行议行合一的集权政府体制。这种集权政府体制意味着由人民选举的代表机关既是权力机关又是工作执行机关，统一行使立法权和行政权。

（二）普选制度

普选制度是伴随着代议制的发展而逐步确立的，成为现代民主制度的基石。现代国家的地域和人口规模使得公民不可能直接行使国家权力，需要通过选举代表来组成代议制政府替自己行使权力。普遍选举制度使得公民的自由和平等权利成为现实，保障了大众的政治参与：充分表达自己的意愿和选举自己的代表。因此，普遍选举制度就成为了代议制政府得以建立和运行的前提，成为了人民表达自己的意志和要求的最佳方式。除了作为人民主权实现形式之外，普选制度对于民主还有其他重要的意义。首先，选举制度为公共权力机构的产生，实现和平、合理、有序的政府更替提供了制度保障。在专制体制下，统治者为了争夺权力往往引起战争、政变或暴力冲突，扰乱了国家社会的正常秩序，给社会造成巨大的人力物力损失。普遍选举制度使政权的更迭和平化和文明化，通过公开有序的政治竞争选举出执政者，保障了社会的长期稳定。其次，普遍选举制度赋予了新政府以合法性。人民通过普遍选举把政治权力授予新政府，确立了只有经过选民选举产生的政府才具有合法性和正当性的共识。一旦政府失信于公民，人民便可以重新选举代表组成新的政府。选举制度既确立了统治必须得到人民同意的“民意政治”，也产生了责任政治：统治者的权力来自人民的授予和同意，统治者是人民的委托代理人，必须对人民负责。最后，普遍选举制度使得社会公民广泛参与到公共事务中，这有利于培养公民的参与意识和政治责任感，提高公民的政治能力，培育民主政治文化。

代议制民主的普选制度是资产阶级在继承和改造以往的选举制度的基础上逐步发展起来的。代议制民主选举制度的完善是以普遍选举权的扩大为核心的，是资本主义社会各种阶级相互斗争和妥协的结果。从普选权的提出到真正普选制度的确立，从选举是少数人的特权到普遍的人权，经历了两个多世纪的岁月。[①] 英国是世界上最早建立代议制民主政体的国家，但其普选权的实现却经历了最长的时间。英国于1689年通过了《权利法案》，规定议会议员实行自由选举，但选区划分和议席的分配仍然实行革命前的古老制度。选区和议席不按人口分配，对选民资格作出了财产等方面的严格限制，资产阶级和广大劳动群众都被排斥在选举之外。随着工业革命的开展和资产阶级势力的壮大，资产阶级开始要求平等政治权力和议会改革。1832年，英国重新划分了各选区议员人数，降低了选民的财产资格，部分大资产者获得选举权。与此同时，工人阶级也日益壮大，要求平等的政治权利和社会权利，展开了著名的“宪章运动”。到1867年，英国又进行了选举制度的重大改革，使城市工人获得了选举权。1872年，英国实行了秘密投票制度，1884年统一

---

① 参见宋玉波《民主政制比较研究》，法律出版社2001年版，第80—84页；应克复等《西方民主史》，中国社会科学出版社2003年版，第372—374页。

了城乡选民标准，进一步降低财产等限制条件。1918年英国妇女才开始获得选举权，到1948年才实行了"一人一票，一票一值"和"男女平等"的原则，规定年满21岁的公民依法都有选举权，普遍的选举权终于实现。法国确立普选权和普选制度也经历了一个较长的过程。1789年法国大革命通过的《人权宣言》最早宣布实行不受财产、种族、性别和教育程度限制的普选权，但1791年宪法规定只有"积极公民"才有选举权和被选举权。当时法国2500万居民中，只有430万人有"积极公民"资格。此后随着资产阶级同封建王朝的斗争展开，普选权出现反复。1794年普选制被废除，规定了相应的选举资格。1814年复辟的波旁王朝使选举权进一步缩小，当时法国3300万人中只有约9万人有选举权，约1.5万人有被选举权。1848年二月革命和六月起义后，法兰西第二共和国实行了普遍、直接、秘密的选举制度，但只限于年满21岁的男子。1875年，第三共和国规定参议员由总统任命，众议员由年满21岁的男性公民间接选举产生。直到1944年，法国才把选举权扩大到女性，规定年满21岁的男女拥有平等的选举权，实行普遍、直接的选举制度。美国普选权的实现也经过了一个较长的发展过程。1787年制定的联邦宪法未对选举资格作出规定，由各州自己制定选举法。当时各州的选举法普遍规定仅给予有产的白人男性以选举权。到19世纪30年代，由于人民运动高涨，选民财产资格的限制逐步减小，多数白人男性公民获得选举权。美国内战结束后，1870年联邦宪法修正案规定任何人不得因种族、肤色或曾经为奴隶而拒绝或剥夺公民的选举权，在法律上承认了普选权。1920年，美国女性才在全国范围内获得了选举权。直到1964年，美国才取消了"人头税"限制选举权的规定。1971年，选民年龄由21岁改为18岁，取消了"文化测验"等限制，普选权和普选制度得到进一步完善。

在马克思的时代，选举制度正处在发展初期，普选权并没有得到实现。西方各国规定的财产等选举资格使得社会的大多数人口都没有选举权。在这样的历史背景下，马克思认为资产阶级社会的选举权和选举制度总是被少数有产者所垄断和控制，是为资产阶级统治服务的。但马克思并没有在一般意义上否定普选权和普选制度。在马克思看来，普遍选举是实现人民主权的最佳方式。在《黑格尔法哲学批判》中，马克思就积极评价了普选权对于市民社会的重要意义。他说："选举构成现实市民社会的最根本的政治利益。通过不受限制的选举和被选举，市民社会才第一次真正上升到自身的抽象，上升到作为自己真正普遍的本质的存在的政治存在。但是，这种抽象之完成同时也就是抽象之扬弃。"① 在马克思看来，普遍的选举实现了市民社会和政治国家的统一，实现了民主制的形式和内容的统一。巴黎公社的普选实践，使得马克思认为普选制度可以用来为无产阶级服务，选出真正代表自己的代表。因此，无产阶级专政的国家也应该保证社会成员的选举权，实现真正的普选权，这也是保证无产阶级控制国家政权的根本制度保证。

马克思主张的普选制度与代议制普选权的区别在于选举的范围。代议制民主的选举范围主要是议会议员和主要政府首脑等政治职务。马克思则赞同巴黎公社的普选制度，选举范围不仅包括人民代议制机关，还包括法官、警察、教师等具有公共性的职务。在马克思看来，只有所有的公共职务人员都由人民普遍选举产生，并且随时可以罢免撤换代表，才能实现对资本主义国家的改造，实现人民对政府的直接监督，把国家权力控制在自己手中。

三　官吏制度与人民勤务员制度

马克思无产阶级专政与代议制民主在关于社会公职人员的制度安排方面存在根本的区别。代议制民主实行的是政治任命与择优选拔相结合的官吏制度。② 西方官吏制度在资产阶级社会早期形成，经历了一个发展和逐步完善的过程。17 世纪英国建立君主立宪政体后，议会和国王长期共同控制官吏的任免，在官吏任用上存在着恩赐关系和裙带关系，甚至卖官鬻爵也是司空见惯的现象。美国建国初期，有功者、有地位者、有钱者成为政府重要的官员，裙带关系在各级文职官吏中也常常出现。随着 19 世纪初期政党制度的建立，政府职位成为了竞选获胜的政党的战利品，依照论功行赏的原则进行分配，形成了政党分赃制。19

---

① 《马克思恩格斯全集》第 3 卷，人民出版社 2002 年版，第 150 页。

② 具体内容参见宋玉波《民主政制比较研究》，法律出版社 2001 年版，第 126—161 页。

世纪中叶后，盛行于英美的政党分赃制导致了结构性的腐败、周期性的政治动荡和人才的匮乏与效率的低下等问题，对资产阶级的政治统治和政党生存造成不利的影响。面对现实困境，英国首先进行了政府官僚制度改革：通过立法限制国王任命官吏的权力，将政府官员区分为政务官和事务官，事务官必须经过考试选拔，实行择优录取的原则。1855 年帕麦斯顿政府上台颁布《关于录用王国政府文官的枢密院令》，成立了由三人组成的、不受党派干涉、独立主持考选事务的文官事务委员会。1870 年确立了公开竞争的考试制度，这标志着英国近现代文官制度的确立。美国则在 1883 年通过了彭德尔顿法，即“文官制度法”，确立了以公开考试、择优录用、政治中立和功绩为核心的常任文官制度。法国、德国、意大利和日本等近代文官制度都是在第二次世界大战之后逐步建立起来。

现代代议制民主的官吏制度主要由两部分组成：一是由行政首脑或国家元首任命的政务官制度；二是竞争择优选拔和政治中立的常任文官制度。政务官员一般是经过直接或间接选举产生的行政首脑及其所任命的高级官员，他们的命运取决于选举结果。这实际上是根据责任制政府的原则和宪法法律有关规定而赋予行政首脑的组阁权的表现。行政首脑根据自己的执政理念和一定的程序任命主要的行政人员，任命的标准以政治上的可靠为原则。这样有利于保证各行政部门对行政首脑的忠诚，有利于行政机关的良好运转。行政首脑任命的政务官员一般包括中央行政机构的国务秘书、各部部长或大臣，及有关级别稍低一些的重要部分负责人。其中少部分政务官员可以进入最高决策圈，大部分政务官员主要职能是就本部门事务提供决策意见或方案，执行决策。任命的政务官员对行政首长负责，与行政首长共进退，共同承担责任。文官是指在政府机构中从事经常性的管理和事务性工人的公务人员。他们在数量上占政府公务人员的绝大多数，也是保持政府正常运转的中间力量。文官的职位、权责都有明确的法律规定，以竞争性考试为主和公开招聘为辅的程序来进行选拔，升迁以能力和绩效为主要原则。其主要职务是辅助决策、贯彻落实决策、执行具体管理和事务性的日常工作。文官与政务官的最大区别在于奉行政治中立原则，并实行常任制。政治中立是代议制民主国家汲取以往官职恩赐和政党分赃教训而实行的政治原则。政治中立要求文官不得参加政治活动，不得竞选公职，不得接受政治捐款或为政党活动筹款、捐款。这有利于避免文官官僚为了自身利益而徇私枉法、卷入政党斗争，也有利于防止腐败贪污。与此同时，常任制意味着文官无过失不受免职处分，不与内阁共进退，不也受党派竞争和选举换届的影响。文官制度能够保证国家管理的连续性，有利于行政系统的稳定和政府效率的持续。

政治任命与择优选拔相结合的官吏制度，兼顾了政治忠诚与行政效率，“兼顾了政党的眼前利益和长远利益；兼顾了执政党的局部利益与整个统治阶级的整体利益”①。这种官吏制度，一方面使得选举获胜的政党和政府首脑可以组织自己的政府，有效地贯彻和执行政党的执政理念；另一方面又能依靠大批有经验的、专业的、懂得管理的文官组成政府的官僚队伍，从事具体管理和事务性的工作，保持政府工作的稳定性和连续性。

在马克思的时代，代议制民主的官僚制度还没有完全建立起来，官僚主要是以任命的方式产生。虽然官僚和官僚机构有一定的独立性，但他们却需要依附于经济上占统治地位的阶级，实际上成为统治阶级实行政治统治和压迫广大劳动人民的工具。在《黑格尔法哲学批判》中，马克思批判了黑格尔把国家官僚机构作为普遍利益代表的观点。马克思认为官僚机构只是一个特殊的利益集团，是一种虚构的普遍主义形式：“‘官僚政治’是市民社会的‘国家形式主义’。它作为一种同业公会（……），作为国家中一个特殊的、封闭的社团，是‘国家意识’、‘国家意志’、‘国家威力’。”② “官僚政治是同实在的国家并列的虚构的国家。”③ 官僚政治的这种虚幻性极易使官僚成为一个特权阶级，它们利用国家来为自己的特殊利益服务。“官僚政治认为它自己是国家的最终目的。……国家的目的变成为行政办事机构的目的，或者行政办事机构的目的变成国家的目的。……官僚政治掌握了国家，掌握了社会的唯灵论本质：这是它的私有财产。……就单个的官僚来说，国家的目的

① 宋玉波：《民主政制比较研究》，法律出版社 2001 年版，第 155 页。
② 《马克思恩格斯全集》第 3 卷，人民出版社 2002 年版，第 59 页。
③ 同上书，第 60 页。

变成了他的私人目的，变成了追逐高位、谋求发迹。”① 作为依靠国家财政支持的官僚阶级，必然依赖于国家的税收。在资本主义社会中，由于资产阶级在经济领域占据统治地位，成为国家税收的主要来源。官僚阶级为了维持自身的存在和利益就不得不依附于资产阶级，成为其阶级统治的工具。官僚集团的特殊利益与资产阶级利益就紧密结合在一起。

马克思指出，无产阶级专政国家存在阶级斗争，官僚政治的自主性也会持续存在，因此旧有官僚制度若继续存在就会使官僚脱离无产阶级控制而成为人民的主人。在马克思看来，要完全克服官僚和官僚政治的缺陷，就必须废除官僚和官僚机构。巴黎公社给了马克思废除官僚政治的宝贵实践。他高度赞赏了巴黎公社通过选举来产生所有公职人员的举措。与此同时，巴黎公社规定这些由人民选举社会勤务员同时可以随时被选民罢免，实行同工人相同的工资制度。这样就保证了社会公职人员时刻处在人民的直接监督下工作，真正成为社会公仆。马克思认为，这种社会勤务员制度建立了真正的责任制，消除了官僚制度带来的缺陷。

四　政党制度

政党是伴随着代议制度和普选制度的出现而产生的，促进了代议制政府制度的发展。西方资本主义国家逐步形成了现代竞争性政党制度，并成为了代议制民主的基本制度之一。当代西方国家的政治在很大程度上都是通过政党来运作的，政党在政治体系和政治过程中都起着极为重要的作用。第一，对于政治体系和政治过程而言，政党是一个关键性因素。政党以各种方式参与政治活动，就国内外的重大政治问题发表意见，对国家政治生活施加影响。更为重要的是政党通过竞选使自己赢得选举，掌握国家政权而成为执政党，按照自己的纲领和政策治国。政党还成为了国家与公民之间联系和沟通的桥梁和中介。②第二，对于公民而言，政党可以起到表达自己利益和产生代表的功能。个人力量相对于国家政权而言是弱小的，也不能直接行使权力或

① 《马克思恩格斯全集》第3卷，人民出版社2002年版，第60—61页。

② 曹沛霖、陈明明、唐亚林主编：《比较政治制度》，高等教育出版社2005年版，第169页。

者影响政府决策。政党就成为公民参与政治的重要组织：公民可以通过参加政党，并通过政党组织表达自己的利益，也可以通过政党组织选自己的代表参与政权。

现代西方代议制民主国家逐步建立了由国家法律规定或在实际生活中形成的有关政党的社会地位和作用，以及政党参与、影响和掌握国家政权的政党制度和机制。政党通过公开的竞争和选票来获得执政权。由于选民的选票具有最终的决定权，各个政党为了获得选举胜利而执掌政权，就需要把重点放在对选民的争夺上。因此，争取选民支持就成为竞争性政党制度最大的特点。选民最讲求实际和重视眼前利益，政党及其候选人必须用他们的政策来证明自己能够为选民带来实际的好处和利益。这种竞争性的政党制度使得政党及其候选人直接面对选民，把决定权留给选民。

在竞争性的政党制度下，对抗也是难免的，但对抗是在宪法和法律规定下的和平斗争：政党在秩序范围内按照民主原则来进行讨价还价，往往最后达成妥协：少数服从多数，但尊重和保护少数人的权利。在政治运作过程中，执政党和反对党之间也并不是势不两立的，而是在宪政体制下和平、有序的竞争。执政党按照法律规定行使权力，在野党则监督执政党。随着执政期限的结束，执政党和在野党重新进行公平竞争，在野党可以凭借自己的政策而获得执政机会。虽然有以上的共性，但由于各国阶级、阶层力量状况的差异、历史文化传统和政治意识形态上的差异，西方资本主义国家形成了不同的政党制度，如日本的一党独大制、英国和美国两党制、法国和德国的多党制等。①

在马克思的时代，现代意义上的政党制度正处在形成和发展时期。英国是世界上最早产生代议制政府的国家，也是最早形成现代政党的国家。19 世纪 30 年代，英国议会中的两大派别——托利党和辉格党开始向现代意义上的政党转变。1833 年托利党改名为保守党，1839 年辉格党改称自由党，两党都建立了全国性组织和领导机构，制定了统一纲领。每到政府换届选举时期，这两大政党积极从事宣传和竞选活动，提出自己的候选人，参与政权选举。法国、美国和德国的政党制度则处在

---

① 具体内容参见宋玉波《民主政制比较研究》，法律出版社 2001 年版，第 103—121 页。

萌芽和形成之中。由于处在形成和发展初期，政党和政党制度有着诸多不足，带有较明显的阶级局限性。正是在这样的历史背景下，马克思对政党以及政党政治进行了激烈的批判。

在马克思看来，政党是阶级社会中特定阶级为了夺取政权以维护本阶级利益的政治组织。马克思说："正如在日常生活中应当把一个人对自己的想法和品评同他的实际人品和实际行动区别开来一样，在历史的斗争中更应该把各个党派的言辞和幻想同它们的本来面目和实际利益区别开来，把它们对自己的看法同它们的真实本质区别开来。"① 在《英国选举。——托利党和辉格党》一文中，马克思指出当时英国两大政党虽然有着不同的纲领和目标，但都是资产阶级的政党，代表不同资产阶级派别的利益。托利党是土地贵族和大土地所有者的政治代表，维护的利益是地租。马克思说："托利党人归根到底是和其他资产者一样的资产者；难道世界上还有不保护自己钱袋的资产者吗?"② 辉格党虽然依据一些"自由的、开明的原则"，把"他们看作一定的人民原则的拥护者"，但它实际上是"资产阶级的，即工商业中等阶级的贵族代表"③。托利党和辉格党作为贵族和资产阶级的代表，他们的区别"也就等于地租和工商业利润的区别。地租是保守的，利润是进步的；地租是民族性的，利润是世界性的；地租信奉国教，利润则是天生的非国教徒"④。这些代表着不同资产阶级利益的政党的目标就是夺取或巩固已经获得的国家政权。在《路易·波拿巴的雾月十八日》中，马克思写道："那些相继争夺统治权的政党，都把这个庞大国家建筑物的夺得视为胜利者的主要战利品。"⑤ 在《普鲁士状况》一文中，马克思深刻地指出了英国政党政治的本质："在某些隆重庄严的时刻，要末是由辉格党把自己的不负责的职责移交给托利党，要末是由托利党把它移交给辉格党。"⑥ 恩格斯则把英国的托利党和辉格党轮流执政的两党政治称为

① 《马克思恩格斯文集》第2卷，人民出版社2009年版，第498—499页。
② 《马克思恩格斯全集》第8卷，人民出版社1961年版，第382页。
③ 同上书，第384页。
④ 同上书，第382页。
⑤ 《马克思恩格斯文集》第2卷，人民出版社2009年版，第565页。
⑥ 《马克思恩格斯全集》第12卷，人民出版社1962年版，第659页。

“使资产阶级统治永存的旧政党的跷跷板游戏”[①]。

基于对资本主义代议制民主阶级性的分析，马克思认为无产阶级要在资本主义社会中联合成为一个自为的革命阶级，取得革命的胜利，就必须要有自己独立的政党——无产阶级政党。这也是马克思、恩格斯参与和指导工人运动得出的实践经验。马克思、恩格斯认为，由于阶级意识的限制，工人阶级往往不能摆脱资产阶级政党的支配。为了使无产阶级作为自为阶级同资产阶级斗争，“最好的办法就是在每一个国家里建立一个无产阶级的政党，这个政党要有它自己的政策，这种政策将同其他政党的政策显然不同，因为它必须表现出工人阶级解放的条件”[②]。1871 年 9 月，第一国际通过的马克思、恩格斯指导的《关于工人阶级政治行为》的决议指出：“工人阶级在它反对有产阶级联合权力的斗争中，只有组织成为与有产阶级建立的一切旧政党对立的独立政党，才能作为一个阶级来行动；工人阶级这样组织成为政党是必要的，为的是要保证社会革命获得胜利和实现这一革命的最终目标——消灭阶级。”[③]恩格斯在 1871 年 9 月 21 日第一国际伦敦代表会议上也指出：“工人的政党不应当成为某一个资产阶级政党的尾巴，而应当成为一个独立的政党，它有自己的目的和自己的政策。”[④] 1889 年 12 月，恩格斯在致丹麦社会民主党左派领袖格·特里尔的信中又说：“无产阶级要在决定关头强大到足以取得胜利，就必须（马克思和我从 1847 年以来就坚持这种立场）组成一个不同于其他所有政党并与它们对立的特殊政党，一个自觉的阶级政党。”[⑤] 在马克思、恩格斯看来，无产阶级的独立政党区别于资产阶级旧政党的地方在于：(1)无产阶级政党的目标在于推翻资产阶级统治，通过对资本主义的改造，消灭阶级，最终实现共产主义。(2)无产阶级政党要有明确的纲领和政策，阐明无产阶级的历史使命和夺取政权的条件。(3)无产阶级政党要加强理论建设，同党内的各种错误思想观点进行斗争。(4)无产阶级政党必须是民主的，他们强调党的

① 《马克思恩格斯文集》第 1 卷，人民出版社 2009 年版，第 381 页。
② 《马克思恩格斯全集》第 17 卷，人民出版社 1963 年版，第 304 页。
③ 同上书，第 455 页。
④ 同上书，第 449— 450 页。
⑤ 《马克思恩格斯文集》第 10 卷，人民出版社 2009 年版，第 577 页。

代表大会是最高权力机关，坚持每年召开一次党的代表大会，实行民主、平等原则，反对党内任何形式的个人崇拜和独裁。

马克思、恩格斯指出，为了实现无产阶级政党的目的，无产阶级及其政党可以也应该充分利用资产阶级民主提供的有利条件进行阶级斗争。恩格斯说："政治自由、集会结社的权利和出版自由，就是我们的武器；如果有人想从我们手里夺走这个武器，难道我们能够袖手旁观和放弃政治吗？有人说，进行任何政治行动都等于承认现存制度。但是，既然这个制度把反对它的手段交到我们手中，那末利用这些手段就不意味着承认现存制度。"① 马克思在1871年9月21日国际工人代表大会上也说："我们应当向各国政府声明：我们知道，你们是对付无产者的武装力量；在我们有可能用和平方式的地方，我们将用和平方式反对你们，在必须用武器的时候，则用武器。"②

但是马克思却没有明确的回答无产阶级夺取政权后是否需要无产阶级政党，以及无产阶级政党在过渡时期的地位和作用。马克思关于过渡时期的论述都是以自为的无产阶级作为对象，而没有提及无产阶级政党。在论述巴黎公社时，马克思也没有提及无产阶级政党。马克思的无产阶级专政制度设计中关于政党制度的缺失，留下了一系列重要而有待解决的问题：整个无产阶级"将怎样'组织成为统治阶级'赢得政权和管理社会？这个最为异化的和地位低下的阶级将怎样形成本质上新的合理的意识？而形成这种意识需要具有高度的综合文化，而且需要远远超过官方学术成就的文化。如果这个阶级的先锋队做这件事，那么如何避免先锋队的异化，如何避免先锋队操纵阶级？"③ 20世纪的社会主义实践证明，这对后来的社会主义以及掌握政权后的无产阶级政党产生了极大的影响。

五　地方自治

无产阶级专政与代议制民主制度都主张实行地方自治，但二者存在

---

① 《马克思恩格斯全集》第17卷，人民出版社1963年版，第450页。

② 同上书，第700页。

③ ［南斯拉夫］米哈依洛·马尔科维奇：《斯大林主义和马克思主义》（上册），载李宗禹主编：《国外学者论斯大林模式》，中央编译出版社1995年版，第19页。

着根本的区别。代议制民主的地方自治以理性和个人主义为理论基础，认为个体依靠自己的理性可以管理自己，实现个人的自由。实行自治的目的为防止中央权力对地方和个人生活的干预和侵犯。美国思想家杰斐逊认为，地方自治意味着人们自己管理自己、决定自己的事务，地方自治是代议制民主的基础和保证。他说："如果不在社会的多数人那里寻找正义权力的源泉，那么能在什么地方找到它呢?""我不知道除了人民本身之外，还有什么储藏社会根本权力的宝库。"① 因此，国家应该建立在"每一个贡献财力或人力以支持国家的成年人的民治"② 的基础上。为了保证地方自治原则，杰斐逊提出了相关的制度原则：第一，实行三权分立的政府制度，限制行政权和司法权；第二，实行中央和地方的分权制度，中央政府和地方政府各司其职，互不干预；第三，实行人们参政原则和普遍选举制度，保持人们对代表的监督和罢免权。法国思想家托克维尔在论述美国民主中深刻指出，美国作为当时民主的典范，民主制度获得相对稳定的发展，是与美国社会状况即民情紧密相联的。托克维尔认为按照自然环境、法制和民情的贡献对它们进行分级，"自然环境不如法制，而法制又不如民情"③。其中最为重要的就是发端于殖民地时期，此后发展下来的地方自治制度和结社传统，这培养了人民参加公共事务的积极性和责任感。在托克维尔看来，这种自治制度和结社传统是美国人确立人民主权和公民自由原则的保证。在美国，"社会是由自己管理，并为自己而管理"，"所有的权力都归社会所有"，"人民自己治理自己"④。

在马克思那里，无产阶级国家的地方自治是实现人民主权的重要内容，也是改造旧的国家制度的重要内容。无产阶级的地方自治不仅仅是保护个人的自由权利，更是要实现劳动者的自由联合和自我实现。在马克思看来，无产阶级的地方自治首先意味着联合起来的劳动者自主地进行生产活动，共同管理由此而产生的共同事务。也就是说，马克思赋予了地方自治以经济内涵，而不仅仅是政治上的自我管理。无产阶级的地

① ［美］杰斐逊：《杰斐逊文选》，朱曾汶译，商务印书馆1963年版，第18、51页。
② 同上书，第58页。
③ ［法］托克维尔：《论美国的民主》，董果良译，商务印书馆1988年版，第358页。
④ 同上书，第63—64页。

方自治不仅仅是防止中央政府对地方的干预，更是要实现社会对国家的制约，逐步走向社会收回国家权力。

通过前面的分析，我们可以看出马克思的无产阶级专政的有限集权民主和代议制民主都是一种有限的和间接的民主制度体系。所谓有限指的是人民主权的实现主要是通过定期的各种选举来实现的，公民的政治参与是有限的。所谓间接指的是人民并不来直接行使国家权力，而是通过选举代表来实现对国家和社会的治理。尽管有着内涵上的不同理解，但这两种民主都追求自由的价值目标，主张人民主权原则、代议制度、普选制度和社会自治制度。与此同时，这两种民主有着不同的经济基础、民主原则和制度构想。马克思无产阶级专政的有限集权民主建立在公有制基础上，主张社会制约国家、集权和社会收回权力的原则；代议制民主主张保护私有制，更为强调分权制衡和法治原则。二者在军事制度和中央政府制度方面更是有着根本的对立：马克思主张人民武装制度和议行合一的中央政府体制；而代议制民主实行常备军制度和三权分立的中央政府体制。为什么会出现制度设计的相同和差异呢？原因在于它们对自由、民主的经济基础、对国家的理解上的异同，使得二者的制度设计所关注的焦点不同：无产阶级专政关注的是“谁来统治”的问题，即人民如何控制国家权力而成为统治者；代议制民主关注的不是谁来统治，而是“如何实施统治”的问题，即如何限制和规范政府的权力，防止权力的滥用。

代议制民主是一种自由优先、兼顾平等的现实主义的民主制度体系，其核心是如何限制政治权力对个人自由的侵害。因此它提出了法治、分权制衡、社会监督等多种制约和规范权力运行的原则与制度设计。马克思的无产阶级专政则是要保证权力真正掌握在人民手里。为此，马克思试图通过引入直接民主因素来克服代议制民主的代表与选民之间的异化问题，以建立真正的责任政治。为此，马克思主张社会勤务员制度来代替官僚制度，人民随时可以罢免公职人员以使其成为服务人民的公仆；主张用有限集权的政府制度代替三权分立的政府制度。正如戴维·赫尔德所说，马克思的民主模式“在许多方面与古代雅典的模式不同，与卢梭的自治制度观点也不同”，但“至少在一定程度上，这一模式力图恢复这些观点的合理遗产，以对抗自由主义传统的潮流”①。因此，可以说马克思的有限集权民主是对古典直接民主和代议制民主继承基础上的超越，是一种能够真正实现社会绝大多数人统治的新型民主。

由于马克思曾指出无产阶级必须打碎旧的国家机器，并尖锐地批判了代议制民主，这导致后人常常把无产阶级专政与代议制民主截然对立起来。但就政治制度形式来说，无产阶级专政与代议制民主之间并不是非此即彼的对立关系。马克思的无产阶级专政制度构想继承了代议制民主的积极因素，又构建了新的制度以克服其弊病，形成了一套有限集权民主制度体系。从这个意义来说，无产阶级专政有限集权民主是对代议制民主的扬弃。

---

① ［英］戴维·赫尔德：《民主的模式》，燕继荣等译，中央编译出版社 2008 年版，第 133 页。

第四章　马克思无产阶级专政理论在东西方的回响

随着时代的发展，马克思的无产阶级专政理论也在经历着历史的考验。有意思的现象是，马克思的无产阶级专政理论在东西方遭到了截然不同的但结局相似的境遇：在西方资本主义国家，马克思的无产阶级专政理论被社会民主党所放弃，由社会运动走向了学术研究领域；在东方社会主义国家，无产阶级专政则被奉为马克思思想的核心而成为共产党的执政依据和制度来源，但随着社会主义的曲折发展与现代转型，无产阶级专政逐渐被社会主义民主话语所取代。本章将通过梳理东西方社会主义历史发展脉络来审视马克思的无产阶级专政理论与现实政治的关系，进一步深化对马克思无产阶级专政与民主关系的探讨。

第一节　马克思无产阶级专政理论与西方社会主义

马克思、恩格斯逝世后，第二国际思想家围绕着无产阶级专政理论出现了激烈的争论，呈现出两种对立的观点：一种观点认为无产阶级专政是专制的代名词；一种观点认为无产阶级专政即无产阶级民主。进入20世纪后，随着西方社会结构的变化和代议制民主的完善，西方社会民主党逐渐放弃了无产阶级专政口号，试图在代议制民主的框架下实现社会主义。

一　伯恩施坦与考茨基关于无产阶级专政的争论

从19世纪70年代开始，主要资本主义国家进入了快速发展时期。以电的广泛应用和内燃机的发明为标志的科技革命引发了第二次工业革命，极大地促进了生产力的发展，也深刻改变着资本主义社会的面貌。在经济领域，自由市场的竞争促进了资本的积累和集中，出现了为获取高额利润而联合起来的垄断组织和企业。“公司得到广泛发展，遍及了所有资本主义国家。大众市场兴起。国际经济结合更紧密了；‘大企业’出现了，有些公司建立了复杂的机构，拥有半独立的分支和多层管理体制。”① 与此同时，“在大多数产业中，传统的小店铺和中型工厂与新兴的产业巨人齐头并进”②，并没有被大企业吞并。“小企业和中等企业表明自己完全有能力同大企业并存。”③ 市场机制也随着竞争制度和信用制度的发展逐步完善，在一定程度上减少了生产的无政府状态，资本主义社会的经济危机也没有加剧和扩大。在社会领域，社会阶级结构日益复杂化，出现了以知识和专业技术为收入来源的中间阶级。工人阶级的经济和社会状况则有了较为明显的改善：工资日益增长，劳动时间逐步缩短，社会保障也建立起来。在政治领域，代议制民主逐步完善，工人获得了选举、结社等政治权利，统治阶级也较少使用赤裸裸的暴力镇压工人运动。所有这一切变化使得资本主义社会的矛盾得到一定程度的缓和，阶级冲突由公开的对抗转化为合法有序的谈判和对话。面对资本主义的新变化，第二国际理论家和活动家对资本主义、社会主义和马克思主义出现了不同的理解，爆发了关于无产阶级专政的激烈争论，这些争论主要集中在伯恩施坦和考茨基两人身上。

（一）伯恩施坦论无产阶级专政

伯恩施坦从资本主义社会新变化出发，全面修正了马克思的学说，尤其是关于阶级斗争和无产阶级专政的学说，因为“马克思主义理论的向前发展和改进必须从对它的批判开始”④。在伯恩施坦看来，马克思通过颠倒黑格尔的辩证法达到了与布朗基主义相同的学说。马克思的理论即是“关于革命的政治暴力及其表现即革命的剥夺的无限创造力

① ［美］托马斯·K. 麦格劳：《现代资本主义——三次工业革命中的成功者》，赵文书、肖锁章译，江苏人民出版社 1999 年版，第 15 页。

② 同上。

③ ［德］爱德华·伯恩施坦：《社会主义的前提和社会民主党的任务》，殷叙彝译，生活·读书·新知三联书店 1965 年版，第 113 页。

④ 同上书，第 65 页。

的理论”，“它的纲领是：由无产阶级用暴力剥夺的手段推翻资产阶级”，“《宣言》（指《共产党宣言》——引者注）的革命的行动纲领是彻头彻尾布朗基主义的”[①]。伯恩施坦认为马克思过高估计了暴力革命对于现代社会的改造作用。伯恩施坦认为暴力可以打碎已经令人无法容忍的锁链和结束过时的社会形态，但除此之外它就不能创造出任何持久的东西。由于时代和现实条件的变化，企图通过一次无产阶级暴力革命一举全面彻底地改造资本主义社会来实现社会主义已经不可能了。

就无产阶级而言，“马克思和恩格斯在自己的理论中把现代无产阶级完全理想化了”[②]。在伯恩施坦看来，无产阶级并不像马克思所说的那样是一个具有高度觉悟和能力的整体，他们有着自己的个人利益，没有很强的团结意识和阶级意识：“如果把一切无财产的人，一切没有从财产或特权地位取得收入的人算成无产阶级，那末它当然是先进国家居民中的绝大多数。只不过，这样一来，这个‘无产阶级’就是异常多种多样的分子的混合物，是一些阶层的混合物，这些阶层彼此之间的差别比一七八九年的‘人民’中间的差别还要大，当目前的财产关系还存在时，他们的共同利益（或者至少是相同的利益）固然多于对立的利益，但是只要目前的有产者和统治者被剥夺了财产或地位，他们立刻就会意识到自己的需要和利益的多样性。……，现代雇佣工人阶级并不像《共产党宣言》所预见的那样是同一类型的、在财产和家庭等方面同样地不受约束的群众，恰恰是在先进的工厂工业中存在着一套完整的由分化了的工人组成的等级制度，在它的各个集团中间只有不太大的团结感。”[③] 无产阶级团结起来进行推翻资产阶级革命的可能性就越来越小。

就资本主义社会而言，代议制民主制度的发展和完善已经大大改变了资本主义的性质，资本主义制度是“有伸缩性的，有变化的和发展

---

① ［德］爱德华·伯恩施坦：《社会主义的前提和社会民主党的任务》，殷叙彝译，生活·读书·新知三联书店 1965 年版，第 77、78 页。

② 同上书，第 77 页。

③ 同上书，第 150 页。

能力的”，“用不着炸毁它们，只需要继续发展它们”①。伯恩施坦认为社会主义和资本主义都是自由主义，二者只是在程度上存在着差异：资本主义是资产阶级的自由主义，“社会主义不仅就时间顺序来说，而且就精神内容来说，都是它（指自由主义——引者注）的正统继承者”，是“有组织的自由主义”②，民主是自由主义的政治形式，意味着“不存在统治阶级”，“一种社会状况的名称，在其中任何阶级都不能享有同整体对立的政治特权”，“社会的一切成员权利平等”③。在伯恩施坦看来，民主就是社会主义，民主对于社会主义有着决定性的意义。“民主是手段，同时又是目的。它是争取社会主义的手段，它又是实现社会主义的形式。……民主已经证明了自己是社会进步的强有力的杠杆。”④资产阶级民主制度发展了自由主义，在政治、经济和文化和司法机构、法权伦理方面完成了重大的进步，并在原则上承认个性自由和一切人在法律面前平等。这一切都可为无产阶级所运用来反对资产阶级，争取和平走向社会主义。

在此基础上，伯恩施坦否定了马克思的无产阶级专政理论。他认为“马克思和恩格斯在创立他们的关于无产阶级专政的理论时，心目中是以法国革命的恐怖时期为典型例子的”⑤。无产阶级专政意味着无产阶级掌握政权而成为享有特权的统治阶级，实行恐怖和独裁统治。因此，无产阶级专政是一种较低的文化，这个口号已经过时了，已经和现代社会民主政治不符合了，必须予以放弃。他说：“在社会民主党的代表在一切有可能的地方实践上都已经站在议会工作、比例人民代表制和人民立法（这一切都是同专政相矛盾）的立场上的这一时代，坚持无产阶级专政这一词句究竟是什么意思呢？这一词句今天已经如此过时，以致只有把专政一词的实际意义去掉并且赋予它随便什么削弱了的意义，才能使这一词句和现实相一致。”⑥ 为此，伯恩施坦提出：“人们通常被称

---

① ［德］爱德华·伯恩施坦：《社会主义的前提和社会民主党的任务》，殷叙彝译，生活·读书·新知三联书店1965年版，第209页。

② 同上书，第197、200页。

③ 同上书，第189、189—190、190页。

④ 同上书，第191页。

⑤ 同上书，第149页。

⑥ 同上书，第195页。

为社会主义的最终目的的东西，对我来说是微不足道的，运动就是一切。”①

（二）考茨基对伯恩施坦的批判

在伯恩施坦出版了其代表著作《社会主义的前提和社会民主党的任务》后，德国社会民主党内就伯恩施坦的思想观点展开了激烈的争论，党的主要领导者纷纷发表关于阶级斗争和无产阶级专政的不同观点。考茨基是其中最为引人注目的思想家。他在《伯恩施坦和社会民主党的纲领》《社会革命》和《夺取政权的道路》等著作中，对伯恩施坦的观点进行了批判。

考茨基承认资本主义民主制度所带来的进步，可以使阶级斗争以更缓和的方式进行。他说：“民主制因为有自由而且使人对各党派和各阶级的力量对比看得很清楚，所以在其他条件相同的情况下，它最适于防止阶级斗争的不必要的尖锐化。”② 资产阶级民主对无产阶级来说也是积极作用的，它可以壮大无产阶级的力量，使无产阶级组织化，提高无产阶级的阶级意识：“民主制作为一种使无产阶级成熟起来以适应社会革命的需要的手段，是不可或缺的。”③ 但考茨基也指出，资本主义民主制度并没有从根本上消灭阶级斗争：“民主制不能抵制由于经济发展而必然出现的阶级对立尖锐化，以致使无产阶级的阶级统治成为不必要的事。理论和实践对此都是否定的。”④ 从长远来看，民主促进了资本的发展，加强了资本的组织程度和力量，加剧了资产阶级对无产阶级的剥削以及资产阶级与无产阶级之间的矛盾对立：工人工资的增长远远落后于剩余价值和资本利润的增加。资本家通过卡特尔和托拉斯等垄断企业组合减弱了、有时完全限制了竞争，“一方面限制工资的提供，而另一方面却提高了产品价格”⑤。由于日本等新兴资本主义大国的崛起，

① ［德］爱德华·伯恩施坦：《社会主义的前提和社会民主党的任务》，殷叙彝译，生活·读书·新知三联书店1965年版，第245页。

② ［奥］卡尔·考茨基：《考茨基言论》，生活·读书·新知三联书店1966年版，第44页。

③ ［奥］卡尔·考茨基：《考茨基文选》，人民出版社2008年版，第139页。

④ ［奥］卡尔·考茨基：《考茨基言论》，生活·读书·新知三联书店1966年版，第44页。

⑤ ［奥］卡尔·考茨基：《考茨基文选》，人民出版社2008年版，第124页。

国际竞争尖锐化使得欧洲等国的资本家加剧了对工人的剥削以对付外国的竞争，反对工人建立自己的政治组织和工会组织，激化了阶级矛盾。与此同时，工业资本同金融资本、金融巨头日益结合，使得金融资本日益支配工业。“金融资本是一种最倾向于暴利的资本，并且最容易结合成垄断资本，从而取得对工人的漫无限制的权力，却毫不关心工人的疾苦。”①

考茨基指出：“资本关系一天不消灭，两个阶级之间的斗争就不会也不可能结束。要在资本主义生产方式下求得社会和平，那只是一种空想。……资本主义逐步长入社会主义，这同样也是一种空想。……无论经济发展或政治发展都没有表明，作为资本主义生产方式的特征的革命时代已经结束。社会改革和无产阶级组织的加强，都不能阻止革命。他们更多地发挥其作用的结果，只能导致战斗的无产阶级产生出更先进的分子，从而使反对资本的阶级斗争从初步争取生存条件的斗争，变成夺取政权的斗争。”② 无产阶级必须通过革命来获得政权，实现自己的解放，因为“要解放无产阶级，必须消灭生产资料的资本主义私有制，消灭政权借以实现统治的手段，建立公有制，并且用公共生产来代替私人生产。无产阶级只有在根本不同于现在制度的社会制度才能得到满足”③。

在此基础上，考茨基批判了企图逃避革命，希望通过发展资本主义和平长入社会主义的改良主义思想。考茨基说：“国家政权总是阶级统治的工具”，无产阶级和资产阶级的阶级矛盾“使无产阶级永远不可能同任何有产阶级分掌国家政权”，“有产阶级根据自己的利益，总是要求而且必须要求国家政权继续镇压无产阶级”④。考茨基指出，伯恩施坦的错误在于通过自由主义概念抹去了资本主义与社会主义的根本对立：“伯恩施坦提议用‘社会改造’一词来表示‘社会制度的基本的改变’，但是没有一个人会愿意断言后一个词表达了新社会制度同旧社会制度的基本对立——伯恩施坦本人不时加以否认的一种对立。他的社会

① ［奥］卡尔·考茨基：《考茨基文选》，人民出版社2008年版，第127页。

② 同上书，第139—140页。

③ 同上书，第197页。

④ 同上书，第202页。

主义是自由主义的完成。”[①] 考茨基坚持认为社会主义意味着消灭资本主义的生产方式，对资本主义进行根本改造。因此，无产阶级政党不能没有最终目标，不能放弃夺取政权而只是开展民主运动。“胜利的无产阶级将必然被迫以社会主义的生产代替资本主义的生产”，无产阶级政党必须以“消灭资本主义生产资料私有制和取消资本主义私人生产”为目标，“一定要把社会主义当作自己的旗帜，不是作为自由主义的完成，而是作为自由主义的克服”[②]。

考茨基进而指出，无产阶级专政是无产阶级的政治统治的一种形式：“我不想发誓担保无产阶级的阶级统治非采取阶级专政的形式不可。”[③] 他认为由于阶级对立存在，无产阶级统治的民主形式并没有否定阶级专政这一形式：“民主的形式已经足以使无产阶级的阶级专政对于无产阶级的解放来说成为不可必要的东西，这是向来的实践及其今后的前景丝毫也证明不了的。”[④] 基于资本主义社会的新发展，考茨基认为“我们既不知道无产阶级的统治将在何时到来，也不知道它将来怎样到来，是在一场大风暴或若干次灾变中到来，还是在逐渐的、循序的现实中到来。我们也不知道在无产阶级统治初期的社会和无产阶级将是什么样子，因为这两种因素都是在不断地变化着；不知道现在还缺少社会主义的前提到那时已经出现了多少，不知道无产阶级政权的任务是因此在多大程度上更加困难或容易了。”[⑤]因此，“关于无产阶级专政问题，我们可以心平气和地留待将来去解决”[⑥]。

从伯恩施坦和考茨基的观点来看，首先，他们的分歧在于对于什么是社会主义的理解。伯恩施坦偏向于把社会主义（1）视为一种社会组织和制度的原则，认为社会主义是对自由主义的推进和完善；（2）视

---

① ［奥］卡尔·考茨基：《考茨基言论》，生活·读书·新知三联书店 1966 年版，第 48 页。

② 同上书，第 46 页。

③ 同上书，第 44 页。

④ 同上。

⑤ 同上书，第 46 页。

⑥ 同上书，第 44 页。

为“走向合作制社会制度的运动或合作制社会制度的状态”①。考茨基则认为社会主义是一种根本上有别于资本主义的新的社会形态，是对资本主义的否定，将实行生产资料公有和联合生产。其次，他们对资本主义以及国家的认识也存在分歧。伯恩施坦认为资本主义社会不像马克思所说的那样呈现出两极分化和无产阶级贫困化的趋势；资本主义的适应能力也在逐步提高，自由主义民主的发展已经大大限制了资本主义的发展并产生了诸多具有社会主义性质的东西，工人阶级也日益获得了更大的权力和力量。在考茨基看来，在现代社会中，资产阶级对无产阶级的剥削却在日益加剧，即使民主获得发展，但并没有改变现代国家是资产阶级维持对工人的剥削和统治的最强有力的工具的性质。再次，他们在实现社会主义的方式上存在认识的差异。伯恩施坦认为只要发展民主就可以使资本主义和平长入社会主义；考茨基则指出无产阶级不可通过改良来实现自身的解放，必须通过革命获得政权，消灭资本主义私有制和生产方式，代之以公有制和联合生产，才能实现社会主义。最后，他们对阶级斗争和无产阶级专政的认识有根本分歧。伯恩施坦认为，资产阶级与无产阶级之间的对立可以通过民主的方式和途径来实现，不需要通过革命来炸毁资本主义制度，也没有必要实行无产阶级专政，专政是与民主对立的。考茨基则针锋相对地指出，资产阶级与无产阶级之间的对立是根本的，改良方式不能改变阶级冲突的现实。无产阶级必须通过革命，获得政权来对资本主义社会进行根本的改造，最终消灭阶级来实现无产阶级的解放。无产阶级专政作为无产阶级统治的一种政治形式并不因为民主的存在而被否定。

虽然伯恩施坦和考茨基存在着诸多的分歧，但他们存在一个共识，那就是把专政与民主区别开来。对于伯恩施坦而言，专政则意味着独裁统治，与民主是对立的，无产阶级专政即无产阶级的独裁统治。对考茨基而言，专政与民主虽然不是截然对立，但也是有区别的，二者构成了无产阶级统治的两种形式。也就是说，他们都没有能够正确地理解马克思的无产阶级专政。马克思的无产阶级专政即无产阶级民主，专政可以

---

① ［德］爱德华·伯恩施坦：《社会主义的前提和社会民主党的任务》，殷叙彝译，生活·读书·新知三联书店1965年版，第145页。

视为是民主的同义词。正是由于后来马克思主义理论家们对专政与民主关系的认识变化，马克思的无产阶级专政理论在传播的过程中遭到了误解。

二　第二国际关于俄国十月革命和苏维埃的争论

1917 年，俄国爆发了十月革命，列宁领导的（俄国社会民主工党）布尔什维克派在革命中发挥了重要作用，推翻了资产阶级临时政府，建立了苏维埃政权。这一重大的历史事件，引起了第二国际思想家的热烈讨论和争论。他们争论的焦点是俄国十月革命和苏维埃政权的性质、无产阶级专政与民主的关系。其中最重要的思想家有考茨基、列宁和卢森堡。

（一）考茨基对俄国革命和布尔什维克的批评

1918 年 6 月，考茨基就俄国十月革命写了《无产阶级专政》一书，阐述了民主、社会主义与专政的关系，否定了俄国十月革命的无产阶级性质和苏维埃政权的社会主义性质。在考茨基看来，“民主意味着多数派的统治。但是民主也同样意味着保护少数派。”① 因为在民主制度中，多数派是不断变化着的，任何一个多数派都不能长久执政。因此，民主制度必须保护少数派：“保护少数派是民主发展的必不可缺的条件，其重要性不亚于多数派的统治。”②

基于上述民主概念，考茨基分析了民主与社会主义以及与无产阶级的关系。他认为在实现社会主义以前，民主对于无产阶级是有利的：(1)在准备社会主义这个阶段，即无产阶级准备夺取政权阶段，民主是无产阶级进行斗争的手段。资产阶级统治的国家里，政权始终是阶级统治的工具。当无产阶级政党在议会选举中成为多数时，统治阶级往往试图通过暴力手段来破坏民主，无产阶级不可能通过民主以和平的方式来夺取政权。但这并不意味着民主对无产阶级夺取政权是没有任何作用的。无产阶级可以利用自己获得的一项项民主权利来进行组织、宣传和争取社会改革，以获得广大群众的支持。(2)在向社会主义的过渡时

---

① ［奥］卡尔·考茨基：《考茨基文选》，人民出版社 2008 年版，第 339 页。

② 同上书，第 342 页。

期，“民主构成了建设社会主义生产方式的必不可少的基础。只有在民主的影响下，无产阶级才能达到它实现社会主义所需要的成熟程度”①。实现社会主义除了客观物质条件和无产阶级成为社会中的多数人外，还需要无产阶级的成熟，这恰恰需要民主。在考茨基看来，无产阶级可以通过民主政治实践获得足够的知识和能力来管理日益扩大化和复杂化的社会生产，即“具备使政治民主扩大到经济领域、实现经济民主的能力和力量”②。在实现社会主义以后，民主也是必不可少的。考茨基说：“社会主义作为解放无产阶级的手段，没有民主是不可设想的。”“我们把现代社会主义不仅理解为社会化地组织生产，而且理解为民主地组织社会。根据这个理解，对我们来说，社会主义和民主是不可分割地联系在一起的。没有民主，就没有社会主义。”③

怎样理解无产阶级专政呢？考茨基说：“按字义来讲，专政就是取消民主。……专政还意味着不受任何法律约束的个人独裁。个人独裁和专制之间的不同在于：个人独裁不被视为经常的国家制度，而被视为是暂时的应急办法。”④ 考茨基认为，“无产阶级专政”不是个人专政，而是一个阶级的专政，马克思不是在字义上使用这个词的。专政在马克思那里，“不是一种政体，而是指一种在无产阶级夺得政权的任何地方都必然要出现的状态”，“无产阶级专政是一种在无产阶级占压倒多数的情况下从纯粹民主中必然产生出来的状态”⑤。巴黎公社就是马克思所设想的无产阶级专政：它是以普选制为基础的最广泛的民主，这个政府的权力应该服从普选制。考茨基指出那些赞成专政反对民主的认识不能以马克思为依据，因为他们所说的是一种作为政体的专政，而不是马克思所说的作为状态的专政。“无产阶级专政不能理解为别的，只能理解为在民主基础上的无产阶级统治。”⑥

在考茨基看来，作为政体的专政同剥夺反对派权利的含义相同，即

① ［奥］卡尔·考茨基：《考茨基文选》，人民出版社 2008 年版，第 345 页。
② 同上书，第 335 页。
③ 同上书，第 325、326 页。
④ 同上书，第 346 页。
⑤ 同上书，第 347 页。
⑥ 同上书，第 354 页。

专政意味着反对派被剥夺了选举权、新闻出版自由和结社自由。当把专政作为一种政体时，就不能是一个阶级的专政，就没有无产阶级专政了："如果有人不把专政理解为一种单纯的统治状态，而理解为一种特定的政体，那么他就只能说是个人的专政或一个组织的专政，也就是说，不能说是无产阶级的专政，而只能说无产阶级政党的专政。"① 如果无产阶级本身分成不同的党，他们也没有联合起来执政而是其中一个党实行专政，就变成了无产阶级的一部分人对另一部分的专政。考茨基进一步指出，一个无产阶级的政党取得政权，实行废除民主的专政，这是在很落后的国家才出现的。"在这种情况下，胜利的无产阶级政党在知识方面不仅不会大大优越于其余的居民，甚至在这方面落后于它的对手。"② 因此，只能"借助于足以胜过无组织的人民群众的一种中央集权组织的优越性并借助军事威力的优势来进行统治"③。在考茨基看来，在这种基础上是不可能建立社会主义生产方式的，因为社会主义生产"要求全体人民群众实行经济自治"。"国家通过一种官僚制度或通过由人民群众中某一个阶级的专政来组织生产，这并不意味着社会主义。"④ 对考茨基而言，只有在无产阶级构成民族大多数或者至少得到大多数居民支持、并且用民主方式组织起来的国家里，无产阶级才能取得政权，才具备社会主义生产的条件。

据此，考茨基分析了俄国十月革命以及苏维埃政权的性质。考茨基认为，列宁领导的十月革命是建立在这个革命将成为欧洲无产阶级革命的起点基础上的，但西欧的条件同俄国有很大的差别，俄国的革命并不必然引起西欧的革命。由于俄国的落后状况，考茨基认为列宁可能走上一条异化的道路："实现他们所努力争取的一切所需要的物质条件和文化条件愈欠缺，他们就愈要用赤裸裸的暴力强制、用专政来代替所欠缺的方面。人民群众中间对他们的反对愈大，他们就越发有必要那样做。这样，用专政来代替民主就成为不可避免的了。"⑤ 立宪议会的废除就

---

① ［奥］卡尔·考茨基：《考茨基文选》，人民出版社2008年版，第347—348页。
② 同上书，第350页。
③ 同上。
④ 同上书，第351页。
⑤ 同上书，第358页。

证明了布尔什维克走上了一党专政的道路。布尔什维克在立宪会议选举中并没有得到多数，但却以选举没有反映人民群众的利益为由解散了立宪议会，代之以工农兵苏维埃。他们宣布“苏维埃（工兵农代表苏维埃）共和国不仅是更高类型的民主机构的形式（与通常那种戴有立宪会议花冠的资产阶级共和国相比），而且是能够保证痛苦最少地过渡到社会主义的唯一形式”①。在考茨基看来，苏维埃不是民主的，它把凡是被视为敌对力量的一切组织排除在外，包括资产阶级，代表农民的社会革命党和代表无产阶级的孟什维克。苏维埃政权从一开始就是无产阶级内的布尔什维克党的一党专政。

考茨基进一步指出当时的俄国不属于发达工业国家，并不具备实现社会主义的物质条件和阶级力量。因此，“现在在俄国进行的，实际上是最后一次资产阶级革命，而不是第一次社会主义革命。……俄国目前的革命只有在同西欧社会主义革命同时发生的情况下，才可能具有社会主义性质。”对考茨基而言，布尔什维克党想用他们的专政在条件不具备的情况下实现社会主义，这违背了马克思的学说，也损害了社会主义的声誉。“专政并没有证明是一个在与大多数人民相对立的情况下，在一个国家里取得政权的社会主义政党赖以确保其政权的一种手段；专政只能证明是这样一种手段：它向一个社会主义政党提出了许多它所力不胜任的任务，使它为了解决这些任务而弄得筋疲力尽和狼狈不堪。这时，专政很容易会损坏社会主义思想本身的威信，它不是促进，而是阻碍社会主义思想的发展。……如果能及时地用民主来取代专政，那么革命的主要成就还能得到挽救。”②

对考茨基而言，马克思的无产阶级专政是指无产阶级占绝大多数情况下的无产阶级统治状态。也就是说，无产阶级专政是指的一种国体。而俄国的无产阶级专政则是不受法律约束的、取消民主的独裁政体。如果不用民主来取代专政，那么俄国革命的成果就会丧失，布尔什维克党的专政就会成为一党专政的序幕。

---

① 《列宁全集》第33卷，人民出版社1985年版，第163页。

② ［奥］卡尔·考茨基：《考茨基文选》，人民出版社2008年版，第402页。

（二）列宁对考茨基言论的反驳

针对考茨基对俄国无产阶级专政的责难，在《无产阶级革命和叛徒考茨基》中，列宁通过阶级分析批判了考茨基的言论。列宁指出，考茨基所谓的民主就是资产阶级民主，“它始终是而且在资本主义制度下不能不是狭隘的、残缺不全的、虚伪的、骗人的民主，对富人是天堂，对被剥削者、对穷人是陷阱和骗局。正是这个真理，这个马克思主义学说的最重要的组成部分，是‘马克思主义者’考茨基不理解的。正是在这个根本问题上，考茨基不去对那些使一切资产阶级民主变为对富人的民主的条件进行科学的批判，反而奉献出一些使资产阶级‘称心快意’的东西。”① 在列宁看来，考茨基忽视了资产阶级民主的阶级性，而陶醉于其表面的民主形式，“迷恋于民主的‘纯粹性’，看不见它的资产阶级性，‘始终如一地’主张多数既然是多数，就用不着‘粉碎’少数的‘反抗’，用不着对少数‘实行暴力镇压’，只要对破坏民主的情况实行镇压就够了。考茨基迷恋于民主的‘纯粹性’，无意中犯了一切资产阶级民主派常犯的那个小小的错误：把形式上的平等（在资本主义制度下是彻头彻尾虚伪骗人的）当作事实上的平等！”②

在批判考茨基资产阶级民主观的同时，列宁也为布尔什维克党和苏维埃政权辩护。列宁指出苏维埃解散立宪议会，这只是在废除资产阶级的虚伪的民主机构，而不是废除民主本身。布尔什维克党领导的苏维埃是代表俄国广大工人和农民统治的民主形式。苏维埃民主是克服了资产阶级民主虚伪性的新型民主，是真正实现多数人统治的无产阶级民主。“无产阶级民主比任何资产阶级民主要民主百万倍；苏维埃政权比最民主的资产阶级共和国要民主百万倍。”③

在《论“民主”和专政》一文中，列宁再一次批判了资产阶级民主，为苏维埃政权辩护。列宁说：“高谈什么纯粹民主、一般民主、平等、自由、全民性，就是嘲弄被剥削的劳动者，就是践踏马克思主义的基本真理。因为马克思主义教导工人说：你们应该利用资产阶级民主，

① 《列宁全集》第35卷，人民出版社1985年版，第244页。

② 同上书，第253—254页。

③ 同上书，第249页。

看到它同封建制度相比是历史上的一大进步，但是一分钟也不要忘记这种‘民主’的资产阶级性质，忘记它是有历史条件和有历史局限性的。”① 布尔什维克党领导下的苏维埃政权是无产阶级民主，实现了马克思的真正的民主制的理想。“这是民主在世界历史上空前地扩大，是假民主变为真民主，是人类摆脱资本的桎梏，而资本使任何一种、甚至最‘民主’最共和的那种资产阶级民主变得面目全非和残缺不全。”②

正如列宁所说，考茨基信奉自由主义民主，对马克思的无产阶级专政存在诸多的误解。马克思的无产阶级专政既是一种国体，也是一种政体。作为政体的无产阶级专政意味着建立一套有限集权的民主制度体系，以实现无产阶级的政治统治。

（三）卢森堡对考茨基和列宁争论的回应

罗莎·卢森堡是德国社会民主党和第二国际著名的活动家和理论家。俄国十月革命爆发和苏维埃政权建立后，卢森堡也发表了自己的看法，回应了考茨基和列宁的争论，阐述了无产阶级专政与民主的关系。

卢森堡反驳了考茨基关于俄国革命只能是一场资产阶级民主革命的看法。卢森堡指出，俄国 1917 年革命从资产阶级革命发展到无产阶级夺取政权，建立无产阶级专政，是当时国际战争和俄国社会发展的必然结果。俄国革命“是在自己的国土里有着深厚的根源”的，“是国际和土地问题的结果，它不是能在资产阶级社会的范围内解决的”③。但在这种特殊历史条件而非正常条件下产生的俄国苏维埃政权和无产阶级专政是带有严重缺陷的，必须进行批判性的分析。

关于俄国的无产阶级专政，卢森堡认为列宁与考茨基都把专政与民主对立起来了。在卢森堡看来，列宁把苏维埃视为是劳动群众的唯一真正的代表，解散了立宪会议，这实际上是布尔什维克党的一党专政，而不是无产阶级专政。虽然由人民普遍选举产生的立宪会议有其他党派的成员，但立宪议会作为一般的民主机制是“一个有力的纠正者——这是生机勃勃的群众运动，是它的不断施加的压力”④。社会主义是广大

① 《列宁全集》第 35 卷，人民出版社 1985 年版，第 384—385 页。

② 同上书，第 386 页。

③ 《国际共运史研究资料（卢森堡专辑）》，人民出版社 1981 年版，第 60、61 页。

④ 同上书，第 83 页。

人民群众的运动，只有广大人民群众的民主参与才能实现社会主义革命。虽然任何民主机构都有它的局限性，但社会主义必须是民主的，因为“机构愈民主，群众政治生活的脉搏愈活跃有力，影响就愈是直接和密切”。但是列宁和布尔什维克党用苏维埃代替立宪会议的“纠正办法即取消一切民主制比这一办法应当制止的坏事更坏，因为它堵塞了唯一能够纠正社会机构的一切天生缺陷的那一生机勃勃的源泉本身，这就是广大人民群众的积极的、不受限制的、朝气蓬勃的政治生活”[①]。

卢森堡还分析了苏维埃政府规定的选举权——只给予依靠自己的劳动为生的人以选举权而拒绝给予其他的人的局限性。在卢森堡看来，这样的选举权只有在经济上能使一切愿意劳动的人可以依靠自己劳动获得充裕的、文明的生活的社会里才有意义。但俄国并不是这样一个国家，“苏维埃俄国必须在与世界市场隔绝、最重要的原料来源被切断的情况下同巨大的经济困难作斗争，它的经济生活普遍遭到惊人的破坏，生产关系由于在农业、工业以及商业中改变财产关系而发生急剧的变革，在这种情况下，很明显，有无数的人非常突然地被赶出家园，脱离了自己的道路，客观上没有任何可能在经济机构中以任何方式使用自己的劳动力”[②]。这样一种选举权实际上“宣布普遍剥夺广大的社会阶层的权利，在政治上把他们置于社会之外，而在经济上却没有能力在这一范围内为他们提供位置，而这种剥夺权利的做法并不是为了一个具体的目的而采取的具体措施，而是作为普遍的规定持久发生影响的，那么这种做法就不是专政所必需的，而是一种缺乏生命力的临时凑合的东西”[③]。

苏维埃政府剥夺了一切敌对势力的政治自由权利，如出版自由、结社和集会自由等，实际上就是“取消健康的公共生活和工人群众政治积极性的一个最重要的民主保证”。因为“没有自由的、不受限制的报刊，没有不受限制的结社和集会活动，广大人民群众的统治恰恰是完全不能设想的，这是一个彰明较著、无可辩驳的事实”[④]。“自由受到了限制，国家的公共生活就是枯燥的，贫乏的，公式化的，没有成效的，这

① 《国际共运史研究资料（卢森堡专辑）》，人民出版社1981年版，第83页。

② 同上书，第84页。

③ 同上书，第85—86页。

④ 同上书，第86页。

正是因为它通过取消民主而堵塞了一切精神财富和进步的生动活泼的源泉。……同样的道理也适用于经济和社会。全体人民群众必须参加国家的公共生活。否则社会主义就将是十几个知识分子从办公桌下令实行的，钦定的。”①

卢森堡进一步指出：“随着政治生活在全国受到压制，苏维埃的生活也一定会日益陷于瘫痪。没有普选，没有不受限制的出版和集会自由，没有自由的意见交锋，任何公共机构的生命都要逐渐灭绝，成为没有灵魂的生活，只有官僚仍是其中唯一的活动因素。公共生活逐渐消亡，几十个具有无穷无尽的精力和无边无际的理想主义的党的领导人指挥着和统治着，在他们中间实际上是十几个杰出人物在领导，还有一批工人中的精华不时被召集来开会，聆听领袖的演说并为之鼓掌，一致同意提出来的决议，由此可见，这根本是一种派系统治——这固然是一种专政，但不是无产阶级专政，而是一小撮政治家的专政，就是说，资产阶级意义上的专政，雅各宾派统治意义上的专政。不仅如此，这种情况一定会引起公共生活的野蛮化：暗杀、枪决人质等等。这是一条极其强大的客观的规律，任何党派都摆脱不了它。”②

在卢森堡看来，无产阶级专政是“阶级的专政，不是一个党或一个集团的专政”。“这就是说，最大限度公开的、由人民群众最积极地、不受阻碍地参加的、实行不受限制的民主的阶级专政”③。无产阶级专政与民主决不对立的，相反，“如果无产阶级取得了政权，它应当制造社会主义民主制去代替资产阶级民主制，而不是取消一切民主制”④。无产阶级专政是整个无产阶级的事业，“而不是极少数领导人以阶级的名义实行的事业，这就是说，它必须处处依靠群众的积极参与，处于群众的直接影响下，接受全体公众的监督，从人民群众日益发达的政治教育中产生出来”⑤。列宁领导的布尔什维克党建立的苏维埃政权和无产阶级专政的最大意义在于展示了世界历史向社会主义的发展趋势，展示

① 《国际共运史研究资料（卢森堡专辑）》，人民出版社 1981 年版，第 88 页。
② 同上书，第 90 页。
③ 同上书，第 91 页。
④ 同上书，第 92 页。
⑤ 同上。

了社会主义革命中“无产阶级的行动能力，群众的革命毅力，社会主义本身的取得政权的意志”[①]。“他们走在国际无产阶级的前面，夺取了政权并且提出了实现社会主义这一实践，他们在全世界把资本和劳动之间的决战大大向前推进了。”[②]

卢森堡得出了自己的结论：俄国建立的苏维埃政权是“工人阶级专政的第一次世界历史性实验，并且是在想象得到的最困难的条件下进行的，也就是说，是在一场帝国主义国际屠杀的世界战火和混乱之中，在欧洲最反动的军事强国的铁圈之中，在国际无产阶级彻底不起作用的情况下进行的，如果认为在如此不正常的条件下进行的一次工人专政的实验中，俄国所做的一切正好就是完善的顶峰，这确实是一种荒谬的设想。与此相反，根据社会主义政治的基本概念以及对它的必要历史前提的了解，人们不得不这样假定：在如此不幸的条件下，甚至依靠最伟大的理想主义和最经得起风浪的革命毅力也不能实现民主制和社会主义，而是能实现二者的微弱的、歪曲的开始阶段。”[③] 因此，列宁和布尔什维克党的政权及全部所作所为不能被当作“社会主义政治的崇高范例”，不应该“毫无批判地赞扬和热情模仿”[④]，“在俄国只能提出问题。问题不能在俄国得到解决。”[⑤]

客观地看，卢森堡比较准确地把握了马克思的无产阶级专政与民主之间的关系：无产阶级专政即无产阶级民主。她既批评了考茨基对俄国十月革命的误解，也指出了无产阶级专政在实际运行中走向一党专政的问题。

三 西方社会主义政党的转变

19 世纪 70 年代以来，西方国家工人逐渐获得了合法的政治权利，社会主义工人政党也纷纷在欧美主要资本主义国家建立。其中最早建立的社会主义工人政党是 1869 年成立的德国社会民主工党，后与拉萨尔

---

① 《国际共运史研究资料（卢森堡专辑）》，人民出版社 1981 年版，第 94 页。
② 同上书，第 94 页。
③ 同上书，第 61—62 页。
④ 同上书，第 62 页。
⑤ 同上书，第 94 页。

派别工人组织合并，1870 年定名为德国社会民主党。1879 年 10 月，法国第一个工人政党——法国工人党在巴黎成立。其他国家建立的社会主义工人党一般称为社会民主党、社会民主工党、工党、工人党或社会党等。为了行文方便，这里用“社会党”统一代称这些欧美国家的工人政党。

1889 年各国社会党在恩格斯的指导下联合建立了第二国际。第二国际总体上坚持了马克思、恩格斯的社会主义理论，其指导思想社会民主主义可以看成是科学社会主义的同义语。第二国际成立大会上悬挂的横幅就写道：“从政治上和经济上剥夺资本家阶级的所有权，实行生产资料社会化。”[①] 1900 年第二国际巴黎代表大会规定了加入国际的条件，从中也可以看出各国社会党主张要实现社会主义：“一、一切承认以下的社会主义基本原则的组织：生产和交换手段的社会化；工人的国际团结和行动；由组织成为政党的无产阶级为社会主义夺取公共权力。二、一切站在阶级斗争的立场上并承认政治活动即立法和议会活动的必要性，却并不直接参加政治生活的工会。”[②] 各国社会党认为无产阶级必须夺取政权，改变资产阶级所有制，同时也承认了合法斗争的必要性。但这并不意味着各国社会党内部认识完全一致，随着资本主义社会新变化而出现了不同的观点，特别是在夺取政权的手段方面。

19 世纪 70 年代以来，欧洲主要资本主义国家已经在不同程度上实行了普选权，各国工人和社会党获得了议会斗争和其他合法途径改善工人阶级经济状况和政治地位的新手段。这些都帮助无产阶级取得了巨大的成就，改善了经济社会状况，政治权利也得到部分实现。面对这些新现象，各国社会党对于如何夺取政权和实现社会主义产生了分歧。在德国社会民主党内，以伯恩施坦为代表的改良主义派主张通过议会道路来发展资本主义自由民主制度，和平渐进地实现社会主义。为此，伯恩施坦认为德国社会民主党应该改变革命党的性质，成为改良主义的政党，“一个力图通过民主改良和经济改良的手段来实现社会的社会主义改造

① 转引自殷叙彝：《社会民主主义概论》，中央编译出版社 2011 年版，第 2 页。
② 同上书，第 3 页。

的政党”[①]。社会民主党的全部实践活动就是创造条件以促成和保证现代社会制度在不发生革命的情况下转变为一个更高级的制度，当前的任务就是争取和发展民主。以卢森堡和倍倍尔为代表的革命派则坚持认为只有通过革命推翻资本主义，无产阶级才能获得最终解放，提出党要努力探索新形势下的革命策略。卢森堡运用总体分析的方法，揭示了伯恩施坦的机会主义理论和唯心主义历史观。[②] 倍倍尔指出伯恩施坦修正主义的出现有其特定原因，并逐一批判了伯恩施坦的观点。他认为德国社会民主党必须坚持阶级斗争的立场，保持革命的党性质。以考茨基为代表的中间派则既坚持无产阶级掌握政权，又主张开展和平斗争，利用民主创造走向社会主义的条件。

在法国工人政党内部，以布鲁斯、马隆为代表的“可能派”反对党纲中规定用暴力革命手段来实现社会主义，他们要求放弃无产阶级革命学说；以盖得、拉法格为代表的马克思主义派则坚持以暴力革命推翻资产阶级政权，建立无产阶级政权来实现社会主义。由于在纲领上的严重分歧，两派在 1882 年召开的圣亚田大会上彻底分裂。法国社会主义史学家亚历山大·泽瓦埃斯曾指出：“无疑，个人纠纷、私人之间的竞争是这次分裂的起因之一，但还有别的原因，最主要的是由于存在两种策略方针、两种独立的方法、两种互相冲突的倾向。盖得派倾向于集中制，可能派倾向于联盟制；盖得派注重革命的方法，可能派则注重改良的方法；盖得派更关心的是严格确定的最终目的，可能派则更注重眼前的运动。”[③] 其中最典型的事件就是社会主义者米勒兰加入法国资产阶级共和派内阁，担任了工商部长一职。

第二国际内部也就工人阶级及其政党夺取政权的方式形成了左中右三派。左派主要坚持暴力革命推翻资本主义来实现社会主义；中派则摇摆不定，既坚持暴力革命，又不反对和平斗争；右派主张在资产阶级民

---

① ［德］爱德华·伯恩施坦：《社会主义的前提和社会民主党的任务》，殷叙彝译，生活·读书·新知三联书店 1965 年版，第 186 页。

② 参见马健行主编：《马克思主义史》（第二卷），人民出版社 1995 年版，第 25—27 页。

③ ［法］亚历山大·泽瓦埃斯：《一八七一年后的法国社会主义》，生活·读书·新知三联书店 1983 年版，第 47 页。

主制下就可以和平过渡到社会主义。第一次世界大战爆发后，各国社会党在殖民主义、帝国主义和战争等问题的看法上完全分裂了。左派反对殖民主义和帝国主义，主张全世界无产者联合起来反对帝国主义战争，使之转变为国内推翻本国政府的无产阶级革命；右派则认为应该参加战争，支持本国政府，保卫国家和民族的利益；中派曾力求调和左右两派，但最后与右派合流。

1917 年俄国十月革命胜利之后，俄国布尔什维克领袖列宁认为各国社会党右派在战争期间支持本国政府，违背了马克思的科学社会主义。他主张工人政党应该摒弃社会党的名称，按照马克思、恩格斯的思想称为共产党。1918 年 3 月，俄国社会民主党召开第七次代表大会决定把党的名称改为共产党，简称为俄共（布）。西方社会民主党左派也纷纷独立出去组建了共产党。这些共产党宣称信奉马克思、恩格斯的科学社会主义理论，主张通过暴力革命和无产阶级专政来实现社会主义。这些左派社会党和新成立的共产党于 1919 年在莫斯科成立共产国际（又称第三国际），以指导各国工人党开展革命活动。欧洲各社会民主党内的中派和右派仍旧维持原来的组织和主张，其理论和政策仍称为社会民主主义，以同共产党的思想相区别。为了回应共产国际，各国社会党于 1923 年建立了“社会主义工人国际”的国际组织。他们提出坚持社会主义和马克思主义，但反对暴力革命和无产阶级专政，推行和平渐进的改良路线。这标志着国际社会主义运动的大分裂和东西方社会主义运动的分野。20 世纪上半叶，社会党迈出了通过议会合法斗争上台执政的第一步，并取得了一定成绩。总共有德国、英国、法国、瑞典、丹麦等十几个欧洲国家的社会党先后通过选举竞争的方式上台执政，有的单独执政，有的联合执政。他们通过立法来维护和增加工人的经济、政治和社会权益。

第二次世界大战期间，有的社会党属于轴心国，有的属于同盟国，有的属于中立国，各国社会党基本上各行其是。社会主义工人国际也难以实行统一的纲领和策略，在西方资本主义国家的影响逐渐减小。1940 年 3 月，社会主义工人国际执行局在布鲁塞尔召开了最后一次会议，通过了《欧洲改造纲领》，但并没有来得及得到实施。1940 年 5 月，希特勒的法西斯军队占领比利时，封锁了社会主义工人国际的布鲁塞尔总部，社会主义工人国际就此退出了历史舞台。除了同盟国、中立国，以及英国和瑞典外，其他国家的社会党大都受到了法西斯的镇压，组织被迫解散，政党领导人和成员也遭到逮捕或被迫流亡。二战结束后，各国社会党逐步得到恢复，于1951年6月在法兰克福建立了新的社会党国际组织——社会党国际。社会党国际第一次代表大会通过了《民主社会主义的目标和任务》的纲领性文件，即著名的《法兰克福声明》系统地阐述了社会党国际的理论体系，把民主社会主义作为官方和社会党的指导思想。从此以后，民主社会主义逐渐取代了社会民主主义而成为了各国社会党的思想体系。“这一概念的转换，除了具有突出民主、表示坚决反对布尔什维克主义或共产主义的意义之外，还意味着社会党的理论和政策的变化。”①

首先，社会民主党最根本的变化是从“制度社会主义”转变为“价值社会主义”。1959年，社会党国际内部展开了一场著名的讨论，其中心议题是“社会主义是不是由历史发展的客观规律所决定的”。讨论的结果否定了社会主义是资本主义社会基本矛盾的历史发展的必然结果的客观规律。他们认为社会主义是一系列伦理原则的实现，是一种更符合道德进步的、追求公正的美好理想。实现这些伦理原则和美好理想，不能寄希望于推翻资本主义，而是要对资本主义进行伦理道德的批判，即人性、人道主义的批判。“只要实践人道主义准则，就会消除弊病，实现社会民主主义的价值。”② 在社会党国际看来，社会主义的基本价值包括自由、公正和团结互助。自由是指“摆脱任何有损于人的尊严的依赖关系，并有可能在公正、互助所要求的限度内，自由地发展自己的本性”；公正是“社会给每个人提供同样的权利和机会平等的生存机会”；团结互助是指普遍性的人类友爱，表现为社会成员的“同舟共济”。自由、公正和团结互助是相互协调和有机统一的，“没有社会平等的自由会蜕化为特权；没有个人自由和个人发展，实行个人平等就会以强迫和不自由告终；即使实现了自由和公正，如果没有彼此的互相支持，也不会有符合人类尊严的社会”。社会主义不再是一个代替资本

① 殷叙彝：《社会民主主义概论》，中央编译出版社2011年版，第5页。

② 徐觉哉：《社会主义流派史》，上海人民出版社2007年版，第345页。

主义并与之对抗的理想社会制度，而是一个塑造理想社会的伦理原则。德国社会民主党1989年柏林纲领就民主社会主义的基本原则做了经典的论述："自由、公正、团结互助是民主社会主义的基本价值。它们是我们判断政治现实的标准，是衡量一种新的和更好的社会制度的尺度，同时也是每个男女社会民主党人的行动指南。"①

其次，社会党不再把马克思主义作为唯一的思想来源，提出多元主义的世界观。社会党反对将马克思主义作为社会主义运动的唯一思想来源，指出基督教教义、人道主义等思想也是民主社会主义的理论基础。《法兰克福声明》强调了多元主义的主张："不论社会党人把他们的信仰建立在马克思主义的或其他的分析社会的方法上，不论他们是受宗教原则还是受人道主义原则的启示，他们都是为共同的目标，即为一个社会公正、生活美好、自由与世界和平的制度而奋斗。"② 这也就意味着社会党把马克思主义和其他学说共同作为社会主义的思想来源，形成多元化的指导思想。德国社会党《哥德斯堡纲领》写道："民主社会主义在欧洲根植于基督教伦理、人道主义和古典哲学，它不想宣布什么最终真理……德国社会民主党是一个思想自由的党。它是由来自不同信仰和思想派别的人组成的一个共同体。"③

最后，社会党奉行改良主义，主张和平、渐进的改良道路，反对暴力革命和无产阶级专政。各国社会党对资本主义国家的态度由二战之前的否定性批判转变为肯定性批判。在他们看来，随着西方社会阶级机构的变化，特别是中产阶级的扩大并成为社会的最主要部分，以及代议制民主制度的完善，资本主义社会的国家性质已经发生了变化：由阶级统治的工具逐步转变为各阶级间的仲裁者和社会公共利益的保护者。"大多数西方国家的社会党获得了长期或阶段性的单独执政或联合执政的机会，在野时也是主要的或最重要的反对党，因此已经成为这些国家的'现存权力机构'的一个重要组成部分，同时也完全承认了这一制度的政治游戏规则。与此相应，在国家理论方面，民主社会主义主张多元

---

① 张世鹏编译：《德国社会民主党纲领汇编》，北京大学出版社2005年版，第96页

② 社会党国际文件集编辑组编：《社会党国际文件集（1951—1987）》，黑龙江人民出版社1989年版，第3页。

③ 张世鹏编译：《德国社会民主党纲领汇编》，北京大学出版社2005年版，第70页。

论，否定西欧国家的资产阶级性质。”① 他们反对暴力革命，认为迄今为止的一切革命都证明了革命变革所造成的破坏远远大于得到的成就，应该通过逐步的连续性的改良来实现理想社会的目标，这一点也为二战后西方社会的发展所证明。

以多元理论为基础，他们在制度和策略方面主张把民主作为实现民主社会主义基本价值和理想社会的形式，试图把民主贯彻到国家社会的每一个领域，建立一个公正、自由与和平的社会制度。政治方面，承认和维护代议制民主，反对无产阶级专政，主张建立法治以保证公民享有政治自由和权利；赞成竞争性多党制度，反对垄断的一党制。经济方面，主张以私有制为主、公有制为辅的混合经济制度，保证各种所有权平等和公平竞争；实行经济所有权的民主（即反对垄断）。社会方面，主张和推行社会福利制度，保障每个社会成员的体面生活；通过社会监督、工会的力量以及工人参与决策来限制资本对利润的追求，缓和劳资冲突，保证每个社会成员享有平等机会。

20 世纪 80 年代末 90 年代初，苏联解体和东欧社会主义国家转向资本主义，欧美各国自由主义和保守主义思想家都竭力宣扬资本主义已经取得最后胜利，社会主义已经彻底失败。尽管社会党强调自身与共产党的社会主义的区别，但也受到了巨大的压力和冲击。与此同时，社会党主张的福利国家政策虽然得到实现，但却使各国政府债台高筑，政府机构膨胀，国内资产外逃以及国民对政府的依赖，面临改革的困境。经济全球化的迅猛发展，产生了新的课题，需要寻找解决问题的新途径和新方法。面对这种压力和困境，社会党首先作出的改变就是将其指导思想由民主社会主义再度修改为社会民主主义。他们更加明确地强调了对现存的资本主义制度的认可，主张把民主贯彻到经济社会领域中去，实现民主主义的资本主义，即“一种受到社会节制的、开明的和温驯的资本主义”②。其次，以英国工党为代表的社会党提出了第三条道路的主张，试图超越资本主义社会的左派和右派，摆脱过时的意识形态。在

① 殷叙彝：《社会民主主义概论》，中央编译出版社 2011 年版，第 7 页。

② 中央编译局世界社会主义研究所编译：《当代国外社会主义：理论与模式》，中央编译出版社 1998 年版，第 236 页。

经济方面，协调自由放任与国家干涉，用国家的干预弥补市场的缺陷；在社会方面，均衡权利与责任，创建“利权人型”的福利制度；统一个人与社会倡导建立共同体意识，所有人共同承担分享，享受社会利益；兼顾公平与效率，重塑社会团结的凝聚力。[①]

四　代议制民主的完善与马克思思想的西方境遇

在马克思的时代，代议制民主处在最初的发展状态，只是建立了现代民主的基本制度架构和运行规则：（1）初步建立了民主的三大基本制度：权力分立与制衡的宪政体制初步形成，议会成为人民主权的象征；选举制度虽然已经确立，但普选权并没有实现；政党政治开始出现，政党日益成为政治生活中最主要的行为体和政府的实际控制者，但政党行为并没有受到法律的规范。（2）初步建立了民主运行的四大规则：一是法治规则，国家权力的运行和国家机构的运作都必须以法律为依据，任何个人和集体不能超越于法律之上。二是限权的规则，选民通过选举所授予的权力在时间上和空间上均受到法定的、制度化的限制。法律明确规定了每一届议会和政府的任期；国家权力职能主要局限于公共领域，不能干预私人领域。三是竞争规则，议会中议席的分配、政府权力交替都是通过公开的竞争规则来实现。四是参与规则，人民大众可以通过选举、政党和媒体等多种方式表达自己的意愿来影响政府的决策。

由于处在最初的发展阶段，代议制民主在实际运行过程中表现出了较多的弊病和明显的阶级性，没有实现启蒙思想家们所设想的美好社会。选举权有严格的财产、社会地位、教育等限制，一人一票的平等权也没有实现。作为主权在民的表现形式的议会也没有完全起到表达民意的作用，反而成为资产阶级和贵族妥协的场所。政党间也没有出现公正的竞争，而是私下妥协，形成政党分赃制度。启蒙—自由主义思想家提出的自由、平等和人权等口号在很大程度上成为了资产阶级所享有的专利。马克思时代的资本主义社会里充满了各种矛盾，各种社会运动风起云涌。正是在这样的历史背景下，马克思深刻批判了代议制民主的弊

---

① 参见徐觉哉：《社会主义流派史》，上海人民出版社2007年版，第353—363页。

病，这些批判以及工人阶级争取权利的斗争推动了代议制民主的发展和完善。这同时也使得马克思的批判不可避免地带有历史局限性：马克思低估了代议制民主所具有的生命力和发展潜力，以及解决社会矛盾和冲突的能力。正如赫尔德所言："马克思显然过低地估计了资本主义自由主义和自由主义民主关于人民面临集中的国家权力时，如何确保自由和行动的自由即选择和多样性问题的意义，尽管这不是说传统的自由主义对问题的表述和解决是令人满意的。"①

19 世纪 70 年代以后，主要资本主义国家进入了相对和平与稳定的发展时期，民主政治也逐步发展，工人获得了一定的政治权利，社会主义工人政党也纷纷建立。这些工人政党成为一支重要的政治力量，通过议会斗争改善了工人的社会处境，也缓和了阶级矛盾。20 世纪上半叶，这些工人政党在选举中获得越来越多的选票，成为议会中的大党，持续单独或联合执政，推行有利于工人的法律和政策。在这种现实面前，各国社会民主党逐渐放弃了马克思关于推翻资产阶级政权，建立无产阶级专政的目标。两次世界大战以及法西斯独裁对人类带来的深重灾难，苏联等社会主义国家无产阶级专政出现的诸多失误，使得民主的信念、反对暴力和改良的思想得到越来越多社会成员的认可。20 世纪中叶以来，普选制度在西方发达资本主义社会得以实现，代议制民主逐步发展到成熟阶段，议会克服了以前代表性的局限而能够部分反映社会各个阶级阶层的意志；政府也在一定程度上能够对选民负责；政党在宪政框架下能够进行和平竞争，轮流上台执政，保证了政权的和平交替。代议制民主的运行机制也逐步得到规范和深化。同时，公民的个人权利和自由得到了进一步的扩展和保障，使得西方社会出现了直接民主形式，如全民公决和公民复议等。所谓全民公决，又称投票或公民表决，"是通过全国公民直接投票的办法来批准法律，决定对内对外政策、政治制度、国家领土的变更、国家独立以及决定名称等国家大事"；"公民复决，亦称'公民倡议'，则是指立法机关已通过法律或决议，由于公众提出异议而提交公民表决。它对立法机关所通过的法案和决议是否最终生效是有

① ［英］戴维·赫尔德：《民主的模式》，燕继荣等译，中央编译出版社 2008 年版，第 139 页。

决定意义的。”① 除此之外，现代西方民主在代议制民主框架下呈现出多元化的特点，其中最为重要的标志就是公民社会的兴起和作为第四权力的媒体的崛起。这些一方面加强了公民和社会对政府的监督；另一方面也使得公民、社会和政府之间的联系变得更加密切和协调，民主制度的发展逐步由政治领域逐步向社会领域扩展。

随着第三次科技革命的发生以及新兴产业的兴起，资本主义社会中的阶级结构也发生了很大的变化：工人阶级数量持续下降，中间阶级数量持续增长，形成了一个以中产阶级为主体的橄榄型社会结构。法国学者高兹认为，资本主义的组织化生产造成了劳动力的碎片化，马克思寄予厚望的无产阶级没有机会作为一个普遍阶级去创建一个新社会。相反，工人阶级被资本主义意识形态所俘获，失去了革命的意志。后工业社会的主体力量是“那些经常只是部分时间受雇的人，被自动化排除在社会过程之外的人”②。在高兹看来，工人阶级已经不再是社会中的大多数人，也已经不再是社会变革的主体力量。历史的发展否定了马克思关于资本主义社会两极分化的论断，资本主义社会结构日益多元化，作为社会主体的中间阶级也包含了诸多社会阶层，是一个多元化的构成。艾斯平·安德森曾总结说：“毫无疑问，传统阶级理论阐述的那种两极化现象，在表面上已经失去效用。”③ 这样，阶级斗争也似乎逐渐让位于社会各阶级在经济上谈判和讨价还价，在政治上的竞争和妥协。

随着代议制民主的完善和发展，曾经与工人运动与社会民主合流的具有非常强烈的实践倾向的马克思主义出现了与工人运动的分离。曾经以马克思主义作为指导思想的西方各国社会党逐渐实行了意识形态的多元化，放弃了马克思的革命和无产阶级专政理论。在当今西方世界，马克思的学说的影响已经逐渐从社会活动领域转移到学术领域，成为西方思想中的一支学术流派，逐渐与当代西方的各种思潮相结合，产生出新的思想流派，如生态马克思主义，女权主义等；也促进了一些新的交叉

① 应克复等：《西方民主史》，中国社会科学出版社2003年版，第509页。

② Andre Gorz, *Farewell to the Working Class*, Translated by Michael Sonenscher, London: Pluto Press, 1982, p. 188.

③ ［英］戴维·李、布赖恩·特纳：《关于阶级的冲突》，姜辉译，重庆出版社2005年版，第222页。

学科的兴起，如新政治经济学和政治社会学。美国政治社会学家安·奥勒姆曾说："正如奥古斯特·孔德被尊为社会学之父一样，马克思也可以被称为政治社会学之父。毋庸置疑，马克思可能有理由不属于这一称呼，然而，不可否认他比其他任何一个对政治社会学感兴趣的社会学家——无论是在世的还是谢世的，提出了更富有争论性和丰富的思想。"①

第二节　马克思无产阶级专政理论与东方社会主义

马克思的无产阶级专政理论在东方社会主义国家得到了最高的礼遇和重视。东方国家在这一思想的指导下，进行了暴力革命，建立了无产阶级专政政权，并经过短暂的过渡时期进入了社会主义社会。然而东方国家不是处在马克思所设想的资本主义已经充分发展的历史阶段，而是经济文化比较落后的前资本主义或资本主义发展初期。这样的思想来源和历史条件，使得这些东方社会主义国家的无产阶级专政，既与马克思的思想有相同之处，也存在很大的不同。这就势必在继承马克思的无产阶级专政理论时，又改变了这一理论的原本含义。人们往往通过实践来认识理论，现实社会主义国家的无产阶级实践使得马克思的思想遭到了误解和曲解。在当今社会主义国家，"无产阶级专政"术语逐步被社会主义民主话语所取代。

一　列宁无产阶级专政理论与苏维埃国家的集权趋势

列宁对无产阶级专政理论作出了最权威的论述，不仅影响了苏联的社会主义建设，也深刻地影响了后人对马克思无产阶级专政的认识。列宁的无产阶级专政理论既与马克思的理论有联系，但也有区别。列宁领导下建立的苏维埃政权不能简单等同于马克思所设想的无产阶级专政。

（一）列宁的无产阶级专政理论

1. 无产阶级专政的必然性和必要性

① ［美］安·奥勒姆：《政治社会学导论》，张华青、孙嘉明等译，浙江人民出版社1989年版，第10页。

在列宁看来，无产阶级要摆脱资产阶级的经济剥削和政治压迫，实现本阶级以及全人类的解放，就必须建立无产阶级专政，对资本主义社会进行根本改造，消灭私有制、阶级和国家。在俄国社会民主工党第二次代表大会上，列宁就在党纲草案中写道："要完成这个社会革命，无产阶级应当夺取政权，因为政权会使他们成为生活的主宰，使他们能够排除走向自己伟大目的道路上的一切障碍。在这个意义上说，无产阶级专政是社会革命的必要政治条件。"① 在《国家与革命》一书中，列宁系统阐述了无产阶级推翻资产阶级政权建立无产阶级专政的思想。列宁指出："阶级斗争学说经马克思运用到国家和社会主义革命问题上，必然导致承认无产阶级的政治统治，无产阶级的专政，即不与任何人分掌而直接依靠群众武装力量的政权。"②

列宁指出，无产阶级专政是革命胜利初期维护社会秩序和生产秩序的需要，在整个向共产主义的过渡时期都将存在。列宁说："无产阶级需要国家政权，中央集权的强力组织，暴力组织，既是为了镇压剥削者的反抗，也是为了领导广大民众即农民、小资产阶级和半无产阶级来'调整'社会主义经济。"③ "一个阶级的专政不仅对一般阶级社会是必要的，不仅对推翻了资产阶级的无产阶级是必要的，而且对介于资本主义和'无阶级社会'即共产主义之间的整整一个历史时期都是必要的。"④ 在1918年4月的《苏维埃政权的当前任务》一文中，列宁做了明确的阐述："凡是从资本主义向社会主义过渡，由于两个主要原因，或者说在两个主要方面，必须有专政：第一，不无情地镇压剥削者的反抗，便不能战胜和铲除资本主义，这些剥削者的财富，他们在组织能力上和知识上的优势是不可能一下子被剥夺掉的，所以在一个相当长的期间，他们必然试图推翻他们所仇视的贫民政权。第二，任何大革命，尤其是社会主义革命，即令不发生外部战争，也决不会不经过内部战争即内战，而内战造成的经济破坏会比外部战争造成的更大，内战中会发生千百万起动摇和倒戈事件，会造成极不明确、极不稳定、极为混乱的状

---

① 《列宁全集》第6卷，人民出版社1986年版，第193页。

② 《列宁全集》第31卷，人民出版社1985年版，第24页。

③ 同上。

④ 同上书，第33页。

态。……要消除这种现象，需要时间，需要铁的手腕。”①

2. 无产阶级专政的性质和形式

在列宁看来，资产阶级虽然建立了民主共和国，但由于资本主义生产方式的限制，资本主义民主实质上只是资产阶级的民主，只有“极少数人享受民主，富人享受民主”②。无产阶级专政则意味着无产阶级和广大劳动群众享有民主，是多数人的民主：“人民这个大多数享有民主，对人民的剥削者、压迫者实行强力镇压，即把他们排斥于民主之外，——这就是民主在从资本主义向共产主义过渡时改变了的形态。”③“无产阶级专政，向共产主义过渡的时期，将第一次提供人民享受的、大多数人享受的民主，同时对少数人即剥削者实行必要的镇压。……在从资本主义向共产主义过渡的时候镇压还是必要的，但这已经是被剥削者多数对剥削者少数的镇压。实行镇压的特殊机构，特殊机器，即‘国家’，还是必要的，但这已经是过渡性质的国家，已经不是原来意义的国家。”④

那么，无产阶级专政如何实现呢？列宁认为巴黎公社是马克思、恩格斯时代的无产阶级专政的形式。巴黎公社实行了一系列打碎旧的国家机器的措施，“从资产阶级的民主转变为无产阶级的民主，从压迫者的民主转变为被压迫阶级的民主，从国家这个对一定阶级实行镇压的‘特殊力量’转变为由大多数人——工人和农民用共同的力量来镇压压迫者”⑤。列宁高度赞扬巴黎公社克服了资本主义代议制度的弊病，因为“每隔几年决定一次究竟由统治阶级中的什么人在议会里镇压人民、压迫人民，——这就是资产阶级议会制的真正本质。”⑥ 巴黎公社在不取消代表机构和选举制的基础上，使公社成为兼管行政和立法的机构，从而把代表机构由资产阶级社会的清谈馆变为务实的工作机构，真正代表了广大人民利益：“在公社用来代替资产阶级社会贪污腐败的议会的

---

① 《列宁全集》第34卷，人民出版社1985年版，第175—176页。
② 《列宁全集》第31卷，人民出版社1985年版，第83页。
③ 同上书，第85页。
④ 同上书，第86页。
⑤ 同上书，第40—41页。
⑥ 同上书，第43页。

那些机构中，发表意见和讨论的自由不会流为骗局，因为议员必须亲自工作，亲自执行自己通过的法律，亲自检查实际执行的结果，亲自对自己的选民直接负责。”①

在列宁看来，苏维埃政权是无产阶级专政在俄国的表现形式。苏维埃是俄国人民在革命中创造出来的把政权掌握在自己手里的政治形式，苏维埃共和国是巴黎公社类型的国家，鼓励和支持群众参加政治生活特别是管理国家的活动，是新型的民主国家：“第一，它有工农武装力量，并且这个武装力量不是象过去的常备军那样脱离人民，而是同人民有极密切的联系；……第二，这个机构同群众，同大多数人民有极其密切的、不可分离的、容易检查和更新的联系，……第三，这个机构的成员不是经过官僚主义的手续而是按照人民的意志选举产生的，并且可以撤换，……第四，它同各种各样的行业有牢固的联系，所以它能够不要官僚而使各种各样的极深刻的改革容易实行。第五，它为先锋队即被压迫工农阶级中最有觉悟、最有毅力、最先进的部分提供了组织形式，……第六，它能够把议会制的长处和直接民主制的长处结合起来，就是说，把立法的职能和执法的职能在选出的人民代表身上结合起来。”② 对列宁而言，“苏维埃政权是新型的国家，没有官僚，没有警察，没有常备军，以新的民主制代替了资产阶级民主制。这种新的民主制把劳动群众的先锋队推到了最重要的地位，使他们既是立法者，又是执行者和武装保卫者”③；建立劳动者的群众组织使全体劳动者学习管理和参加政治生活。苏维埃“这种民主制是更高类型的民主制，是与资产阶级所歪曲的民主制截然不同的民主制，是向社会主义民主制和使国家能开始消亡的条件的过渡”④。

（二）列宁时期苏维埃政权的集权发展趋势

1. 苏维埃政权的建立与一切权力归苏维埃

十月武装起义当晚召开了全俄工兵农苏维埃第二次代表大会，宣布推翻资产阶级临时政府，政权转归苏维埃，成立了苏维埃中央人民政

① 《列宁全集》第31卷，人民出版社1985年版，第45页。

② 《列宁全集》第32卷，人民出版社1985年版，第297页。

③ 《列宁全集》第34卷，人民出版社1985年版，第47页。

④ 同上书，第183—184页。

府——人民委员会。人民委员会由布尔什维克党的 14 名代表组成，列宁当选为人民委员会主席。大会还选举产生了苏维埃代表大会的常设机构——全俄苏维埃中央执行委员会，由 101 人组成，其中布尔什维克党 62 人，左派社会革命党 29 人，孟什维克国际主义者 6 人，其他党派 4 人。苏维埃代表大会和中央执行委员会对人民委员会有监督和撤换权。由列宁起草、经全俄苏维埃中央执行委员会通过的《被剥削劳动人民权利宣言》，成为苏维埃政权初期的宪法性文件。《权利宣言》宣布俄国为工兵农代表苏维埃共和国，是建立在各民族平等友好基础上的苏维埃社会主义联邦，其任务是消灭剥削，消除社会阶级划分，镇压剥削者的反抗，建设社会主义。随后苏维埃政府宣布了一系列法令，建立了初步的苏维埃体制。

在军队方面，由于当时第一次世界大战仍在进行，苏维埃俄国还需要军队和常备军。因此苏维埃政权没有解散旧军队，而是实行了军队民主化，陆军和海军交由中央人民委员会管辖，部队的全部权力归士兵苏维埃。1918 年 1 月 28 日，苏维埃政府颁布了关于建立工农红军的法令，建立了一支无产阶级革命军队。在警察方面，苏维埃政府于 1917 年 11 月 10 日颁布关于建立工人民警的法令，工人民警由工农代表苏维埃组编，并接受苏维埃领导。中央人民委员会还于 1917 年 12 月 7 日作出关于成立专门的国家安全机构——全俄肃清反革命及怠工特设委员会（简称全俄肃反委员会）的决定，其任务是揭露并打击国内外反革命势力的阴谋，惩治怠工者、投机商人及其他敌人。法院方面，苏维埃政府于 1917 年 12 月 5 日颁布关于法院的法令，撤销旧的司法机关，废止所有与苏维埃政权的目的和任务相抵触的法律，建立工农法庭和由苏维埃选出的地方人民法院，以代替旧的司法制度。苏维埃政府于 1917 年 11 月 23 日颁布法令，废除等级制度，全体俄国居民一律平等，称为苏维埃共和国公民。

虽然建立了苏维埃政权，但是俄国广大人民群众仍然强烈要求召开立宪议会①，布尔什维克党考虑到人民的意愿和政治斗争的需要，同意

---

① 1917 年二月革命之前，俄国人民在反对沙皇专制统治的斗争中要求召开立宪议会，建立民主共和国。但是临时政府借故第一次世界大战而使立宪议会的选举工作没有进行。

举行立宪议会的选举，召开立宪会议。1917 年 11 月 28 日，立宪议会代表的选举工作开始进行，结果社会革命党和孟什维克获得较多的选票而成为立宪议会中的多数派，布尔什维克成为少数派。社会革命党和孟什维克提出“全部权力归立宪议会”口号，而布尔什维克党则提出了自己的立场：“立宪会议如果同苏维埃政权背道而驰，那就必然注定要在政治上死亡。”①

1918 年 1 月 18—19 日，立宪议会召开。由于社会革命党和孟什维克占据了多数，立宪议会拒绝批准列宁起草的《被剥削劳动人民权利宣言》，拒绝承认苏维埃政府的《和平法令》和《土地法令》。由于立宪议会反对苏维埃政权，全俄苏维埃中央执行委员会决定解散立宪议会，宣布全部政权归苏维埃。列宁起草了解散立宪议会的法令草案，阐述了解散立宪议会的理由：（1）十月革命已经把国家政权交给了苏维埃，苏维埃政权代表了俄国最广大劳动人民的利益，立宪议会应当无条件地承认苏维埃。(2)立宪议会的选举是根据十月革命前拟定的候选人名单进行的，没有反映革命后的政治力量对比，因而不可能正确表达人民的意志，特别是劳动群众的意志。(3)立宪议会拒绝承认苏维埃政权及其纲领，这就割断了它同苏维埃共和国的一切联系。(4)反对苏维埃掌握全部政权，反对人民争得的苏维埃共和国，支持立宪议会，就是向后退，就是要使整个十月革命失败。1918 年 1 月 23 日召开的全俄工兵代表苏维埃第三次代表大会和 1 月 26 日召开的全俄农民代表苏维埃第三次代表大会合并为全俄工兵农苏维埃代表大会，大会通过了《被剥削劳动人民权利宣言》。自此全俄工兵农苏维埃代表大会就成为了俄国最高的权力机关，正式确立了全俄苏维埃共和国的合法性。对此，列宁给予了高度的评价：“这次代表大会巩固了十月革命建立起来的新的国家政权组织，为全世界、为各国劳动人民画出了未来的社会主义建设的路标。”②

布尔什维克党解散了立宪议会，实现了一切权力归苏维埃，但是却没有解决好三个问题：一是布尔什维克党解散了由人民普选产生的立宪

---

① 《列宁全集》第 33 卷，人民出版社 1985 年版，第 165 页。

② 同上书，第 286 页。

议会，那么布尔什维克政权如何获得合法性？二是布尔什维克党解散民选的立宪议会，不仅把资产阶级等排除在政权之外，也把社会革命党和孟什维克党等社会主义政党排除在政权之外。无产阶级专政在形式上成了布尔什维克一党独自掌握政权；三是布尔什维克党解散立宪议会，意味着布尔什维克党可以超越于法律之上。列宁曾指出："专政是直接凭借暴力而不受任何法律约束的政权。无产阶级的革命专政是由无产阶级对资产阶级采用暴力手段来获得和维持的政权，是不受任何法律约束的政权。"① 也就是说，所有的民主原则和制度安排要服从布尔什维克党的利益。

2. 列宁时期苏维埃体制的集权发展：理想被现实修正

俄国建立了苏维埃政权体制，但由于帝国主义武装干涉和国内反革命叛乱，苏维埃俄国进入了三年国内战争时期。布尔什维克党实行了战时共产主义政策，这致使列宁在十月革命前设想的实行与巴黎公社相一致的苏维埃直接民主没有完全付诸实践。列宁时期的苏维埃俄国走上了权力高度集中的发展道路，民主日益萎缩，列宁的民主理想无情地被现实所修改。

第一，用政党代表制取代人民自治。十月革命后，列宁曾经试图实行巴黎公社式的直接民主，但由于俄国劳动群众文化水平落后，结果造成了生产和管理的无序。加之当时革命政权面临着严重的生存危机，1919 年 3 月的俄共（布）第八次代表大会上，列宁提出用政党代表制取代人民管理制："直到今天我们还没有达到使劳动群众能够参加管理的地步，因为除了法律，还要有文化水平，……由于文化水平这样低，苏维埃虽然按党纲规定是通过劳动者来实行管理的机关，而实际上却是通过无产阶级先进阶层来为劳动者实行管理而不是通过劳动群众来实行管理的机关。"②

第二，用一党制取代多党制，国家权力集中于布尔什维克党。十月革命前，列宁曾经设想革命胜利后要建立一个包括一切革命民主党派在内的联合政府。十月革命后的苏维埃中央执行委员会的确是一个多党派

① 《列宁全集》第 35 卷，人民出版社 1995 年版，第 237 页。

② 《列宁全集》第 36 卷，人民出版社 1985 年版，第 154—155 页。

参与其中的最高权力机关；苏维埃中央政府也有 7 名左派社会革命党成员。但随着布尔什维克党与其他政党之间的意识形态和政策分歧，其他政党逐步被排除在苏维埃政权外，形成了布尔什维克党一党独揽大权的局面。一切权力归苏维埃实际上变成了一切权力归布尔什维克党。俄共（布）第八次代表会议提出党应该“把自己最坚定忠实的党员提拔到所有苏维埃工作的岗位上来，通过这些工作在苏维埃中取得政治上的绝对统治地位，并对苏维埃的全部工作进行实际的监督”。与这种国家权力向布尔什维克党集中相应，布尔什维克党内的权力也由党的代表大会向党的领导机关集中，党的领导机关逐渐取代了党的代表大会而成为最高决策机关：“我们共和国的任何一个国家机关没有党中央的指示，都不得决定任何一个重大的政治问题或组织问题。”①这样就逐渐形成了党政不分，以党代政的现象。

第三，在公务人员任用上，以自上而下的委任制取代了原初设想的普遍选举制，形成了庞大的官僚体系。国内战争期间，苏维埃俄国在公职人员的任用选拔上，以党的委任制取代了十月革命初期的人民选举制和罢免制，由党的上级机关直接向党的下级组织、国家行政机关、苏维埃代表大会、军队等委派干部。这导致了官僚机构的膨胀和官僚主义作风的盛行，人浮于事的现象比较严重。对此，列宁也有深刻的认识，他说，苏维埃国家机关“实质上是从沙皇和资产阶级那里拿过来的旧机关”②，“我们的国家机关，除了外交人民委员部，在很大程度上是旧事物的残余，极少有重大的改变。这些机关仅仅在表面上稍微粉饰了一下，而从其他方面来看，仍然是一些最典型的旧式国家机关”③。

第四，独立的人民监督机关转变为从属于党和国家检察机关的附属监督机关。十月革命后，苏维埃政府颁布了工人监督条例，成立了工人监督委员会。全俄工人监督委员会是最高工人监督机关，与其他国家机关是平行的，不隶属于任何国家检察机关，可独立行使罢免权。1919 年 4 月，全俄苏维埃中央执行委员会通过立法，要求包括工人监督委员

---

① 《列宁全集》第 39 卷，人民出版社 1986 年版，第 27 页。

② 《列宁全集》第 43 卷，人民出版社 1987 年版，第 341 页。

③ 同上书，第 373 页。

会在内的所有现有的监督检查机关移交给国家监察部管辖。1920 年 1 月，苏维埃政府设立了隶属于国家监察人民委员部的工农检查院，作为工农监督机关。这样就很难实现广大无产阶级和劳动人民对政府官员的监督。

（三）列宁是否改变了马克思的无产阶级专政理论

从理论上来说，列宁的无产阶级专政的学说在很大程度上继承了马克思的无产阶级专政的学说。列宁设想的无产阶级专政也是要消灭常备军、官僚制，实行公务人员的普遍选举和人民罢免制，以及地方自治。与此同时，列宁也作出了很重要且影响很大的改变：在马克思那里，无产阶级专政是国体和政体的统一，相当于考茨基所说的无产阶级的统治状态以及实行民主统治。但在列宁看来，无产阶级专政是一种政体，意味着对广大人民实行民主，对剥削阶级进行镇压，完全剥夺后者的政治权利和自由。这就是说，列宁认为民主的本质是阶级统治，这种统治把敌对阶级排除在外。这在列宁回应考茨基对俄国无产阶级专政和苏维埃政权的批判中明显表现出来。列宁指出资产阶级民主对工人来说只是虚伪和骗人的民主。考茨基只看到了资产阶级民主形式具有的普遍性表象，而看不见它的阶级本性，只主张镇压破坏民主的情况。在列宁看来，考茨基迷恋于所谓的纯粹的民主，无意中犯了一切资产阶级民主派常犯的错误：把形式上的平等当作事实上的平等。列宁认为俄国布尔什维克废除资产阶级民主制度，特别是解散立宪议会，建立苏维埃政权，这是民主历史上的巨大进步，彻底改变了民主的主体：由少数的剥削者转变为广大的劳动人民群众。

从苏维埃政权的实际运行来看，列宁的无产阶级专政制度构想也没有完全付诸实践，列宁的民主理想被俄国现实所修正。十月革命后，列宁试图按照巴黎公社的设想来组织无产阶级专政，但由于战争与革命的特殊历史环境而无法实施。俄国的苏维埃政权实行的是与马克思不同的制度设计：常备军不仅没有被废除，而且还大大得到了扩展，没有实现马克思主张的人民武装。布尔什维克党排除了其他政党而成为高于苏维埃的政治组织，独自掌握了国家的最高权力，无产阶级专政逐渐滑向了布尔什维克党的一党专政。官僚制度也没有废除，反而在实行自上而下的委任制基础上得到进一步的发展，苏维埃俄国官僚机关臃肿庞大，官僚主义盛行。马克思设想的地方自治也没有得到实施，在苏维埃俄国地方需要服从中央的管理，贯彻中央的政策。因此，列宁时期的苏维埃政权不是马克思所设想的无产阶级专政。

二　苏联社会主义模式与无产阶级专政的异化

（一）斯大林与苏联社会主义模式的建立

列宁去世后，联共（布）[①] 党内围绕着新经济政策问题、苏联如何建设社会主义问题展开了激烈的争论。由于伴随着权力的斗争，争论很快就发展成为党内的大规模政治斗争。1924 年到 1929 年间，联共（布）党内关于苏联建设社会主义问题，先后出现了以斯大林为首的中央多数派与托洛茨基派、季诺维也夫—加米涅夫派、托洛茨基—季诺维也夫派、布哈林派之间的理论争论和政治斗争。结果是斯大林的理论和政策主张获得了党内多数的支持。

在争论中，斯大林逐步提出了一国可以建成社会主义理论，反驳了托洛茨基等反对派的世界革命论。这一思想最终成为了联共（布）的指导思想。斯大林最初把苏联建成社会主义寄托于西方先进国家无产阶级革命的胜利，认为实现社会主义“必须有几个先进国家中无产者的共同努力”[②]。1925 年联共（布）第十四次代表大会后，斯大林思想发生了变化，认为一国可以建成社会主义：“这就是可能用我国内部力量来解决无产阶级和农民间的矛盾，这就是在其他国家无产者的同情和支援下，但无须其他国家无产阶级革命的预先胜利，无产阶级可能夺取政权并利用这个政权来在我国建成完全的社会主义社会。”[③] 关于一国如何建设社会主义，斯大林否定了布哈林等所坚持的新经济政策的迂回发展道路，提出了快速工业化和农业集体化的发展战略。斯大林指出苏联从沙俄继承下来的是非常落后的经济基础，必须尽一切可能在最短的时间内摆脱落后状态，这样才能保证苏维埃政权的存在。斯大林说：“我

---

① 1925 年 12 月，俄共（布）第十四次代表大会决定，将俄国共产党（布尔什维克）改名为全联盟共产党（布尔什维克），简称联共（布）。1952 年 10 月，联共（布）第十九次代表大会决定取消双重名称，改称为苏联共产党，简称苏共。

② 《斯大林全集》第 8 卷，人民出版社 1954 年版，第 60—61 页。

③ 同上书，第 64 页。

们比先进国家落后了五十年至一百年。我们应当在十年内跑完这一段距离。或者我们做到这一点，或者我们被人打倒。”[①] 为此，苏维埃俄国首先要快速发展经济，迅速实现工业化。斯大林指出高速发展整个工业特别是生产资料生产，这是改造国民经济和向社会主义前进的主要基础和关键。但斯大林的快速工业化道路不是整个工业的协调平衡发展，而是优先发展重工业尤其是军事工业。这也与当时苏联面临的国外的军事威胁有关。其次要快速推进农业集体化，改造和消灭个体小农经济，把农业资源控制在国家手中。斯大林认为苏维埃制度只能建立在社会主义的工业和农业基础上，“必须逐步而又坚定不移地把出产商品最少的个体农民经济联合为出产商品最多的集体经济，联合为集体农庄”[②]；同时农业集体化是为了保证快速工业化所需要大量的资金。为此，斯大林提出了一个著名的贡税论：“农民不仅向国家缴纳一般的税，即直接税和间接税，而且他们在购买工业品时还要因为价格较高而多付一些钱”，“而在出卖农产品时多少要少得一些钱”，也就是说，国家通过工业产品和农产品价格的“剪刀差”向农民索取“贡税”，即“向农民征收的一种额外税”[③]。

在斯大林一国建成社会主义理论指导下，苏联停止了新经济政策，开始了快速工业化和农业全盘集体化运动。1928 年 10 月，苏联开始实行第一个五年计划，由国家计划委员会编制详尽的行业经济指标，自上而下分配到地方，各部门和地区必须严格执行。到 1937 年第二个五年计划完成时，苏联已经建立起较为完整的现代工业体系，工业生产总量已经跃居欧洲第一，实现了工业化的目标。与此同时，苏联也形成了重工业过重、农业和轻工业过轻的畸形经济结构和高度集中的指令性计划管理体制。与快速工业化相应，农业全盘集体化也迅速展开。1929 年 11 月，斯大林发表《大转折的一年》，标志着俄国全盘集体化作为改造农业生产关系的一场政治运动全面展开。到 1934 年年底，短短几年时间里，苏联农业集体化任务基本完成：加入集体农庄的农户已经达到农

① 《斯大林全集》第 13 卷，人民出版社 1956 年版，第 38 页。

② 《斯大林全集》第 11 卷，人民出版社 1955 年版，第 7 页。

③ 同上书，第 139 页。

户总数的3/4左右，播种面积达到苏联播种面积的90%左右。农业全盘集体化主要是为配合国家工业化而展开的一场暴风骤雨式的政治运动，由于强调速度而导致了一系列较为严重的问题：采用强制性的办法把农民组织到集体农庄中去，违背了农民的现实利益要求；高度的公有化和过分集中的农业生产管理体制，限制了农民的自主权，使农业生产陷入困境；在消灭富农过程中，采取了剥夺财产，强迫迁徙等暴力手段和措施，破坏了社会主义民主。

国家使用行政命令强制实行快速工业化和农业全盘集体化，又造成了社会关系紧张、党群关系紧张，引起了党内外知识分子的不同意见。为了压制不同意见，斯大林提出了阶级斗争尖锐化理论，在社会和苏共党内展开了大规模政治清洗运动。大清洗运动打击的主要对象是党政军高级干部和知识分子。由于通过控制司法机关，采取威逼、诱供等办法进行非法审判，大清洗运动制造了大量的冤假错案，在社会和苏共党内形成了一种恐怖氛围，严重破坏了自由、民主和法制。这场大清洗后，斯大林的个人权力进一步加强，党的领导逐渐转变为领袖的个人专权。1941年5月，斯大林兼任党中央总书记、人民委员会主席和国防委员会主席，集党政军大权于一身，最终形成了以高度集权为特征的政治模式。

（二）苏联社会主义模式的特征

苏联社会主义模式最基本特征就是过度集权，形成了极权主义的政府体制，即“在其中一个政党掌握所有政治的、经济的、军事的和司法的权力。这个政党试图按照党的价值来重构社会并广泛干预公民个人的生活”①。

1. 经济领域：高度国有化和计划经济

苏联社会主义模式在经济领域的表现就是政府对经济的高度控制，生产资料高度国有化，实行排斥市场的指令性计划经济运行体制和以行政手段为主的过度集中的管理体制。② 第一，所有制的高度国有化。社

① ［美］迈克尔·罗斯金等：《政治科学》，林震等译，中国人民大学出版社2009年版，第94—95页。

② 参见孙代尧、薛汉伟：《与时俱进的科学社会主义》，安徽人民出版社2004年版，第279—282页。

会主义所有制的两种形式——国家所有制（又称全民所有制）和集体农庄所有制——由国家直接管理，在国民经济中占据统治地位。工商业采用国家所有制，生产资料的所有权与经营权都归国家所有。大部分的企业由中央直接管理，企业的厂长或经理由上级国家机关任命，处于国家的直接控制之下。农村实行集体农庄所有制，土地归国家所有，农业机器，如拖拉机、收割机、汽车等都掌握在国家的机器拖拉机站手中；国家通过各级农业机关向集体农庄下达指令性指标，通过机器拖拉机站与集体农庄签订的合同直接参与农庄的生产管理。第二，在经济运行过程中，排斥市场机制，国家主要采取行政手段实现资源配置，对国民经济的统一领导和计划生产，形成指令性的经济运行机制。计划一经中央批准，就具有法律效率，国家通过层层行政机关来执行具有强制性质的行政指令和决议，对全国的企业和经济活动进行统一的生产管理，完全排斥市场对资源的基础性配置作用和对经济活动的调节作用。第三，在经济管理上形成高度集中的经济管理体制。经济管理的权力过度集中于各个中央部门，实行严格的部门管理，并依靠各级行政组织直接领导和管理企业。大批企业归中央所有，由中央直接控制企业的人财物配置权力和产供销活动，结果导致了中央部门和官僚机构的膨胀。

2. 政治领域：高度集权和严格控制

苏联社会主义模式在政治领域的表现就是过度集权，缺少自由、民主和法治，以及对人权的基本保障。具体表现为领袖个人独裁和高度集权的一党制，名义上拥有最高权力的苏维埃政府体制，特权官僚制，监督制约机制缺失，拥有特权的国家安全机关以及对个人思想的禁锢。

第一，实行高度集权的一党制、领袖个人独裁。苏联只存在一个党，即苏联共产党，禁止其他党派的合法存在。因此，国家的权力集中于苏联共产党，形成了权力高度集中的一党制。在斯大林看来，没有共产党的领导就不能实现无产阶级专政，因为“无产阶级专政是党的指示加上无产阶级群众组织对这些指示的实行，再加上居民对这些指示的实行”[①]。这导致了党政不分和以党代政，苏联共产党的组织代替国家机关而直接管理国家。与此同时，党的权力又过度集中于党中央，党的

① 《斯大林全集》第8卷，人民出版社1956年版，第38页。

代表大会和中央委员会的权力受到削弱，中央监察委员会的职权也被削弱了。这样中央政治局和书记处就成为党的权力中心，“政治局是拥有全权的机关”①，书记处则是无所不管的国家领导核心。由于中央委员会和政治局会议没有按期召开和正常运转，权力最后又集中于总书记，最终形成了领袖的个人专权统治。斯大林时期，联共（布）第十七次代表大会决议“责成各级党组织以斯大林同志报告中所提出的原理和任务作为自己工作的指南”②。

第二，苏维埃政权机构的虚置。根据苏联宪法，国家权力归全国人民所有，全国苏维埃是最高权力机关和立法机关。全国苏维埃由民族院（由苏联公民按民族地区选举产生）和联盟院（按行政地区选举代表组成）组成，所有法律要两院的一致同意才能获得通过。法律规定全国苏维埃还拥有组织和监督苏维埃中央政府和最高司法机关的权力。但是在苏联的一党制下，国家与社会的重大决策以及人事安排，都是由党决定。苏联共产党成为了凌驾于国家政权之上的最高机关，代替全国苏维埃起草、制定法律，而苏维埃则成了党把自己的意志变成国家法令的表决机器。虽然法律规定苏维埃对行政机关具有监督权，但由于自身的虚置，其监督力度相当有限。党直接领导政府进行工作，而且行政和经济管理机关很大一部分事务直接由党的机关管理。司法机关也由党来领导，并按照党的决议来实行司法权和审理案件。

第三，官僚委任制与特权等级制度。随着苏联社会主义模式的形成，自上而下的干部委任也成为正式的官僚制度，党对干部实行统一集中的管理。由于这种任命制度的存在，所有官员都只对上级负责，往往为了自身利益而讨好上级，远离人民群众，官僚主义作风严重。“在苏联社会中，工人阶级及其他社会阶级和阶层都不可能把自己的利益和意志强加给党的官僚。只有当他们的利益与官僚本身的利益一致时，官僚才会考虑他们的利益。”③ 苏联还形成了官僚等级制度以及官僚特权阶

---

① 《斯大林全集》第7卷，人民出版社1958年版，第328页。

② 《苏联共产党代表大会、代表会议和中央全会决议汇编》第四分册，人民出版社1957年版，第401页。

③ ［捷克斯洛伐克］奥塔·希克：《共产主义政权体系》，蔡惠梅、谭美华、王健众译，江苏人民出版社1982年版，第79页。

层，这些特权阶层包括党的高级官僚和政治经济高级官僚。他们在不同程度上享有各种特权，如享有高额工资，住房、特殊食堂和特供商品的权力等。这些特权官僚阶层在苏联政治经济结构中占有重要地位，他们掌握着党政军领、企业和农庄的绝对权力，是苏联社会实际上的统治者。

第四，体制外监督制约机制缺失。列宁时期建立了党内独立的监督机构——监察委员会，由党的代表大会选举产生并向其负责，隶属于各级党的中央委员会，享有很高的地位和权力。但是随着苏联社会主义模式的建立，监察委员会的地位受到削弱，权力受到限制。联共（布）第十七次代表大会决定将中央监察委员会改组为联共（布）中央党监察委员会，其职能是“监督党和联共（布）中央委员会的决议的执行，巩固党的纪律，反对违反党的道德的行为”[①]。各级检察委员会也划归各级党的中央委员会领导，取消了独立地位，成为各级党的委员会的下属机构。各级监察委员会只是监督党的决议和国家法令的执行情况，无法对党的领导人和决策作出监督。苏联的社会监督制度也没有建立起来，党通过各级党组织和政府部门对社会实行全面的渗透和控制，广大人民群众无法对政府权力的运作和官僚进行监督。

第五，拥有特权的国家安全机关。在斯大林时期，国家安全机关由斯大林直接领导，不受党和国家政权机关的监督，凌驾于党和国家之上，成为个人专制统治的工具。国家安全机关拥有从中央到地方基层的一整套庞大的机构系统，拥有一个遍及全国的情报网络：在大城市、州的中心建立内务局，在各大中企业、政府机关、学校建立内务科（处），在群众组织中安排情报员。国家安全机关拥有自己的师团、几十万装备精良的警卫和几万内务军官。它拥有重要的特权，可以逮捕包括党的中央委员和地方党委书记在内的党政领导干部，拥有从逮捕、侦查、审判和处决的整个权力。国家安全机关这种不受法律、党、国家和人民监督和约束的特权，制造了许多冤假错案，破坏了社会主义法治和民主，在党内和社会中造成恐怖统治。

---

① 《苏联共产党代表大会、代表会议和中央全会决议汇编》第四分册，人民出版社 1957 年版，第 392 页。

第六、思想文化领域受到严格的控制，形成了过度集权的行政管理体制和一元化的意识形态的文化专制主义，禁锢了人民的思想和言论自由。学术研究往往和政治问题联系起来，缺乏正常的探讨和争鸣，思想观点的分歧和不同学术流派的争论往往被贴上政治标签，以政治批判的形式来处理。为了保证领袖权威和现行的政治制度，苏联实行极为严格的书报检查制度以保证高度的舆论统一。领袖言论被绝对化、神圣化，甚至当作判断真理与错误的唯一标准。随着领袖个人权力和威望的上升，对领袖的崇拜也逐渐盛行起来。斯大林被称为“人类最伟大的天才”“一切进步的和先进事务的象征”“一切时代最伟大的人物”“永不犯错误的理论家”等。

（三）苏联社会主义模式与马克思的无产阶级专政

苏联社会主义模式与马克思所设想的社会主义具有本质上的不同。马克思的社会主义是在发达资本主义国家同时发生无产阶级革命，无产阶级夺取政权后经过一段过渡时期来实现的。未来共产主义社会的特征是生产力高度发达，私有制、阶级和国家已经消亡，实行社会所有制和有计划地组织生产，实现了人的全面自由发展。苏联社会主义模式却是在资本主义没有获得充分发展的落后国家建立起来的，国家和阶级仍然存在，消灭的只是剥削阶级。因此，“现实的社会主义，或者说斯大林以来的社会主义，是没有完成马克思和列宁所说的过渡时期任务的社会主义。”① 从历史进程来看，苏联模式的社会主义所处的历史方位与马克思所说的过渡时期是相一致的，苏联也声称实行的是无产阶级专政。那么苏联社会主义模式的无产阶级专政是马克思所说的无产阶级专政吗？

国内外学术界对这一问题有两种截然对立的看法。一种观点认为，苏联的无产阶级专政模式是根本背离马克思的思想的，斯大林主义与马克思的思想有着本质的区别。阿历克斯·卡林尼科斯指出，马克思提出了一种不同于自由主义的民主模式，即工人阶级自主的民主模式。这根本不是斯大林模式下的个人集权统治，也不是“对于社会生活、政治、

① 智效和：《现实的社会主义与马克思的社会主义之间的关系》，《新视野》2002年第5期，第10页。

经济和文化各方面的等级性有组织的控制，不是党和国家机关金字塔顶层少数人的寡头政治”[①]。另一种观点则认为斯大林主义的苏联社会主义模式是马克思思想实践的必然结果。哈耶克在《通往奴役之路》中指出，社会主义意味着奴役和独裁，社会主义的苏联、东欧国家正是由于马克思社会主义理论的“原罪”，才会导致极权主义，民主只是一种控制的幻梦。[②] 美国实用主义者胡克也认为马克思主义所谓的民主只不过是一种“神话”，根本不可能实现，苏联将这种“神话”变成了法西斯的专政和血腥的统治。[③]

实际上，苏联社会主义模式与马克思的无产阶级专政理论之间有着复杂的关系，不能把二者简单等同或对立起来，既不能说苏联社会主义模式是马克思理论的必然结果，又不能说与马克思没有任何联系。一方面，斯大林简单和肤浅地理解马克思对代议制民主的批判和对社会主义革命的设想，没有看到马克思对代议制民主的肯定，片面地、部分地实行了马克思关于无产阶级专政的一些制度设想，如立法权和行政权合一的集权政府体制。另一方面，马克思无产阶级专政理论的不完整性也为苏联社会主义模式的产生提供了某种理论上的合法性和空间。正如马尔科维奇所说：“马克思预见到了当代的一些问题，但是他没有解决这些问题，还有一些问题他没有认识到。在原则及其运用之间还存在着一些简单化的、模糊的、矛盾的地方，而这些东西给后来为了各种意识形态的目的而加以利用留下了广阔的余地。”[④] 斯大林主义就“对马克思理论的许多难题作出了简单的、固定的、保守的、非历史的解释”[⑤]。但总体上来说，苏联社会主义模式的无产阶级专政与马克思的无产阶级专政之间有着根本的区别。

---

① Alex Callinicos, *The Revenge of History: Marxism and the East European Revolutions*, Cambridge: Polity, p. 16.

② ［英］弗里德里希·奥古斯特·哈耶克：《通往奴役之路》，王明毅等译，中国社会科学出版社 1997 年版，第 32—35 页。

③ ［美］悉尼·胡克：《理性、社会神话和民主》，金克等译，上海人民出版社 1965 年版，第 289 页。

④ ［南斯拉夫］米哈依洛·马尔科维奇：《斯大林主义和马克思主义》，载李宗禹主编：《国外学者论斯大林模式》（上册），中央编译出版社 1995 年版，第 27 页。

⑤ 同上书，第 8 页。

1. 苏联无产阶级专政对马克思无产阶级专政制度构想的修改

首先，就人民主权及其实现方式来说，马克思认为最为重要的就是人民掌握革命权力，即由人民武装代替常备军。与此同时，所有公务职员由人民普选产生，随时接受人民的监督和罢免，以防止国家和官僚成为社会和人民的主人，建立责任政府。但是在苏联无产阶级专政中，国家拥有规模巨大的常备军，形成庞大的等级官僚体系，更为重要的是普遍的选举权没有得到实施。这使得广大民众失去了监督和罢免官员的权利，国家和官僚成为高踞于人民头上而统治人民的机构和特权者。

其次，马克思为了防止中央权力的过分集中和扩大，主张用社会来制约权力，实行地方和人民自治。但是在苏联高度集权的政治体制中，中央通过集中权力、计划经济体制和自上而下的干部任命制，严格控制了地方。地方必须贯彻和执行中央政府的决议和政令，从而失去了对中央的监督功能以及独立的地位。

2. 国家与社会的关系认识的根本分歧

之所以会有以上无产阶级专政国家制度的差异，除了战争与革命的时代背景外，更为重要的是马克思和斯大林在国家与社会关系认识上的根本差异。在马克思看来，国家是人类社会发展到一定阶段的产物，是各个阶级为了把阶级冲突限制在秩序的范围内以避免自身灭亡的结果。在自然经济中，国家与市民社会是混为一体的，随着资本主义生产方式和商品经济的发展壮大，国家与市民社会开始分离，国家日益脱离市民社会并高居市民社会之上的独立力量。人类社会的发展将会使市民社会实现自我的扬弃，消除阶级和阶级对立的基础，国家权力也将逐步回归社会，而这个历史发展阶段就是由资本主义社会向共产主义社会的过渡时期，与之相应，政治上将实行无产阶级专政。但马克思也指出，即使是无产阶级专政时期的国家及其机关也是一种祸害，有其自身的特殊利益，存在脱离人民和社会的倾向。为了把国家的祸害降到最低程度，马克思认为无产阶级应该实行巴黎公社式的民主制度，逐步削弱国家政权。

在斯大林生活的俄国，资本主义没有获得充分的发展，没有发达的商品经济，国家与社会尚未完全分离。“马克思主义创始人关于国家与社会关系的许多重要观点，是深受东方历史文化传统影响的斯大林所不能深刻理解的。”[①] 在斯大林看来，国家及其政权不仅在过渡时期存在，而且在社会主义阶段也会继续存在，在实现共产主义之前只有加强阶级斗争和国家政权，才能最终消灭阶级和国家。斯大林说：“有些同志把消灭阶级、建立无阶级社会和国家消亡的论点了解为替懒惰和宽大辩护的论据，了解为替阶级斗争熄灭和削弱国家政权这一反革命理论辩护的论据。……阶级的消灭不是经过阶级斗争熄灭的道路，而是经过阶级斗争加强的道路达到的。国家的消亡不是经过国家政权削弱的道路，而是经过国家政权最大限度地加强的道路到来的。”[②] 因此，斯大林认为苏维埃国家及其政权对于实现共产主义具有极其重要的作用，必须加强苏维埃政权对生产的计划指导和对社会的控制。这样斯大林就忽视了国家对个人利益的侵犯，忽视了国家对社会和经济的过度干预。

3. 人的消失与无产阶级专政的异化

之所以出现这样的认识差异，最为根本的是马克思与斯大林在个人与集体关系的认识上的差异。在马克思那里，个人是相互联系和相互依赖的社会化的个人，个人与集体是辩证统一的，社会中的每个人都能实现自由全面的发展。因此，马克思试图把个人与集体完美地结合起来，既克服自由主义和无政府主义者所造成的极端个人主义，又克服整体主义把集体视为最终的价值而忽视个人。马克思所追求的是个人与社会集体的和谐相处，他渴望未来的理想社会是自由人的联合体，实现了所有人的自由。

与马克思不同，斯大林过于强调集体而忽视了个人的价值。他说：“无政府主义以个人为基础，认为解放个人是解放群众、解放集体的主要条件。在无政府主义者看来，个人没有解放以前，群众的解放是不可能的，因此它的口号是‘一切为了个人’。而马克思主义则以群众为基础，认为解放群众是解放个人的主要条件。这就是说，在马克思主义看来，群众没有解放以前，个人的解放是不可能的，因此它的口号是‘一切为了群众’。”[③] 斯大林没有真正理解马克思的思想，所以他也无

---

① 孙代尧、薛汉伟：《与时俱进的科学社会主义》，安徽人民出版社 2004 年版，第 304—305 页。

② 《斯大林全集》第 13 卷，人民出版社 1956 年版，第 189—190 页。

③ 《斯大林全集》第 1 卷，人民出版社 1953 年版，第 273 页。

法理解《共产党宣言》中对未来社会的描述："代替那存在着阶级和阶级对立的资产阶级旧社会的，将是这样一个联合体，在那里，每个人的自由发展是一切人的自由发展的条件。"① 在斯大林那里，集体的利益是第一位的，个人要服从集体，甚至为集体牺牲个人。但斯大林所谓的集体利益和价值，却也只是一个抽象的概念，个人的权利和自由在集体中消失了。"忽视个体价值就不可能正确把握社会主义的价值目的——每个人的全面而自由发展；在社会经济生活中就不可能做到以人为本，就会抑制劳动者的积极性和创造精神，妨碍社会经济的健康发展；在政治上，就不可能切实保障个人的民主权利，真正的民主建设也就无从谈起。"②

三 社会主义历史进程与马克思无产阶级专政话语的解构

列宁时期的集权政治体制，在斯大林的计划经济体制下最终形成了一套极权主义的政治安排。无产阶级专政蜕变为一党专政和领袖专权，自由和民主的实现都极其有限。由于苏联宣称实践的是马克思的无产阶级专政，西方学者也用苏联的政治现实来衡量马克思的思想，他们据此把马克思的无产阶级专政视为共产党一党专政或领袖独裁专制。斯大林之后的苏联几代领导人，虽然进行了部分的改革，但是都没有从根本上触动斯大林模式，这为苏联解体埋下了体制伏笔。苏联解体后，原加盟共和国纷纷放弃了社会主义制度而转而实行西方代议制民主，共产党纷纷改称社会党，以社会民主主义为指导思想并加入社会党国际。第二次世界大战结束后，苏联模式在整个世界共产主义运动中获得了绝对的地位，被视为是社会主义的唯一正确的模式，是通过马克思的共产主义社会的必经之路。因此，第二次世界大战后建立起来的横跨亚洲、欧洲和美洲的十五个社会主义国家，都以苏联为榜样，照搬了苏联社会主义模式。但随着各国社会主义实践的进展，越来越多的社会主义国家和人民意识到苏联模式的弊病，以及苏联模式和马克思主义之间的重大差别，

---

① 《马克思恩格斯文集》第2卷，人民出版社2009年版，第53页。

② 孙代尧、薛汉伟：《与时俱进的科学社会主义》，安徽人民出版社2004年版，第307页。

开始探索适合本国国情的社会主义发展之路。但是由于苏联的干涉或者自身内部探索的失败，这些社会主义国家并没有完全摆脱苏联模式的影响。东欧社会主义国家最终在20世纪80年代末和90年代初纷纷放弃了社会主义而走上了资本主义的道路。在这样的历史背景下，现实社会主义的无产阶级专政遭到了不仅是西方学者的否定，而且也在原社会主义国家里遭到了学者和人民的否定，人们往往把专政同专制联系起来。时至今日，一提起无产阶级专政，似乎就是要搞阶级斗争。这种误解最终又无情地归咎到了作为科学社会主义的创始人马克思那里。马克思的无产阶级专政被视为是共产党一党专制或领袖独裁统治。无产阶级专政话语在这些原社会主义国家已经完全成为负面的词汇，马克思的无产阶级专政也已经社会党和共产党所放弃。

现存社会主义国家通过苏联解体和东欧剧变认识到了苏联模式的弊病，都力图摆脱苏联社会主义的影响，进行了全方位的改革。这其中尤其以中国社会主义发展最为典型。中国在1956年年底经过三大改造建立了社会主义体制，这种体制基本上也是照搬了苏联模式。与此同时，毛泽东等中共第一代领导集体在社会主义建设的实践中，开始意识到照搬苏联模式带来的消极影响，开始独立自主地探索中国社会主义建设道路。但是由于经验不足和对社会主义的传统理解，毛泽东走上了以阶级斗争为纲的路线，提出了“无产阶级专政下继续革命”的口号，结果发生了十年“文化大革命”的动乱，使得社会主义建设出现严重的曲折。中共十一届三中全会以后，以邓小平为核心的第二代领导集体纠正过去错误的指导思想，放弃“以阶级斗争为纲”的口号，重新把党和国家的工作重心转移到经济建设上来，实行了改革开放的历史性决策，开创了中国特色社会主义的发展道路。在经济领域，中国共产党积极改革原有的高度集中的计划经济体制，引进市场经济和私有制来大力发展生产力，并取得了巨大的成就。在政治领域，中国共产党积极改革原有权力高度集中的政治体制，努力建设社会主义民主政治，积极稳妥地推进政治体制改革。社会主义国家的改革取得了显著的成效，社会主义在经历苏联解体和东欧剧变的危机后开始呈现出新的生命力。在这样的历史背景下，即使在社会主义国家，专政似乎也已经成为专制和独裁的代名词。

社会主义国家共产党也逐步意识到，现实的社会主义与马克思设想的社会主义、无产阶级专政和过渡时期有着根本的差别，纷纷重新思考国家发展进程的历史方位。作为当今最大的社会主义国家和发展中国家，中国意识到自身的落后状况，提出了社会主义初级阶段理论。这一理论认为由于生产力水平比较落后，中国将经历一个长期的由不发达到发达的社会主义的历史发展过程。由于中国正处在社会主义初级阶段，共产党根本任务是解放和发展生产力。为此，现实社会主义必须保留私有制，并积极利用市场经济，把私营企业主等新生社会阶层作为中国特色社会主义事业的建设者，而不是马克思所说的要消灭私有制、市场和阶级。在这样的现实情况下，基于以往社会主义无产阶级专政出现的失误和人民的认识，如果强调无产阶级专政似乎反而会阻碍社会主义改革的进行。于是无产阶级专政词汇已经渐渐不再被执政的共产党所提及，也很少出现在共产党的文献以及学者的文章中。无产阶级专政似乎正如伯恩施坦所言是一种过时的、应该被放弃的理论，必须代之以社会主义民主。这无不说明马克思的无产阶级专政由于现实社会主义的实践而遭到误解和否定。正如汉娜·阿伦特所言："马克思主义思潮不仅传播了真实的马克思学说，同时也在某种程度上遮掩和湮灭了真实的马克思的学说。"①

---

① ［美］汉娜·阿伦特：《马克思与西方政治思想传统》，孙传钊译，江苏人民出版社2008年版，第4页。

第五章　重评马克思无产阶级专政理论

马克思的无产阶级专政理论包含着丰富的内容，是一个有机联系的逻辑整体。作为向共产主义过渡的国家形态和政权形式，无产阶级专政的价值目标是实现所有人的全面自由发展。无产阶级专政意味着社会绝大多数人的民主统治，采用的是一套有限集权的民主制度体系。马克思的这一理论也带有时代的烙印，在制度构想方面存在着简单化理想化的成分和缺失的内容。尽管如此，马克思无产阶级专政理论的价值理念、理论原则和制度构想仍然具有重要的当代价值。

第一节　澄清对马克思无产阶级专政的误解

以往无产阶级专政遭到人们的误解，尤其是西方自由主义学者，主要是把现实无产阶级专政出现的失误直接归结为马克思思想的原罪，并据此否定马克思的无产阶级专政理论。他们或者把无产阶级专政等同于无产阶级专制、共产党一党专制或领袖独裁；或者把无产阶级专政理解为过时的低级的实践。实际上，马克思的无产阶级专政意味着以无产阶级为主体的人民的统治，其价值目标是要实现人类的解放和真正的自由，采用的是一种直接民主和间接民主相结合的新型民主制度体系。

一　无产阶级专政：过渡时期的国家及价值目标

马克思的无产阶级专政是由资本主义向共产主义转变时期的国家形态。无产阶级专政的历史任务是利用国家政权彻底改造资本主义社会，消灭资本主义私有制、阶级和国家，最终实现共产主义和每个人的全面自由的发展。具体来说，在政治方面，无产阶级专政国家首先将保证无产阶级的民主统治，使广大的人民掌握国家政权。这其中包含着无产阶级专政国家的镇压职能，即镇压敌对阶级对无产阶级政权的暴力反抗和对无产阶级民主秩序的破坏。正是也仅仅是在无产阶级国家政权的职能的意义上，才可以把无产阶级专政理解为在人民内部实行民主，对敌对势力实行镇压的专政。在马克思的话语体系中，专政与统治才是同义语。在经济社会方面，无产阶级专政国家将对资本主义经济社会关系进行革命改造，消灭资本主义私有制、市场，从而消灭阶级和国家存在的基础，大力发展社会生产力。

在论述无产阶级专政的必要性和历史任务的同时，马克思始终坚持无产阶级专政是过渡性的国家，它将随着共产主义的实现而消亡。恩格斯曾指出："马克思和我从1845年起就持有这样的观点：未来无产阶级革命的最终结果之一，将是称为国家的政治组织逐步解体直到最后消失。"① 在马克思、恩格斯看来，无产阶级专政国家将随着资本主义私有制改造的完成、社会所有制的建立、阶级及阶级差别的消失而消亡。正如恩格斯说："无产阶级将取得国家政权，并且首先把生产资料变为国家财产。但是这样一来，它就消灭了作为无产阶级的自身，消灭了一切阶级差别和阶级对立，也消灭了作为国家的国家。……当国家终于成为整个社会的代表时，它就使自己成为多余的了。……国家真正作为整个社会的代表所采取的第一个行动，即以社会的名义占有生产资料，同时也是它作为国家所采取的最后一个独立行动。那时，国家政权对社会关系的干预在各个领域中将先后成为多余的事情而自行停止下来。那时，对人的统治将由对物的管理和对生产过程的领导所代替。国家不是'被废除'的，它是自行消亡的。"② "随着社会主义社会制度的建立，国家就会自行解体和消失。"③ 也就是说，国家的消亡首先意味着国家的阶级统治的政治职能消失，转变为对社会生产的组织和管理。当生产资料完全归社会所有、阶级差别完全消失时，国家管理生产的职能将完全交给社会，由自由人的联合体来执行。无产阶级专政与马克思的过渡

---

① 《马克思恩格斯文集》第10卷，人民出版社2009年版，第506页。

② 《马克思恩格斯文集》第3卷，人民出版社2009年版，第561—562页。

③ 同上书，第414页。

时期理论和国家消亡学说是紧密联系在一起的。马克思没有将无产阶级专政视为永恒的存在，而是指出它注定要随着共产主义的实现而消亡。把马克思的无产阶级专政视为是专制主义、极权主义的观点是没有根据的。

在马克思的理论体系中，无产阶级专政的价值目标是要实现人类的解放和每个人的自由而全面的发展，因为无产阶级专政是向共产主义的过渡时期，其历史任务就是要实现无阶级无国家的共产主义社会。在《1844 年经济学哲学手稿》中，马克思把共产主义视为人类解放的实现，即人向自己的社会本性的复归和自由本质的占有。马克思说："共产主义是私有财产即人的自我异化的积极的扬弃，因而是通过人并且为了人而对人的本质的真正占有；因此，它是人向自身、向社会的即合乎人性的人的复归，这种复归是完全的，自觉的和在以往发展的全部财富的范围内生成的。这种共产主义，作为完成了的自然主义 = 人道主义，而作为完成了的人道主义 = 自然主义，它是人和自然界之间、人和人之间的矛盾的真正解决，是存在和本质、对象化和自我确证、自由和必然、个体和类之间的斗争的真正解决。它是历史之谜的解答，而且知道自己就是这种解答。"① 在《共产主义原理》中，恩格斯曾认为根据共产主义原则建立起来的未来社会，将会使社会成员能够发挥他们的得到全面发展的才能。在《共产党宣言》中，马克思、恩格斯更加明确地指出：未来社会是实现了每个人的自由发展的自由人联合体。也就是说，在共产主义社会里，人们摆脱了自然界、社会以及人自身的种种束缚，消灭了异化而实现人的全面自由发展，实现了真正的自由。马克思说："在共产主义社会里，任何人都没有特殊的活动范围，而是都可以在任何部门内发展，社会调节着整个生产，因而使我有可能随自己的兴趣今天干这事，明天干那事，上午打猎，下午捕鱼，傍晚从事畜牧，晚饭后从事批判，这样就不会使我老是一个猎人、渔夫、牧人或批判者。"② 这种全面自由发展，首先意味着社会中每一个人的体力和智力以及各方面的才能达到充分的发展，充分地把自身的各种潜能发挥出

① 《马克思恩格斯全集》第 3 卷，人民出版社 2002 年版，第 297 页。

② 《马克思恩格斯文集》第 1 卷，人民出版社 2009 年版，第 537 页。

来。同时，人的全面自由发展也意味着人的社会联合和社会交往得到发展，人与人之间形成了真正的平等，社会发展与个人的发展实现了真正的统一：一方面，每个人的自由发展是所有人自由发展的条件；另一方面，“在真正的共同体的条件下，各个人在自己的联合中并通过这种联合获得自己的自由”①。

人的全面自由发展的实现，意味着人终于成为社会、自然界和自身的主人。正如恩格斯所言：“个体生存斗争停止了。于是，人在一定意义上才最终地脱离了动物界，从动物的生存条件进入真正人的生存条件。人们周围的、至今统治着人们的生活条件，现在受人们的支配和控制，人们第一次成为自然界的自觉的和真正的主人，因为他们已经成为自身的社会结合的主人了。人们自己的社会行动的规律，这些一直作为异己的、支配着人们的自然规律而同人们相对立的规律，那时就将被人们熟练地运用，因而将听从人们的支配。人们自身的社会结合一直是作为自然界和历史强加于他们的东西而同他们相对立的，现在则变成他们自己的自由行动了。至今一直统治着历史的客观的异己的力量，现在处于人们自己的控制之下了。……这是人类从必然王国进入自由王国的飞跃”②。

卡尔·波普尔、哈耶克等把马克思视为自由的敌人、专制主义的代表人物，把无产阶级专政视为共产党一党专制、领袖独裁和极权主义。这完全是对马克思思想的误解和曲解。他们往往把20世纪苏联模式社会主义实践直接等同于马克思思想的结果，把传统社会主义实践中的错误直接归因于马克思理论的原罪。事实是，马克思始终把人类的解放和实现人的全面自由发展视为自己追求的价值目标，并为此进行了不懈的奋斗。马克思绝对不是专制主义者，无产阶级专政也不是专制。

在这里还需要补充的是，马克思继承了启蒙思想家的自由概念，肯定了自由作为一种普遍价值，并赋予这个概念更为激进的内涵。马克思渴望实现社会中每个人的全面自由的发展，这是一种很高的境界。这意味着社会消灭了分工和阶级差别，每个人都能够全方位发展自己的潜能

① 《马克思恩格斯文集》第1卷，人民出版社2009年版，第571页。

② 《马克思恩格斯文集》第3卷，人民出版社2009年版，第564—565页。

成为一个全面自由的人，可以从事社会的任何工作。从可预见的人类社会发展来看，如果想要实现这种理想，至少需要很长的历史发展阶段。马克思用这样一种很高的理想来分析和评价资本主义社会的现实，一方面能够发现社会中的弊病和不足，激励人们为了更美好的理想社会而奋斗；另一方面也容易使人们全盘否定资本主义，忽视了资本主义的积极因素，忽视了人类社会的发展是一个渐进的历史过程，以及发展进程中的继承性和连续性，往往采用激进的革命方式来改造现实。

二　无产阶级专政制度设计：有限集权的新型民主

无产阶级专政的过渡性和价值目标已经表明马克思的无产阶级专政决不意味着专制独裁。无产阶级专政与民主的内在关联更集中地体现在马克思对无产阶级专政国家制度的设计上：无产阶级专政是国体和政治制度的统一。无产阶级专政国家意味着以无产阶级和劳动群众为主体的人民的统治，奉行人民主权原则和社会制约权力原则，实行的是一种间接民主与直接民主相结合的有限集权民主制度。

（一）无产阶级专政国家的国体：人民统治

前面已经分析指出，无产阶级专政意味着无产阶级和广大劳动群众是国家权力的所有者并居于统治地位。这就是说，无产阶级专政国家的国体即以无产阶级和广大劳动群众为主体的人民的统治。这与民主的本意及马克思本人的民主理念是一致的。无产阶级专政就是人民民主，其实质就是人民当家作主。因此，从社会绝大多数人成为国家政权的所有者来说，马克思的无产阶级专政实际上提出了一个超越资产阶级代议制民主的新型概念——无产阶级民主。马克思的无产阶级专政与民主之间绝对不是西方学者所谓的对立关系，而是有着内在的一致性。

在马克思那里，无产阶级专政为了实现人民统治和完成过渡时期的历史任务，必须首先贯彻和实行人民主权原则和社会制约国家原则，最终指向国家的消亡以及社会和人民收回公共权力。随着近代启蒙运动的展开，民主与自由、平等一道成为人们普遍追求的政治价值。虽然人们对民主概念有诸多解释，但其最基本的含义就是“人民的统治”，卢梭称之为“人民主权”。卢梭指出，人民主权不受约束、不可转让和不可分割，政府权力来自于人民，政府受人民委托并接受人民监督。马克思批判地吸收了启蒙学者的思想，尤其是卢梭的人民民主论，指出民主作为一种国家形态和政治制度是一个类概念，“民主制是一切形式的国家制度的已经解开的谜”①，民主的本质就是人民的自我规定和实现，即人民主权和人民主体性。人民主权意味着国家权力属于人民，人民是国家及其制度的主体和目的，国家制度是人民自由的实现和产物。“马克思认为，在民主制中，宪政制度是人民自己的作品——人民自己的决定。在马克思设想的民主制中，个人不再与政治国家、公共领域和共同体分离和疏远。”② 人民主权也意味着人民决定自己的国家制度，国家制度则体现了人民的意志，为人民服务。马克思指出：“在民主制中，国家制度本身只表现为一种规定，即人民的自我规定。……在这里，国家制度不仅自在地，不仅就其本质来说，而且就其存在、就其现实性来说，也在不断地被引回到自己的现实的基础、现实的人、现实的人民，并被设定为人民自己的作品。国家制度在这里表现出它的本来面目，即人的自由产物。”③ 因此，在马克思看来，无产阶级专政国家政权必须控制在无产阶级和劳动人民手中，“把国家由一个高踞社会之上的机关变成完全服从这个社会的机关”④。

为了保证人民的统治，马克思还强调了实行社会制约国家原则的重要性。无产阶级国家虽然已经废除了国家的剥削、压迫劳动者阶级的阶级性质，但由于国家以社会的名义执行社会公共职能，这使得无产阶级国家也有脱离社会而成为凌驾于社会和人民之上、统治社会和人民力量的倾向，由人民的公仆转变为人民的主人。因此，无产阶级专政还必须用社会来制约国家。马克思从两个方面阐述了无产阶级民主制中社会对国家的制约：一是实行社会和人民参与政治的原则，建立责任政府。马克思指出，无产阶级国家的公职人员由全体人民直接选举产生，并且随时可以罢免而不必等到任期结束。这样，公职人员就时刻处在社会和人民的监督之下。他们必须对选民负责，体现选民意志，为选民服务，从

---

① 《马克思恩格斯全集》第3卷，人民出版社2002年版，第39页。

② Philip J. Kain, *Marx and Modern Political Theory: From Hobbes to Contemporary Feminism*, Lanham: Rowman & Littlefield, 1993, p. 168.

③ 《马克思恩格斯全集》第3卷，人民出版社2002年版，第39—40页。

④ 《马克思恩格斯文集》第3卷，人民出版社2009年版，第444页。

而建立真正的责任政治；二是社会自治原则。马克思认为社会自治可以有效地防止国家对社会和劳动者的侵犯，因为社会自治意味着社会成员独立自主地进行社会生产和处理共同事务，把原来国家执行的各项职能归还给社会和人民。随着人民主权原则和社会制约国家原则的实行，社会和人民就开始收回国家权力，无产阶级政治国家就开始走向消亡。马克思认为这是无产阶级民主的本质要求，也是无产阶级国家政权的必然归宿。

在保证人民对国家的制约和监督后，马克思认为无产阶级国家中央政府制度应实行“议行合一”的集权原则，即立法机关和行政机关合二为一，由人民代表机关统一行使立法权和行政权。在马克思看来，这样可以确立代表人民意志的立法权高于行政权，在国家制度层面实现社会对国家的制约。马克思曾经指出，立法权“代表人民，代表类意志”①，是人民主权最根本的表现，立法权必须在国家权力结构中处于支配和领导地位。这种集权政府制度还可以提高工作效率，使行政权更好地执行和实施法律。

（二）无产阶级专政的有限集权民主制度构想

真正的自由是社会所有成员都能平等享有的自由，是社会成员可以实现全面发展的自由。作为向共产主义过渡的无产阶级专政，为了实现真正的自由就必须实现人民的统治，使所有劳动者成为国家的主人。马克思指出，为了实现人民的统治，关键就在于把国家和政治权力控制在人民手中。人民如何控制国家和政治权力呢？在批判资产阶级民主制度，总结无产阶级革命斗争经验，尤其是巴黎公社实践的基础上，马克思构想了无产阶级专政国家的一套有限集权的民主制度体系。

在这套新型的民主制度体系中，具有根本性意义和前提性基础的制度是人民武装制度。马克思在总结革命经验和教训时指出，在以往的革命中，人民作为革命的胜利者由于放下了自己的革命武器，结果使得少数人获得了统治的权力，这些革命武器反被统治阶级利用来奴役和压迫人民。要从根本上保证人民掌握国家政治权力掌握，最重要的是人民要把革命权和武装力量掌握在自己手中。在马克思看来，巴黎公社的伟大

① 《马克思恩格斯全集》第3卷，人民出版社2002年版，第73页。

之处就在于人民在起义之后没有解除自己的武装，以国民自卫军代替资产阶级国家的常备军，从而把革命权留在自己手里。这样就可以有效地防止任何阶级以人民的名义僭取政府权力。

人民武装制度把革命权留在人民手里从而实现了对政治权力的最根本制约，但在现代国家广大的地域和众多的人口现实状况下，无产阶级国家不可能使得所有社会成员直接行使政治权力。因此，无产阶级专政也需要代议制度，人民通过自己选举的代表间接行使国家权力，进行政治决策。代议制度构成了无产阶级民主制度体系的核心制度。为了保证这些代表的真实性并按照人民意志使用权力，马克思认为无产阶级国家必须实行直接、公开的普遍选举制度。这种选举制度废除了资产阶级民主对选民的财产、居住条件、教育、种族等的各种限制，从而将选举出真正的人民代表。马克思高度赞扬了巴黎公社实行的普遍选举制度，指出“普选权在此以前一直被滥用，或者被当做议会批准神圣国家政权的工具，或者被当做统治阶级手中的玩物，只是让人民每隔几年行使一次，来选举议会制下的阶级统治的工具；而现在，普选权已被应用于它的真正目的：由各公社选举它们的行政的和创制法律的公职人员。”①无产阶级的普选制度除了选举制定和执行法律的人民代表之外，还将选举其他所有的公职人员，包括警察、教师、公务人员、法官和审判官等。

在无产阶级专政制度体系中，马克思最有制度创新的是用以取代传统官僚制的社会勤务员制度。传统国家官僚由于表面上是代表社会的共同体，往往与市民社会相脱离而成为具有特殊利益的政治集团。虽然无产阶级国家公职人员由全体人民选举产生，但由于他们使用权力的独立性，也容易脱离社会和人民而成为社会的主人。为此，马克思认为无产阶级国家必须消除这种寄生于社会而又凌驾于社会之上的国家机关和官僚人员，代之以为人民服务的社会机构和社会勤务员。这些社会勤务员由人民直接选举产生，同时又受到人民的直接监督——人民可以随时罢免和撤换代表。社会勤务员制度还将实行彻底的“政务公开”制度和公职人员工薪制。政府和公职人员要向社会和人民公开自己的政务活

① 《马克思恩格斯文集》第3卷，人民出版社2009年版，第196页。

动，保证人民的知情权："公社可不像一切旧政府那样自诩决不会犯错误。它把自己的所言所行一律公布出来，把自己的一切缺点都让公众知道。"① 一切公职人员都只领取相当于工人工资的报酬。在马克思看来，社会勤务员制度"彻底清除了国家等级制，以随时可以罢免的勤务员来代替骑在人民头上作威作福的老爷们，以真正的责任制来代替虚伪的责任制"②。

无产阶级国家还将实行立法权和行政权合一的中央政府制度，人民选举的代表机关同时拥有立法权和行政权，以保证人民主权的实现。在这种政府制度下，人民代表既是立法人员，制定各项法律，把人民的普遍意志变成为国家意志，又是执行法律的行政人员，组织管理社会，把人民的共同意志付诸实践。在马克思看来，这种集权的议行合一中央政府制度能够克服资产阶级分权制衡政府制度带来的代表与选民之间的对立，立法权和行政权的对立。这一政府制度还使得人民的意志可以得到更有效的执行，提高国家权力的效率，更好为社会和人民服务。巴黎公社就是典型的对人民负责的议行合一政府模式：由巴黎各区通过普选选出的市政委员会组成的巴黎公社既是行政机关，同时也是立法机关。但中央政府只执行很少的且重要的全国性职能，加之人民对国家政治权力的制约，因此中央集权的程度是有限的，而不是无限制的。

马克思认为要保证权力掌握在人民手中，还需要实行地方自治，以有效防止中央权力对人民和社会的干预。这种社会自治意味着联合起来的劳动者独立地进行社会生产，共同管理地方事务；而中央政府将不干涉地方事务，只执行涉及全国的少数重要的职能。马克思肯定了巴黎公社体制下，地方居民直接选举自己的代表建立的自治政府。当然，这种社会自治并不是要否定无产阶级国家的政治统一和中央的权威。正如马克思评价巴黎公社所说："民族的统一不是要加以破坏，相反，要由公社在体制上、组织上加以保证"③。

在马克思的理论体系中，无产阶级专政国家实行的是一套有限集权

---

① 《马克思恩格斯文集》第3卷，人民出版社2009年版，第164页。

② 同上书，第196页。

③ 同上书，第155页。

的民主制度体系，包括人民武装制度、代议制度、普选制度、集权政府制度、社会勤务员制度和社会自治。它继承了代议制民主的代议制度而否定了权力分立与制衡的政府体制；它汲取了古典民主的人民的统治和自治理念而否定了公民直接参与国家的政治决策。这套制度体系的核心是要把政治权力控制在社会和人民手中，使之为整个劳动者阶级服务。在马克思看来，这样一套民主制度体系克服了代议制民主的诸多弊端，真正实现了人民的统治。无产阶级专政国家将保证无产阶级完成其历史使命——实现共产主义和人类的解放。

西方学者对马克思无产阶级专政与民主关系的误解，显然是基于西方资产阶级代议制民主的普世立场，把任何形式的集权都看作是民主的对立面，把现实无产阶级专政实践的失误视为是马克思思想的原罪。他们不是以马克思的时代和文本为依据进行客观研究而得出的结论，带有浓厚的意识形态的偏见。

三　无产阶级专政有限集权民主制度体系的特点

通过前面的分析，我们已经得出了无产阶级专政即无产阶级民主的观点，澄清了对马克思这一理论的诸多误解。从中我们也可以概括出马克思无产阶级专政制度体系具有的鲜明特点。

第一，批判性与建设性的统一。马克思关于无产阶级专政国家的制度，首先是在批判资产阶级代议制民主的基础上建构起来的。资产阶级民主制度是历史的巨大进步，消灭了封建等级制度，废除了封建人身依附关系，实现了法律上的平等权利，让人们获得了形式上的自由。但是马克思依据历史唯物主义，通过阶级分析揭露了资产阶级民主的阶级统治的工具本质和历史局限性：它是资产阶级管理其共同事物的委员会，是资产阶级统治无产阶级和广大人民的工具。正如马克思所言，“资产阶级共和国在这里是表示一个阶级对其他阶级实行无限制的专制统治。”① 在批判资产阶级民主的同时，马克思并没有否定民主的积极意义，也没有仅仅停留在批判的层面上。马克思更进一步探索如何建立无产阶级民主，实现无产阶级和人类的解放。因此，无产阶级革命的第一

---

① 《马克思恩格斯文集》第2卷，人民出版社2009年版，第479页。

步就是夺取政权，争得民主，打碎旧的国家机器，建立无产阶级的新型民主制度。在马克思看来，无产阶级新型民主制度将帮助无产阶级完成过渡时期的历史任务，为建设新社会服务。

第二，经验性与建构性的统一。马克思的无产阶级有限集权民主制度体系既有其经验依据，又带有逻辑推论的成分，因而带有经验性与建构性的特点。在马克思的时代，古典的民主理论得到启蒙学者的重新发现，在被赋予了新的内涵后成为反对封建君主专制和维护个人自由的思想武器。但人类的发展已经使古典直接民主不可能在民族国家里实行，代议制成为近代民主的实现形式。巴黎公社的实践再次证明了代议制度和普选制度的重要性。对古典民主和代议制民主的批判性吸收以及巴黎公社的实践经验，使得马克思的民主制度设计具有现实的经验依据，代议制度、普选制度和地方自治是最好的说明。与此同时，在马克思的时代，无产阶级没有在民族国家的范围内建立起无产阶级专政的国家政权。巴黎公社作为无产阶级的第一个政权实验，仅仅存在了 72 天，而且主要存在于巴黎，许多新的制度没有完全付诸实践，因而没有经受实践的检验。马克思根据巴黎公社构想的克服代议制民主弊病的一些制度设计，由于缺乏实践而只能是理论逻辑推演，带有建构色彩。比如，社会全部公职人员，包括公务人员、律师、教师等都有全体人民直接选举产生，并且随时可以罢免，并实行低薪制。又如在现代民族国家中，废除常备军而代之以人民武装等。

第三，直接民主和间接民主的统一。马克思的无产阶级专政有限集权民主首先是一种间接的民主制度体系，人民通过自己选举的代表来间接行使政治权力。但这一集权民主又带有直接民主的特点，因为马克思试图建立的是一个对人民直接负责的政治体系。在马克思的设想中，人民可以随时罢免和撤换代表，时刻监督公职人员的工作。马克思的集权民主是一种直接民主与间接民主相结合的制度体系。它继承了代议制民主的代议制度而否定了权力分立与制衡的政府体制，代之以“议行合一”的中央政府体制；它汲取了古典直接民主的人民统治和自治理念而否定了公民直接参与国家政治决策，实行普选和间接的代议制度。在马克思看来，把直接民主引进到无产阶级国家政治制度可以克服代议制民主的缺陷，保证人民掌握政治权力，建立责任政府。正如戴维·赫尔德所说，马克思的无产阶级专政国家试图恢复直接民主模式的合理遗产，以克服“由分权原则导致的国家权力缺乏责任的根本缺陷”①。

第四，阶级性和普遍性的统一。马克思把无产阶级与专政这一概念结合起来，实际上就是突出了政治权力的阶级性质，强调无产阶级专政是无产阶级作为整体的人民统治。马克思对资产阶级民主的批判，也主要是集中在其阶级局限性上。为此，马克思反对抽象地谈论民主，认为不存在超阶级的民主。但马克思并没有否定一般意义上的民主概念。马克思把民主视为人类社会发展进步的表现，并且指出无产阶级民主就在批判地继承了人类历史上的民主理论和制度设计，实现了真正的民主。就民主理论而言，马克思批判地继承了人民主权和人民统治的民主理念；就制度形式而言，马克思批判地继承了以往民主的代议制度、普遍选举制度和社会自治制度。在马克思看来，民主理论和制度在形式上具有普遍性的内容。马克思的无产阶级有限集权民主制度是阶级性和普遍性的统一。只看到阶级性或普遍性而忽视另一面，就不能完整准确地把握马克思的无产阶级专政理论。

第五，目的性与工具性的统一。马克思根据国家政权在无产阶级革命中的地位和作用，指出无产阶级民主是目的性和工具性的辩证统一。在《共产党宣言》中，马克思、恩格斯指出：“工人革命的第一步就是使无产阶级上升为统治阶级，争得民主。”② 从无产阶级革命的进程和目标来说，建立民主制度是无产阶级追求的目标。在民主制度建立后，无产阶级就需要利用这一制度体系维持和巩固自身的统治地位，彻底改造资本主义旧社会，尽快地发展生产力，为消灭资产阶级私有制、阶级和阶级差别、国家。因此，从人类社会发展的进程和无产阶级所担负的历史使命来说，无产阶级民主制度作为上层建筑，是实现社会革命的工具。但无产阶级民主的目的性和工具性是紧密联系在一起的，而且是难以彼此区分的，无产阶级制度内在地承担着实现人民民主和人类解放的价值目标。在这样的意义下，无产阶级民主制度本身也就具有了目

---

① ［英］戴维·赫尔德：《民主的模式》，燕继荣等译，中央编译出版社 2008 年，第 133 页。

② 《马克思恩格斯文集》第 2 卷，人民出版社 2009 年版，第 52 页。

的性。

第二节　马克思无产阶级专政理论的历史局限性

根据唯物史观“人们的社会存在决定人们的意识”① 原理，马克思的无产阶级专政理论也是自己时代的产物。马克思对无产阶级专政的认识与他所生活的19世纪的欧洲和资本主义发展紧密相关，带有那个时代的烙印，受到那个时代社会发展程度的局限。马克思的时代，是第一次工业革命带来人类社会突飞猛进的时代，也是社会矛盾重重的时代，资本主义正处在发展的早期阶段，带有诸多的弊病。今天，我们需要根据人类发展历程的经验教训，重新认识马克思无产阶级专政理论的局限性，以便在新的条件下，扬弃马克思思想中带有历史局限性的内容，更好地坚持和发展马克思的思想。

一　无产阶级专政民主制度的简单化理想化成分

马克思构想的无产阶级民主制度体系既具有现实的经验基础，同时又带有基于现实批判的理论建构。20世纪社会主义国家的历史和西方代议制民主的发展在很大程度上证明了马克思关于克服代议制民主弊病的部分制度构想带有简单化和理想化的特点，在实践中难以付诸实践，或者在部分制度付诸实践后往往走向反面，没有真正实现人民的统治。

十月革命胜利后，列宁曾经把马克思所论述的无产阶级民主付诸实践：废除国家机器，实行议行合一的苏维埃政府体制和普选制；在地方实行自治，由工人阶级领导工厂，独立组织生产。但由于缺乏民主传统，工人阶级的素质偏低，直接民主导致工人组织自行其是，各自为政，不但不能有效地组织生产，而且严重影响了苏维埃政权的生存和发展。十月革命后不久，苏维埃俄国又面临着帝国主义的军事干涉和国内白军叛乱。在这样的现实面前，列宁不得不实行集中的管理体制，停止了普选制和工人自治，通过集权的官僚系统来治理国家，形成了苏维埃体制的集权发展趋势。

---

①《马克思恩格斯全集》第13卷，人民出版社1962年版，第8页。

列宁时期逐步走向集权的政治体制，在斯大林时期的计划经济体制下最终形成了一套极权主义的政治安排。无产阶级专政蜕变为一党专政和领袖专权，自由和民主都极其有限。斯大林之后的苏联领导人，虽然进行了部分的改革，但都没有从根本上触动斯大林模式。苏联解体后的各加盟共和国和东欧社会主义国家纷纷放弃了社会主义制度，实行了西方代议制民主制度，有的共产党则改称社会党，以社会民主主义为指导思想，加入了社会党国际。

虽然说现实的社会主义国家制度不是完全按照马克思的设想建立起来的。但马克思提出的通过无产阶级革命夺取国家政权，依靠无产阶级国家把土地、工厂等财产国有化，以此来逐步消灭私有制、阶级和国家，最终实现无阶级无国家的共产主义的设想，对苏联模式社会主义产生了直接的影响。列宁尝试马克思民主制度构想的失败和20世纪社会主义实践失误也在一定程度上反映了马克思无产阶级民主制度构想的简单化理想化成分。也就是说，在逻辑理论中可以自洽的内容在现实中却难以完全付诸实践。马克思无产阶级专政民主制度的简单化理想化内容主要体现在以下几个方面。

在马克思看来，常备军是资产阶级国家暴力机器的核心组成部分，阶级斗争表明常备军是资产阶级奴役和统治人民、镇压无产阶级革命的反动力量。因此，马克思主张废除常备军制度而实行人民武装制度，保证人民的革命权力和民主权利。恩格斯曾指出："学会使用武器的工人越多越好。普遍义务兵役制是对普选权的必要的和自然的补充；它使选民有可能用手中的武器来实现自己反对任何政变企图的决定。"[①] 列宁也主张要消灭常备军："社会民主党人要求取消常备军，而代之以民兵，让全体人民都武装起来。常备军是脱离人民的军队，是训练来向人民开枪的军队"[②] 但是现代民族国家人口众多，不可能废除常备军制度，让所有社会成员武装起来。随着民主制度的完善，历史和现实都证明了常备军可以和民主政治相容。这主要是常备军的职能已经逐步从维持内部秩序转变为防御外敌入侵，维护国家主权独立，基本被排除在国

---

① 《马克思恩格斯全集》第21卷，人民出版社2003年版，第102页。

② 《列宁全集》第7卷，人民出版社1986年版，第148页。

内政治生活以外。这样常备军制度在一定程度上成为维护国家民主制度的力量。20 世纪社会主义国家的实践也表明，废除常备军即使是实现共产主义的内在要求，但在现有条件下，这一历史任务还不能立即实现，社会主义国家还需要运用常备军来维持国家的独立和主权的完整，保障社会主义制度和人民民主权利。为了保证常备军为社会主义和人民服务，社会主义国家必须坚持以下两条基本原则：第一，要始终坚持无产阶级政党对军队的领导权，以保证常备军的社会主义性质；第二，要始终坚持为人民服务的宗旨，保持同人民群众的密切联系。

为了实现人民民主，马克思强调社会制约国家以及人民对国家政权的参与。为此，马克思肯定了巴黎公社所采取的措施：第一，国家政权的立法、行政和司法、警察以及国民教育等方面的公职人员由人民普遍选举产生，并且随时可以罢免和撤换；第二，实行工薪制：所有公职人员，无论职位高低，都支付与工人相同的工资。从理论逻辑上来看，这些制度设计都可以很好地克服资本主义代议制民主下，代表脱离选民的倾向和事实。在现代社会条件下，国家立法机关、行政和司法人员可以由选民直接选举产生，但是警察、国民教育部门的职位（如教师等）也由人民选举产生，就显得比较理想化，其可行性和必要性都难以得到理论的阐明和实践的证明。选民随时罢免和撤换自己的代表，在现代民族国家广大的领土范围和人数众多的条件下，也是不可能实现的。即使实现了随时罢免和撤换代表的制度，其带来的结果往往也是由于公民无限制的政治参与而引起政治秩序的混乱。中国“文化大革命”中的所谓的“大民主”就是对这种制度付诸实践所带来的消极后果最好的说明。公职人员的工薪制也未必适用于现代社会，在社会主义国家，工薪制也没有得到真正的实践。

马克思认为官僚政治是国家行政权力的运行方式，既是阶级统治的工具，又承担着一定的社会职能。正是由于承担着社会职能，官僚系统往往成为一个具有自身特殊利益的封闭集团，摆脱了立法权和统治阶级的控制而具有自身独立的行为逻辑。为此，马克思指出，无产阶级民主制度必须废除官僚制，代之以社会勤务员制度。但后来的历史发展表明，官僚制的兴起和发展是政治现代化不可避免的结果。马克思没有看到现代社会发展的分化趋势，政治已经成为一个需要专门知识和专业技能的管理领域。正如马克斯·韦伯指出，官僚制是行政权运行的最理想的方法，具有其他组织不可比拟的准确、迅速和持续性等方面的优越性。[①] 从长远的历史进程来看，官僚制是需要消灭的，但这要在逐步改造资本主义社会中实现，即官僚制的消灭是国家消亡的结果，需要一个长期的历史进程。列宁对此有着深刻的认识，他说："要一下子、普遍地、彻底地取消官吏，是谈不到的。这是空想。"[②] 当今社会主义国家仍然需要通过官僚制来实现对社会的管理。因此，问题的关键不在于消灭官僚制，而是如何限制和克服官僚制的弊病。苏联就是由于没有建立有效的制度来遏制官僚制的弊病，导致了一个拥有特权、脱离人民的庞大的官僚阶层的出现。社会主义国家应汲取苏联的教训，采取有效制度措施防止官僚特权阶层的形成，实现廉洁政治。

马克思论证了用人民武装、议行合一的集权政府体制、普选制、社会勤务员制度和地方自治等一套制度体系来保证人民对权力的控制的合理性。20 世纪社会主义国家的实践，尤其是苏联模式社会主义，说明了马克思的无产阶级有限集权民主制度是一个具有内在逻辑联系的制度体系，只有这些制度共同作用，才能够真正实现人民的统治。苏联社会主义模式只是照搬了马克思制度构想中的议行合一的政府体制，而没有与之相应的地方自治、普选制、人民监督制度，因而不能有效地防止国家权力集中于党和领袖。这样的结果就是国家权力脱离人民的控制和监督，侵犯了人民的民主权利和自由，人民的统治被领袖独裁所取代，不能有效防止政治权力的高度集中而走向极权主义，导致了无产阶级专政的异化。波兰学者克拉科夫斯基曾正确地指出："经验主义的环境妨碍他（指马克思——引者注）的理论通过与后来的实际情形大大不同的方式实际地付诸实现"，即不是作为一个具有内在逻辑联系的整体来实现，而是其中的部分被实行。这就导致马克思的政治纲领的实现结果"与其作者的初衷不仅不同而且截然相反"[③]，不仅不会取得积极效果，

---

① ［德］马克斯·韦伯：《经济与社会》（下），林荣远译，商务印书馆 1997 年版，第 296 页。

② 《列宁全集》第 31 卷，人民出版社 1985 年版，第 46 页。

③ ［波］莱·柯拉科夫斯基：《斯大林主义的马克思主义根源》，载李宗禹主编：《国外学者论斯大林模式》（上册），中央编译出版社 1995 年版，第 30 页。

反而会走向设计者本意的反面，导致巨大的灾难。

二　无产阶级专政民主制度的缺失

马克思的设想与20世纪社会主义国家实践之间的巨大反差也反映了马克思关于无产阶级专政民主制度设计的不完善和不足之处，这主要集中体现在以下两个方面：

第一，由于过于强调政治权力的归属于人民，马克思在构想无产阶级民主制度设计时，有意或无意忽视了政治权力在运行过程中的形式及其制约问题。在马克思看来，人民控制和掌握了国家权力，政治权力的运行也将受到制约。但只要权力交由人民选举的少数代表行使，加之人的自利本性和权力本身所能带来的利益，如果没有对权力运行的监督，就会存在权力的扩张和侵害人民权力与利益的倾向。正如孟德斯鸠所说："一切有权力的人都容易滥用权力，这是万古不易的一条经验。有权的人们使用权力一直到遇有界限的地方才休止。"① 在无产阶级专政国家里，无产阶级和广大劳动人民虽然是统治阶级，但权力还是需要由选举的公职人员行使。一旦权力脱离人民独立运行，人民的社会勤务员也难免会有滥用权力的机会和倾向。与此同时，无产阶级国家拥有庞大的生产资料，并成为社会生产总的领导机构，国家公职人员就直接控制着生产资料和财富的分配。公职人员不仅握有政治权力，同时拥有经济权力，这为社会机构和社会勤务员成为凌驾于社会和广大劳动者之上的独立力量留下了空间，有可能侵犯无产阶级和劳动群众的权利和社会自治。

在孟德斯鸠看来，要防止权力在运行过程中的滥用，就必须以权力约束权力，用法律来规范政府各部门之间的权力界限及相互制约关系。马克思否定了用权力来制约权力的制度设计，因为马克思认为这是资产阶级用来掩盖其阶级统治的制度安排，这种权力分立与制衡的政府制度往往导致政府的不稳定，容易走向专制。与此同时，马克思认为法律是统治阶级意志的表现，是一种虚假的意识形态，因而他也没有明确强调

① ［法］孟德斯鸠：《论法的精神》（下册），张雁深译，商务印书馆1959年版，第184页。

把法治作为一项政府原则，用法律规定政府的权力界限和运行规范。总之，马克思有意或无意忽视了权力在独立运行过程中可能出现的脱离群众而不断自我扩大的倾向，忽视了权力运行过程中的监督问题和相应的制度设计。正如戴维·赫尔德所指出："马克思主义没有很好地理解自由主义和自由主义所关心的国家权力的形式和限制问题。"①

第二，马克思有限集权民主制度存在的另一缺失是缺少对无产阶级国家中政党的地位和作用的制度安排。现代政治可以说就是政党政治，政党成为整个政治体系中最为重要的行为主体，从选举到行使国家权力的政治过程都由政党来组织实施。马克思明确阐述了在资本主义制度下，无产阶级必须建立自己的区别于资产阶级的独立政党，使自身由自在阶级转变为自为阶级，通过革命夺取政权。也就是说，无产阶级将在自己政党的帮助和组织下作为整体共同行动推翻资产阶级政权而成为统治阶级，进入向共产主义未来社会的过渡阶段。很显然的是，无产阶级革命胜利后，无产阶级政党不会突然消失或解散，仍然会继续存在。那么无产阶级政党在过渡时期的国家中将扮演什么样的角色、发挥什么样的作用呢？令人遗憾的是，由于没有经历无产阶级政权的实践，这使得严谨的马克思没有明确回答过渡时期的无产阶级政党在国家中的地位和作用问题：无产阶级政党与国家政权的关系，无产阶级政党与无产阶级统治问题。毋庸置疑的是，无产阶级专政不可能是一党专制，但由于马克思没有明确回答过渡时期的政党制度问题而形成了理论和制度上的缺失。这种缺失为后来无产阶级专政在苏联模式中逐步蜕变为共产党一党专政和领袖独裁专断提供了理论空间。

在马克思的学说中，无产阶级作为资本主义社会中最革命、最先进的阶级，承担着解放自身和全人类的历史使命。马克思也坚信无产阶级在历史进程中会认识到人类社会发展的必然结果而意识到自己的历史使命。作为无产阶级先锋队的无产阶级政党——共产党，在无产阶级获取阶级意识和自身解放进程中发挥重要的作用——组织工人阶级成为自为阶级，推翻资产阶级统治，夺取政权。在俄国落后的社会状况下，列宁

---

①［英］戴维·赫尔德：《民主的模式》，燕继荣等译，中央编译出版社 2008 年版，第262 页。

为了实现无产阶级革命，发挥并加强了马克思的先锋队思想，强调无产阶级政党必须把革命意识灌输到工人头脑中去，帮助他们建立共产主义的阶级意识。在这个过程中，无产阶级政党的意识形态就逐渐成为工人阶级的阶级意识，“马克思主义的党既是真理的唯一运载工具，又是完全不依靠工人的经验主义的意识。在夺取政权以后，情况也是如此”①。无产阶级政党成了无产阶级永远的正确的唯一代表，排斥了其他政党和不同意见的存在，因为共产党掌握了马克思主义的真理和历史发展的规律。在苏联社会主义模式下，“真理 = 无产阶级的意识 = 马克思主义 = 党的意识形态 = 党的领导人的想法 = 领袖的决策”②。无产阶级专政已经异化为共产党的一党专政和领袖个人独裁，破坏了人民民主和党内民主。其结果就是苏联共产党逐渐脱离群众，最终失去了民众的支持，亡党亡国。

三　无产阶级专政民主制度局限性的原因

前面已经提及，马克思的时代是第一次工业革命突飞猛进的时代，是人类开始进入现代工业社会的时代，一个快速变革和动荡的时代，也是资本主义早期发展的不成熟阶段。正如《共产党宣言》所指出：“生产的不断变革，一切社会状况不停的动荡，永远的不安定和变动，这就是资产阶级时代不同于过去一切时代的地方。”③

在这样一个时代，人类社会所取得的伟大进步是毋庸置疑的。英国著名历史学家霍布斯鲍姆曾对工业革命有着较为公允的描述。他说：“‘工业革命爆发’这一用语意味着什么呢？它意味着在18世纪80年代的某个时候，人类社会的生产力摆脱了它的桎梏，在人类历史上这还是第一次。从此以后，生产力得以持久迅速地发展，并臻于人员、商品和服务皆可无限增长的境地，套用经济学家的行话来说，就是从‘起飞进入自我成长’。在以往，还没有任何社会能够突破前工业化时期的社会结构、不发达的科学技术，以及由此而来的周期性破坏、饥馑和死

① ［波］莱·柯拉科夫斯基：《斯大林主义的马克思主义根源》，载李宗禹主编：《国外学者论斯大林模式》（上册），中央编译出版社1995年版，第44页。

② 同上书，第45页。

③ 《马克思恩格斯文集》第2卷，人民出版社2009年版，第34页。

亡强加于生产的最高限制。”[①] 马克思、恩格斯也从资本主义发展的角度说明了工业革命带来了社会生产力的急速发展：“资产阶级在它的不到一百年的阶级统治中所创造的生产力，比过去一切世代创造的全部生产力还要多、还要大。自然力的征服，机器的采用，化学在工业和农业中的应用，轮船的行驶，铁路的通行，电报的使用，整个整个大陆的开垦，河川的通航，仿佛用法术从地下呼唤出来的大量人口——过去哪一个世纪料想到在社会劳动里蕴藏有这样的生产力呢?”[②] 当然，工业革命带来的不仅仅是生产力的发展。随着工业时代的到来，人类在社会、政治和思想文化领域也发生了深刻的革命。大城市奇迹般地建立起来，并以空前的速度持续增加，建立起了对农村的绝对统治，人们的社会生活方式进入一个全新的时代。资产阶级通过革命建立了代议制民主形式，产生了新的政治文明形式。启蒙时代的自由、民主和平等口号成为人们共同追求的思想口号，也是人们对美好社会的想象图景。

在这场革命及其推动的社会进步中，资产阶级是主导阶级，逐步获得了统治地位，工业社会时代也可以称为资产阶级时代。随着资本主义生产方式的全球扩张以及世界市场的建立，资产阶级在经济领域逐渐成为统治阶级。与此相应，资产阶级在政治领域也逐步废除了封建特权等级制度，在政治上获得了民主权利，通过代议制民主制度而成为政治领域的统治阶级。

然而，人类社会在进入资产阶级的新时代时却伴随着全新的社会矛盾和弊病。启蒙思想家渴望的社会成员共同享有自由和平等的理想社会并没有出现，新社会表现出明显的阶级性：新社会是资产阶级享有自由和平等的社会；对无产阶级和社会底层人民而言，新社会是失去原来的自由和权利而受资本奴役的社会。恩格斯对这个时期的资本主义社会弊病的描述值得大段引述：

“这个理性的王国不过是资产阶级的理想化的王国；永恒的正义在资产阶级的司法中得到实现；平等归结为法律面前的资产阶级的平等；

---

① ［英］艾瑞克·霍布斯鲍姆：《革命的年代》，王章辉等译，江苏人民出版社 1999 年版，第 34 页。

② 《马克思恩格斯文集》第 2 卷，人民出版社 2009 年版，第 36 页。

被宣布为最主要的人权之一的是资产阶级的所有权；而理性的国家、卢梭的社会契约在实践中表现为，而且也只能表现为资产阶级的民主共和国。……理性的国家完全破产了。……理性的社会的遭遇也并不更好一些。富有和贫穷的对立并没有化为普遍的幸福，反而由于调和这种对立的行会特权和其他特权的废除，由于缓和这种对立的教会慈善设施的取消而更加尖锐化了；现在已经实现的摆脱封建桎梏的‘财产自由’，对小资产者和小农来说，就是把他们的被大资本和大地产的强大竞争所压垮的小财产出卖给这些大财主的自由，于是这种‘自由’对小资产者和小农说来就变成了失去财产的自由；工业在资本主义基础上的迅速发展，使劳动群众的贫穷和困苦成了社会的生存条件。现金交易，如卡莱尔所说的，日益成为社会的唯一纽带。犯罪现象一年比一年增多。……商业日益变成欺诈。革命的箴言‘博爱’化为竞争中的蓄意刁难和忌妒。贿赂代替了暴力压迫，金钱代替刀剑成了社会权力的第一杠杆。初夜权从封建领主手中转到了资产阶级工厂主的手中。卖淫增加到了前所未闻的程度。婚姻本身和以前一样仍然是法律承认的卖淫的形式，是卖淫的官方的外衣，并且还以大量的通奸作为补充。总之，同启蒙学者的华美诺言比起来，由‘理性的胜利’建立起来的社会制度和政治制度竟是一幅令人极度失望的讽刺画。”①

马克思尤其关注到了资本主义新社会中无产阶级贫困队伍的扩大和社会贫富差距的日益扩大的问题。无产阶级是资本主义社会中直接的生产者，他们靠出卖自己的劳动力为生，劳动时间长、工作条件恶劣，收入微薄，生活贫困。与之形成鲜明对比的是少数资本家却凭借着资本而不断地聚集财富，过着奢华的生活。面对如此尖锐的社会问题，作为统治阶级的资产阶级却主张自由放任的自由主义，要求保护个人私有财产权，主张自由市场经济，自由贸易、自由竞争，反对政府对经济的干预；在政治上仅仅主张机会和形式平等。马克思指出，正是这种带有弱肉强食的自由主义主张造成了社会的诸多矛盾，资本主义制度不可能解决日益扩大的贫富差距和尖锐的社会矛盾。在马克思的追求中，实现所有人的自由是超越一切的最终目标，显然现实的自由主义主张以及资本

---

① 《马克思恩格斯文集》第3卷，人民出版社2009年版，第524—527页。

主义所实行的经济政治制度只能是实现了少数资本家的自由。要实现人类解放的伟大目标，就必须消灭私有制、雇佣劳动、市场经济以及建立在这些经济基础之上的政治法律上层建筑。依据唯物史观，马克思指出无产阶级专政是资本主义社会阶级斗争发展的必然结果。无产阶级将推翻资产阶级的统治，建立无产阶级政权，消灭私有制、阶级和国家。

从人类历史发展历程来看，19 世纪的工业革命只是现代工业革命的开端，与之相应的就是以资产阶级私有制、雇佣劳动和自由放任的市场为特征的自由资本主义。这种资本主义是发展不成熟的资本主义，带有诸多的弊病。马克思所批判的社会矛盾正是早期资本主义发展不成熟的表现。当时的资本主义生产关系没有完全取代封建的生产关系而占据绝对统治地位，新旧生产关系还处在激烈的斗争中；资产阶级在政治上也正在一步步同封建贵族和专制君主争夺权力。这就使得资本主义这个新生事物不得不带有旧社会的弊病，同时又带来新的问题。早期资本主义社会的制度和组织发展不完善，还不能很好应对社会冲突，使得社会矛盾处于较为激烈的对抗状态。但正是从那时起，科学技术革命以及由持续至今的三次工业革命浪潮，不断推动着人类社会的进步。资本主义也在这个过程中在经济、政治和社会等方面取得显著的进步。资本主义社会化大生产发展以及股份制公司的出现，提高了生产资料化程度；经历了 20 世纪 30 年代的经济大危机之后，资本主义国家也加强了对市场经济的调控作用，在一定程度上缓解了社会生产的无政府状态；代议制民主制度也得到不断发展，工人阶级获得相应的民主权利，资本主义社会保障制度亦日益完善，阶级间的对立冲突得到一定程度的缓和。

实事求是地说，马克思敏锐地观察到了资本主义新社会所存在的诸多问题。但由于建立在很高的理想目标——实现所有人的自由，以及对实现这种理想目标路径——摆脱一切束缚，包括私有财产、阶级和国家的认识，马克思彻底否定了资本主义制度。马克思没有观察到资本主义制度后来的自我发展和调试，尤其是资本主义代议制民主在促进资本主义发展、限制国家权力、保障和改善工人阶级状况所作出的积极贡献。为此，马克思在构想无产阶专政制度时，忽视了代议制民主中存在的积极因素，如对公共权力在运行过程中的规范、限制和监督，政党政治、官僚制的积极作用等。马克思的无产阶级民主制度设计一方面带有简单化理想化的成分；另一方面也缺少权力监督制约机制和政党政治的制度设计。

第三节 马克思无产阶级专政理论的时代价值

马克思的无产阶级专政理论是包含着价值目标、理论原则和制度设计的有机统一体。虽然这一理论存在着简单化理想化的成分，也存在不完善之处，但这并不能掩盖和否认其中符合理性、具有强大生命力的内容。马克思的无产阶级专政理论仍然具重要的时代价值。

一 对民主理论的新贡献

马克思的无产阶级专政理论就是无产阶级民主理论。马克思在扬弃资产阶级代议制民主的基础上，提出了一个新的以实现人类解放为价值目标的有限民主制度体系，为民主理论的发展作出了独特的贡献。

第一，马克思无产阶级专政力图要实现所有人的全面自由发展，在历史上第一次系统阐述了自由和平等作为民主的内在价值目标，进一步肯定了民主是人类普遍追求的价值理想。德拉·沃尔佩认为，现代民主包含两个方面的灵魂：一个是由资本主义民主开创的，由洛克、孟德斯鸠、康德、洪堡和贡斯当在理论上加以阐述的自由主义的自由；一个是由社会主义民主所确立和实行的，经由卢梭首先阐述，而后马克思、恩格斯、列宁直接或间接加以发挥和发展的平等主义的自由。[①] 实际上，卢梭主要是阐述了平等之于自由的重要性，以及民主之于平等的重要性，从而间接地说明了民主与自由和平等的关系。马克思则第一次直接阐明了自由和平等是民主所追求的价值目标：无产阶级民主不仅要实现人的自由，而且是每一个社会成员的自由。每一个社会成员的自由、所有人全面自由的发展的主张已经明显地包含着自由和平等的价值追求。虽然马克思批判了资产阶级民主制度，但是他并没有把民主简单等同于资产阶级民主。对马克思来说，民主是人类普遍的价值追求，民主制度

① ［意］德拉·沃尔佩：《卢梭和马克思》，赵培杰译，重庆出版社 1993 年版，第 60—61 页。

是现代国家制度最完美的形式，实现了人类的政治解放。马克思认为，要实现人类解放，还必须把民主从代议制民主形式向前推进，使人类从政治解放走向人类解放。这种新型的民主形式就是扬弃了资本主义民主的无产阶级民主。

第二，马克思继承和坚持了民主的人民统治的古典内涵，并通过赋予人民以社会绝大多数人的内涵而发展了人民主权理论，这有助于正确理解民主的真实含义。著名学者乔·萨托利曾指出当今时代是民主观混乱的时代。在20世纪之前，民主有着明确的内涵：民主即人民的统治；问题在于是要实行由人民参与决策的直接民主，还是选举代表来间接行使权力。进入20世纪后，熊彼特在否定传统的人民统治民主理论基础上，提出了基于现实的"竞争性精英民主理论"，这改变了人们对民主概念的认识。在熊彼特看来，"民主是一种政治方法，即，为达到政治——立法与行政的——决定而做出某种形式的制度安排。因之其本身不能是目的，不管它在一定历史条件下产生的是什么决定都是一样。"① "民主方法就是那种为做出政治决定而实行的制度安排，在这种安排中，某些人通过争取人民选票取得做出决定的权力。"② "民主政治并不意味着也不能意味着人民真正在统治——就'人民'和'统治'两词的任何明显意义而言——民主政治的意思只能是：人民有接受或拒绝将要来统治他们的人的机会。但是因为人民也能用全然不民主的方式来决定接受或拒绝，我们不得不增加另一个识别民主方法的标准。现在，定义的一个方面可以用这么一句话来表达，即民主政治就是政治家的统治。"③ 对熊彼特而言，民主只是一种选举统治者的制度安排，这个制度最核心的内容就是选举。这样做有熊彼特的理由，民主的确是一种制度形式，现实民主的表现也主要为选举制度的运转；研究者也可以根据自己的研究需要而对"民主"加以界定。然而，民主是一个非常丰富的概念，包括价值目标、理论原则和制度形式等。熊彼特的概念实际上只是强调了民主制度体系中的选举制度，这并不能替代原概念，否则就

---

① ［美］约瑟夫·熊彼特：《资本主义、社会主义与民主》，吴良健译，商务印书馆1999年版，第359页。

② 同上书，第395—396页。

③ 同上书，第415页。

会导致民主概念本意——人民的统治的丧失。然而，后来通行的民主概念，包括20世纪末期世界第三波民主化浪潮研究的民主概念，就把熊彼特的特殊限定的“民主”概念当作了一般概念。现在来看，我们更需要去强调民主的“人民统治”的基本内涵来恢复民主的本来面目。这样我们就可以更好地理解马克思在民主理论史上的重要地位。马克思继承了卢梭的人民主权论，并且赋予人民以社会绝大多数人的内涵而超越了传统的民主概念：在古典民主中，“人民”只是拥有财产的男性公民；在代议制民主中，虽然法律规定所有公民享有主权，但实际上却只是资产阶级才能真正享有权利而成为“人民”，而无产阶级民主则意味着社会绝大多数人成为民主的主体。

第三，马克思提出并阐述了社会制约国家和人民参与的民主原则，这是对民主理论的新贡献，深化了对民主原则的认识。在马克思的时代，启蒙思想家提出的实现人民主权的诸多原则已经逐步获得了认可，并在资本主义代议制民主中逐步实行，如分权制衡原则、法治原则、有限政府原则，等等。这些都是基于代议制度的间接民主应运而生的，其核心的内容是在政治体系内部约束和制约政治权力。然而19世纪的代议制民主制度处于发展的早期阶段，表现出了较为明显的阶级性和虚伪性，包括无产阶级在内的广大人民被排除在民主之外。马克思在批判代自由主义的基础上，从市民社会决定国家的哲学原理出发，提出了实现人民民主应该遵循的新原则：社会制约国家和人民参与的原则。马克思指出，市民社会是“理解人类历史发展过程中的锁钥”①，市民社会决定国家而不是黑格尔所谓的国家决定市民社会：“政治国家没有家庭的自然基础和市民社会的人为基础就不可能存在。它们对国家来说是必要条件。……国家是从作为家庭的成员和市民社会的成员而存在的这种群体中产生的。”② 这就意味着：从客体关系而言，作为经济基础的市民社会决定了作为上层建筑的政治国家；从主体方面而言，人民是社会和国家的主人，必须充分实现人民群众的参与政治，满足人民监督政府的要求。在马克思看来，要真正实现人民民主，就必须要用社会来制约国

① 《马克思恩格斯全集》第16卷，人民出版社1964年版，第409页。
② 《马克思恩格斯全集》第3卷，人民出版社2002年版，第12页。

家，要让人民积极参与政治，保证国家权力控制在人民手中。这无疑是马克思对民主原则的新贡献，是对资产阶级民主强调以权力制约权力原则的发展和超越，强调了市民社会和人民政治参与之于民主政治的重要意义，推动了民主理论的纵深发展。

第四，马克思敏锐地剖析了资产阶级代议制民主制度的内在危险性，并在此基础上提出了一个全新的有限集权民主制度模式，实现了民主制度的创新。在《路易·波拿巴的雾月十八日》中，马克思通过阶级分析向我们生动地展示了代议制民主制度存在向专制转化的危险：分权政府导致各部分政治权力的不平衡发展，立法权往往容易受到行政权扩张的制约而逐步受到侵蚀，甚至被吞噬，最终使得行政权战胜立法权，民主制度走向专制。也就是说，社会各阶级之间的政治斗争，包含着代议制民主走向专制独裁的危险；民主政体及其巩固需要阶级之间的政治互动，但是议会中的议员和政府官僚却经常背离民主原则和民主制度，选举制度也存在被阶级以及政治阴谋家利用的危险。因此，马克思指出："工人阶级不能简单地掌握现成的国家机器，并运用它来达到自己的目的。奴役他们的政治工具不能当成解放他们的政治工具来使用。"① 无产阶级"掌握政权的第一个条件是改造传统的国家工作机器"②。正是基于此，马克思结合无产阶级革命运动，尤其是巴黎公社实践，构想了一套超越代议制民主的无产阶级有限集权民主制度体系。这套制度体系用人民武装代替了常备军制度、用集权政府代替分权制衡政府、用社会勤务员制度代替官僚制、实行真正的普选制度和代议制度。在马克思看来，这套制度体系将克服代议制民主制度走向专制的危险，从而保证社会绝大多数人的统治地位。尽管这套制度体系存在一定的理想化成分和不足之处，但这并不能抹去马克思对民主制度作出的积极探索和创新。这些都大大拓展了我们的民主视野，推进了我们对民主的认识和思考。

二　正确认识当代资本主义民主的理论武器

20世纪初，列宁曾预言帝国主义是资本主义腐朽的、垂死挣扎的

---

① 《马克思恩格斯文集》第3卷，人民出版社2009年版，第218页。

② 同上书，第218页。

历史阶段，并认为无产阶级革命的时代即将来临。然而后来的历史发展远远超出了列宁的预期。20 世纪的资本主义在经历两次世界大战的洗礼后，凭借着新的科技革命和新工业革命获得了长足的发展，展现了良好的自我调节能力。马克思所批判的代议制民主的缺陷也得到部分的克服，代议制民主成为发达资本主义国家的主流民主理念和制度。发达资本主义国家凭借其经济上的优势地位，在世界上极力推销代议制民主理念和制度，视其为超越阶级的普世价值和普世制度。如何认识当今资本主义代议制民主呢？马克思的思想过时了吗？马克思运用唯物史观对资本主义民主进行了历史的和辩证的分析，既肯定了其历史进步性，同时又深刻地揭露了其阶级实质、内在矛盾和时代局限性。马克思指出，代议制民主实现了人类的政治解放，使社会成员摆脱了传统政治和宗教的束缚，促进了人类的理性发展，推动着资本主义生产方式的全球扩张和世界市场的形成，保证了资产阶级的统治地位。马克思同时又剖析了代议制民主作为资产阶级统治工具的实质、走向专制的内在危险和时代局限性，提出了扬弃代议制民主的无产阶级新型民主。马克思提供的历史唯物主义研究方法——坚持历史的和发展的观点，以及有关代议制民主的基本观点，仍然是正确认识当代资本主义民主的理论武器。

首先，唯物史观要求从事实出发，坚持发展的观点，实事求是地分析代议制民主的历史变迁，这是正确认识当代资本主义民主的前提。实事求是地说，自马克思时代以降，资本主义发展逐步进入成熟阶段，代议制民主也逐步克服了其早期的诸多问题，取得了很大的进步。代议制的发展完善主要体现在以下几个方面：

第一，选举制的完善，包括普选权的逐步落实和选举机制的完善。在马克思的时代，选举有着严格的财产、教育和文化等方面的限制，广大无产阶级和普通大众没有选举权和被选举权。后来随着工人阶级争取民主权利运动轰轰烈烈地展开，资产阶级政府被迫进行改革，逐步放宽了选举资格，规范了选举程序，扩大了普选权。到了 20 世纪下半叶，发达资本主义国家都基本实现了普选权。相比马克思时代而言，当代西方选举制度能够更有效地表达选民的意愿，更能够实现权力在民的理念，也有助于建立责任政治。总体上看，西方选举制度经历了两个世纪的发展历程：从严格限制选举权到逐步放宽选举权，直到法律上的确认，以及各种选举机制的完善。[①]

第二，公民参与机制的完善，提高了公民参与政治和影响决策的机会。随着普选制度的逐步落实，选举已经成为政治参与的主要方式。在当今西方国家，公民通过直接选举产生的公职人员主要有议员和行政首脑。此外，全民公投成为公民直接参与政治决策的重要形式。政党、利益集团和社会团体等社会组织则成为公民间接参与政治的途径和组织。

第三，社会监督机制的建立和完善。在马克思的时代，国家权力的制约主要表现为立法权、行政权和司法权之间的分立与制衡。由于权力制衡机制处于形成初期，并不完善，行政权往往不受立法权和司法权的制约。随着法治的完善，当代资本主义国家的权力制衡机制逐步得到规范。进入20世纪后，资本主义国家建立了社会对国家权力的监督机制，并在权力制约机制中占据着日益重要的地位。这主要包括新闻媒体对政府的全方位监督、利益集团和民间组织对政治过程的参与和监督。[②]

其次，根据历史唯物主义原理，马克思对资产阶级民主的批判是基于当时代议制民主早期存在的诸多弊端作出的，今天看来，其中的一些具体观点已经过时，不符合现在的情况，但马克思对代议制民主本质的论述及其内在矛盾的分析，对认识当代资本主义民主的理论仍然具有重要的指导意义。

历史唯物主义指出："人们在自己生活的社会生产中发生一定的、必然的、不以他们的意志为转移的关系，即同他们的物质生产力的一定发展阶段相适合的生产关系。这些生产关系的总和构成社会的经济结构，即有法律的和政治的上层建筑竖立其上并有一定的社会意识形式与之相适应的现实基础。物质生活的生产方式制约着整个社会生活、政治生活和精神生活的过程。"[③] 也就是说，经济基础制约着政治上层建筑，要对政治上层建筑本质作出正确的分析，就需要深入到经济基础中去。马克思对资产阶级代议制民主本质的认识——资产阶级统治的工具，就

① 参见应克复等：《西方民主史》（修订版），中国社会科学出版社1997年版，第372—385页。

② 详细内容参见宋玉波：《民主政制比较研究》，法律出版社2001年版，第162—195页。

③ 《马克思恩格斯文集》第2卷，人民出版社2009年版，第591页。

是基于对资本主义经济基础的剖析。马克思指出，资产阶级是市民社会的统治阶级，具有形式普遍性的国家政治权力实际上就成了资产阶级维护自身特殊利益的手段和工具，因为“现代国家是与这种现代私有制（即资产阶级私有制——引者注）相适应的。现代国家由于税收而逐渐被私有者所操纵，由于国债而完全归他们掌握；现代国家的存在既然受到交易所内国家证券行市涨落的调节，所以它完全依赖于私有者即资产者提供给它的商业信贷。”① 在马克思看来，“现代工业的进步促使资本和劳动之间的阶级对立更为发展、扩大和深化。与此同步，国家政权在性质上也越来越变成了资本借以压迫劳动的全国政权，变成了为进行社会奴役而组织起来的社会力量，变成了阶级专制的机器”②。恩格斯也曾指出：“现代国家，不管它的形式如何，本质上都是资本主义的机器，资本家的国家，理想的总资本家。它愈是把更多的生产力据为己有，就愈是成为真正的总资本家，愈是剥削更多的公民。工人仍然是雇佣劳动者，无产者。资本关系并没有被消灭，反而被推到了顶点。”③

如前所述，当今资本主义代议制民主取得了诸多进步，产生了新的民主形式，在缓和阶级矛盾和维护社会稳定方面发挥了重要作用。西方国家往往把代议制民主制度视为是超越阶级的普世价值和制度而排斥其他民主，尤其是社会主义民主。但实际上，当今资本主义代议制民主并没有摆脱其阶级属性，国家的统治权力仍然掌握在大资产阶级、金融寡头及其代理人手里，因为当今资本主义的经济基础没有发生根本性的变化。股份制公司大量的兴起以及职工持股的出现确实使得资本的社会化和国际化的程度有所提高，但资本主义生产资料的私人占有仍然是占主导地位的所有制。虽然资本家及其代理人开始采用一些举措缓和劳资关系，如职工参与决策、终身雇佣、职工持股等，但这并没有改变工人与资本家之间的雇佣和剥削关系，雇佣劳动仍然是资本主义的基础。总之，我们应该认识到，无论资本主义代议制民主的形式发生了怎样的变化，只要资本主义的经济基础没有发生改变，其为资产阶级统治服务的

① 《马克思恩格斯文集》第1卷，人民出版社2009年版，第583页。
② 《马克思恩格斯文集》第3卷，人民出版社2009年版，第152页。
③ 《马克思恩格斯全集》第19卷，人民出版社1963年版，第240页。

阶级实质就不会改变。

三　建设社会主义民主政治的理论指南

社会主义国家的实践表明民主是社会主义的内在本质要求，没有民主就没有社会主义。马克思的无产阶级专政作为一种扬弃了代议制民主的无产阶级新型民主，是建设社会主义民主政治的理论指南。

马克思的无产阶级专政理论为社会主义民主政治建设设定了根本的价值目标和方向：人的全面自由发展。在马克思那里，无产阶级专政是由资本主义向共产主义的过渡时期，要对资本主义社会进行彻底的改造，消灭私有制、阶级和国家，实现共产主义社会和人的全面自由发展。在《共产党宣言》中，马克思、恩格斯表达了共产主义社会的价值目标："代替那存在着阶级和阶级对立的资产阶级旧社会的，将是这样一个联合体，在那里，每个人的自由发展是一切人的自由发展的条件。"① 这里指出了共产主义社会中的人是自由发展的人，摆脱了外界和自身的束缚。在《资本论》中，马克思更是明确指出共产主义社会的价值目标是实现人的全面而自由的发展。他说：共产主义社会是"以每一个个人的全面而自由的发展为基本原则的社会形式"②。在共产主义社会，个人的全面自由发展与集体的发展有机集合起来，相互促进，相得益彰。以往社会主义国家建设的深刻教训就是过于强调了社会主义集体而忽视了个人自由和权利。斯大林就认为集体是解放个人的条件。如果集体没有解放，个人的解放是不可能的。因此，对斯大林来说，社会主义集体是第一位的，个人要服从集体，甚至为了集体而牺牲个人。但斯大林所谓的集体利益和价值，却也只是一个抽象的概念，个人的自由和权利在集体中消失了。因此，对于现实社会主义国家来说，实现每个人的全面自由发展的价值目标具有根本的指导性作用。社会主义民主政治要坚持以人为本，一切为了人民，一切为了社会主义社会中的每个人，把集体利益和个人自由有机结合起来。当然，由于现实的社会主义国家经济文化水平相对落后，发展社会主义和建设民主政治都需

① 《马克思恩格斯文集》第2卷，人民出版社2009年版，第53页。

② 《马克思恩格斯全集》第44卷，人民出版社2001年版，第683页。

要从现实出发：首先保证社会成员平等的经济政治和社会权利，实现社会的公平正义、人民的共同富裕，再经过长期发展逐步实现社会成员的全面发展，最终消灭剥削、阶级和国家，实现每个人的自由发展。

马克思无产阶级专政理论所强调的人民主权原则、社会制约国家和人民参与原则，有助于树立正确的民主理念，建构社会主义民主理论。苏联模式的社会主义在制度建设中仅仅采用了马克思主张的“议行合一”的集权政府原则和制度，而缺乏相应的社会制约国家、人民参与原则的制度设计，最终形成了高度集权的政治体制，产生了党政不分、以党代政、个人集权、干部特权、民主法治和监督制约机制缺失等弊病。这极大妨碍了社会主义民主政治和法治建设，没有切实保障社会成员的经济政治权利，人民主权的民主理念难以得到有效的实现。马克思关于无产阶级民主的理论原则，从根本上强调了人民是国家权力的所有者，是国家制度的主体和目的：“在民主制中，国家制度本身只表现为一种规定，即人民的自我规定。……在这里，国家制度不仅自在地，不仅就其本质来说，而且就其存在、就其现实性来说，也在不断地被引回到自己的现实的基础、现实的人、现实的人民，并被设定为人民自己的作品。国家制度在这里表现出它的本来面目，即人的自由产物。”① 为了实现真正的人民主权，马克思还强调了社会制约国家和人民参与原则对于建立责任政治的重要性。巴黎公社是实现了人民主权的典型形式。它通过普选制度、社会勤务员制度保证了社会对国家的制约和人民的广泛参与。马克思指出，巴黎公社是人民群众获得解放的政治形式，“给共和国奠定了真正民主制度的基础”②。当今的社会主义国家在坚持民主集中制原则的同时，更要树立人民主权、社会制约国家权力和人民参与的理念，以此指导民主制度的建设，真正实现人民当家作主。

无产阶级民主不仅理论上是人民主权和人民的主体性，还必须在现实中通过具体民主制度来实现。马克思构想的无产阶级专政有限集权民主制度体系，虽然带有简单化理想化的成分，但其中的代议制度、普选制度和社会自治制度仍然是当今民主不可或缺的、基础性制度，也是社

① 《马克思恩格斯全集》第 3 卷，人民出版社 2002 年版，第 39—40 页。

② 《马克思恩格斯文集》第 3 卷，人民出版社 2009 年版，第 157 页。

会主义国家建设民主政治必须坚持和加以完善的民主制度。

就代议制度而言，现代民族国家地域广大、人口众多，人民直接行使政治权力和参与决策的直接民主难以付诸实践，必须通过选举代表组成代议机关来间接行使权力。马克思曾明确指出："代议制是一大进步，因为它是现代国家状况的公开的、未被歪曲的、前后一贯的表现。"① 时至今日，人们对马克思关于巴黎公社的论述仍然存在误解，认为马克思主张直接民主，否定了代议制度。马克思的确认为巴黎公社将成为法国城市和乡村的自治模式："巴黎公社自然要为法国一切大工业中心作榜样的"，"公社将成为甚至最小村落的政治形式。"② 但马克思紧接着就指出："每一个地区的农村公社，通过设在中心城镇的代表会议来处理它们的共同事务；这些地区的各个代表会议又向设在巴黎的国民代表会议派出代表，每一个代表都可以随时罢免，并受到选民给予他的限权委托书（正式指令）的约束。……民族的统一不是要加以破坏，相反，要由公社在体制上、组织上加以保证，要通过这样的办法加以实现。"③ 在马克思看来，在国家层面上，由地方代表会议选举代表组成的全国国民代表会议将履行为数不多的重要职能，这无疑是一种代议的间接民主制度。列宁也曾明确指出："没有代表机构，我们不可能想象什么民主，即使是无产阶级民主。"④ 但由于把巴黎公社片面理解为人民参与管理和决策的直接民主，中国社会主义建设中曾经实行了以"大鸣""大放""大辩论"和"大字报"为主要内容的所谓"大民主"，并在"文化大革命"中达到顶峰，曾经写入了1975年宪法。"大民主"还包括群众可以自行成立组织，对认为有问题的人进行批判、斗争、体罚甚至抄家等。但这种"大民主"，虽然贴上了民主的标签，但却背离了真正的民主原则，造成了国家秩序的混乱，人民群众的合法权益和民主权利得不到有效的保障。正反两方面的经验说明：社会主义国家在建设民主政治时，必须坚持和完善代议制度，缺少代议制形式的民主是不可能的。

---

① 《马克思恩格斯全集》第3卷，人民出版社2002年版，第95页。

② 《马克思恩格斯文集》第3卷，人民出版社2009年版，第155页。

③ 同上书，第155—156页。

④ 《列宁全集》第31卷，人民出版社1985年版，第45页。

普遍选举制度与代议制度是紧密联系在一起的，是民主得以建立和运行的前提和保障，它们一起构成了马克思无产阶级专政民主制度的核心内容，也是当今社会主义国家民主政治建设必须坚持和完善的制度。马克思曾批判了资本主义选举制度的阶级实质，指出资产阶级的普选权“是为了每三年或六年决定一次由统治阶级中什么人在议会里当人民的假代表”[①]。由于选举资格的限制，广大的人民群众被排斥在选举外。但马克思并没有否定选举作为实现人民主权方式的积极意义。对马克思而言，“选举的性质并不取决于这个名称，而是取决于经济基础，取决于选民之间的经济联系。”[②] 巴黎公社作为工人阶级的政权，采取了诸多措施来改造旧社会，使人们之间形成了平等的经济社会关系，是使劳动在经济上获得解放的政治形式。在这样的经济社会条件下，普选权就成了巴黎人民选举自己的真正代表的重要制度形式。马克思所说：“普选权已被应用于它的真正目的：由各公社选举它们的行政的和创制法律的公职人员。”[③] 目前社会主义国家的普选制度主要以间接选举为主，选举的对象主要局限于人民立法代表。要完善社会主义民主政治，就要逐步创造条件，扩大直接选举的范围和程度。

在马克思的无产阶级专政制度设计中，社会自治占有非常重要的地位和作用：它既是人民主权的表现，也是社会制约国家的重要制度安排。马克思高度赞扬巴黎公社“意味着在旧政府机器的中心所在地——巴黎和法国其他大城市——初步破坏这个机器，代之以真正的自治，这种自治在工人阶级的社会堡垒——巴黎和其他大城市中就是工人阶级的政府”[④]。在马克思看来，这样的社会自治使得联合起来的劳动者可以独立自主地管理自己的事务：一切公职人员都由人民选举产生，可以随时罢免和撤换，同时只领取同工人相当的工资；普选产生的市政委员作为人民的真正代表，同时监管行政权和立法权。这样，一切有关社会生活事务的创议权都由公社掌握，公社就摆脱了传统国家政权对地方事务的干预，真正实现了人民的自我统治。因此，马克思指出：“公

① 《马克思恩格斯文集》第3卷，人民出版社2009年版，第156页。
② 同上书，第406页。
③ 同上书，第196页。
④ 同上书，第221—222页。

社体制会把靠社会供养而又阻碍社会自由发展的国家这个寄生赘瘤迄今所夺去的一切力量，归还给社会机体。”① 今天的社会主义国家要建立民主政治，就要在城市和农村实行类似于巴黎公社式的地方自治，中央政府充分尊重和保护人民的自我管理权利，为社会主义民主奠定社会基础。

四　对中国特色社会主义民主政治建设的启示

作为当今世界上最大的社会主义国家，中国在改革开放的伟大征程中取得了举世瞩目的成就，社会主义也再次呈现出巨大的生命力。但不容忽视的是，中国社会主义改革所取得的进展主要集中在经济领域，政治领域改革却相对滞后，面临着建设民主政治和政治体制改革的艰巨任务。然而，正如邓小平指出：“政治体制改革同经济体制改革应该相互依赖，相互配合。只搞经济体制改革，不搞政治体制改革，经济体制改革也搞不通，因为首先遇到人的障碍。事情要人来做，你提倡放权，他那里收权，你有什么办法？从这个角度来讲，我们所有的改革最终能不能成功，还是决定于政治体制的改革。”② 马克思无产阶级专政理论对于中国社会主义民主政治建设具有重要的启迪作用。

第一，马克思关于社会制约国家的民主原则对于构建中国特色的市民社会具有重要的理论意义和现实价值。马克思指出，国家产生于社会但却日益脱离社会，并日益成为统治社会的力量，要实现真正的人民民主就必须要用社会和人民来制约国家，使之服从社会和人民的意志。在改革开放之前，中国基本上照搬了苏联高度集权的社会主义模式，形成了全能主义国家。国家职能在经济、政治和社会生活领域不断扩张，形成了对社会各个领域的全面渗透和控制，国家成为凌驾于社会和个人之上、垄断了全部重要物质财富和资源的超强力量，一个相对独立的、自治的社会并不存在。改革开放以来，中国逐渐从高度集权的计划经济体制向社会主义市场体制转变，国家对社会的控制也逐渐减弱，至今中国国家与社会之间的关系发生了重大的变化：随着市场经济体制的建立和

---

① 《马克思恩格斯文集》第 3 卷，人民出版社 2009 年版，第 157 页。

② 《邓小平文选》第 3 卷，人民出版社 1993 年版，第 164 页。

逐步完善，政府管理经济的权力逐步下放到地方和企业，社会资源的配置日益多元化，社会在经济活动中的自主权得到了极大的发展；社会成员的独立性也日益增强，从政治人转变为经济人，个人的合法财产权、言论等经济政治权利也不断得到逐步改善；各类社会团体开始摆脱国家的干预，开始了组织化和独立化的进程，日益成为社会主义的重要行为主体，社会团体组织数量也呈现几何式的增长。这表明中国社会主义市民社会正在逐步兴起和发展。但就目前情况而言，中国的社会主义市民社会发展还有诸多不完善之处，国家政治的干预和市民社会的独立性都还有待于进一步的改善。对于当前中国民主政治建设来说，马克思主张用社会制约国家的原则仍然起着积极的作用：中国需要进一步健全和完善社会主义市场经济，规范政府的经济职能，减少政府权力对经济社会领域的控制和干预，进一步培育市民社会的独立性；同时建立独立于国家政权机构的社会监督体系，发挥社会主义市民社会制约国家权力的作用。

第二，马克思关于地方自治的论述对于加强中国基层群众自治制度建设，真正实现人民自治具有重要的指导意义。基层群众自治制度是中国的一项基本政治制度，它是依照宪法和法律的规定，由居民（村民）选举的成员组成居民（村民）委员会，实行自我管理、自我决策、自我服务、自我监督的制度。改革开放以来，中国的基层群众自治制度不断扩大，已经建立了以农村村民委员会和城市居民委员会为主要形式的基层民主自治体系。这些基层民主自治制度使得广大人民依法直接享有并行使自治的民主权利，在推进中国特色社会主义民主政治建设过程中发挥了积极作用。但实事求是地说，由于中国缺乏民主政治的传统、市场经济的不完善以及权力高度集中的政治体制框架仍然存在，基层群众自治制度在实际运行过程中存在一些急需解决的问题。例如基层人民群众缺乏民主意识和权利意识，对公共事务不关心；一些基层自治组织由民众的自我管理机构变成了替人民群众做主，成为少数人牟取私利的手段，贪污腐败现象时有出现；有的基层自治组织行政化严重，事实上成为基层政府的派驻机构。这些问题产生的原因有基层自治组织的不完善，更重要的是党权、政府权力和人民自治权之间的关系问题。中国共产党是中国唯一的执政党，是国家权力的核心，各级党组织领导各级政府依法治国。各级政府是国家行政机构，行使由全国人民代表大会授予的行政权，负责处理各级公共事务。人民自治权是城乡居民依法行使对社区（农村）公共事务进行共同管理的不受政府干涉的独立权力。从现有法律规定来看，三者之间的权力边界及相互关系都没有明确的界定，而只有一些"领导""指导""协助"等概括性的词语。这样就为相对强势的党权和地方政府权力凭借"领导"和"指导"地位干涉基层自治权留下了空间。从坚持和完善基层人民自治制度来看，马克思主张的地方人民自治无疑具有重要的现实指导意义：运用法律规范人民自治权、政府权力和党的权力边界，防止政府权力和执政党的权力对人民自治的干预，真正确立人民自治权的独立地位；完善基层民主自治组织和制度建设，实行普遍的直接选举制度，加强人民对自己代表的监督力度，实行政务公开制度。

第三，马克思关于无产阶级国家的政府制度对于完善人民代表大会政权组织形式，形成合理的权力制约体系具有直接的现实意义。人民代表大会制度是中国的根本政治制度，是以人民代表大会为核心构建的国家政权体系。《中华人民共和国宪法》规定，全国人民代表大会和地方各级人民代表大会依照法律由人民民主选举产生，是国家的权力机关和立法机关，统一行使人民赋予的政治权力；人民代表大会选举产生国家行政机关、司法机关和军事机关，这些国家机关行使由人民代表大会授予的行政权、司法权和军事权，并对人民代表大会负责，接受人民代表大会的监督和制约。人民代表大会制度继承了马克思"议行合一"的中央政府制度，是能够保证人民当家作主并适合中国国情、体现社会主义性质的政权形式，保证了人民享有广泛的民主权利和国家权力的集中和统一行使。但客观地说，目前中国的人民代表大会制度还不完善，人民代表大会作为最高权力机关的立法权和监督权在实际运行过程中并没有得到充分的实现；国家行政机关拥有庞大的官僚队伍，在直接处理公共事务中形成了强大的行政权力，在一定程度上摆脱了人民代表大会的监督，并直接干预司法机关独立司法。完善人民代表大会制度，必须贯彻马克思论述的立法权的至上性和统帅制约其他国家机关的重要性，形成合理的权力结构。首先，完善人民代表大会，充分发挥国家权力机关的核心地位和统帅作用：（1）加强人民代表大会的立法职能，把不同权力形式通过法律确定下来，纳入法制化、程序化轨道，使权力按照法定程序公开透明地运行；（2）完善人民代表大会的质询机制和罢免机制，加强对政府和官员的监督；（3）完善人民代表大会选举制度，逐步提高人民代表直接选举的范围，逐步由县级逐步扩大到省一级，直至到全国人民代表；（4）逐步实现人民代表的专职化，提高人民代表的专业知识和履职能力，加强人民代表与人民群众的联系，更好地发挥人民代表的作用。其次，改革和完善行政制度，把人民代表大会授予政府的行政权适当分解为决策权、执行权、监督权，使决策职能、执行职能和监督职能由不同行政部门相对独立行使，防止权力过度集中于领导干部；健全政府问责和引咎辞职等制度，完善政务公开制度，建立责任政府。最后，完善司法制度，确保司法独立与行政之外，摆脱行政权的干预，使司法机关依照宪法和法律独立行使司法权，对人民代表大会和人民负责，保证和实现社会的公平正义。

结　语

无产阶级专政理论是马克思（主义）国家学说极其重要的组成部分，也是马克思思想中引起最多争论、遭到最多误解的内容。这些争论和误解，不仅来自西方资本主义世界，也来自社会主义阵营内部，其核心焦点就是无产阶级专政与民主的关系问题。本书正是以专政与民主关系作为研究视角，重新解读马克思的无产阶级专政理论，以期还原这个理论的原貌，澄清误解，并重新作出评价。

马克思的无产阶级专政是资本主义社会向共产主义社会过渡时期的国家形态。它将随着共产主义的实现而结束，具有过渡性和暂时性的特点，其价值取向是实现人的全面自由发展。在马克思理论体系中，无产阶级专政意味着作为社会绝大多数人的无产阶级和劳动人民的政治统治，这与马克思时代的民主概念和马克思的民主理念是一致的。在批判地继承卢梭人民主权论基础上，马克思提出无产阶级专政国家必须坚持人民主权原则，社会制约国家原则、集权原则和社会收回国家原则，实行一种直接民主与间接民主相结合的有限集权的新型民主体制体系。这套制度体系包括人民武装制度、议行合一的集权政府制度、普选制度、社会勤务员制度和社会自治制度。这套有限集权制度体系继承了代议制民主的代议制度而否定了权力分立与制衡的政府制度，代之以“议行合一”的政府体制；汲取了古典直接民主的自治理念而否定了公民直接参与政治决策制度。在马克思看来，这套制度保证人民掌握政治权力，建立责任政府，实现人民主权，完成过渡时期的历史任务——消灭私有制、阶级和国家。因此，在马克思那里，无产阶级专政即无产阶级民主。西方学者对马克思无产阶级专政与民主关系的误解，是基于西方资产阶级代议制民主的普世立场，排斥其他形式的民主，同时把现实无产阶级专政实践的失误归结为马克思思想的必然结果。这些错误的认识带有明显的意识形态偏见。

马克思无产阶级有限集权民主制度体系是一个有机联系的整体，只有其中各个制度要素共同作用，才能真正实现人民的统治。苏联社会主义模式只是有选择地实行了立法权和行政权合一的集权政府体制，而没有相应的普选制度、社会勤务员制度和社会自治制度，因而不能有效防止权力的集中和无产阶级专政的变质。理论和实践的反差，一方面使得马克思的无产阶级专政被误解为是共产党一党专政、领袖独裁；另一方面也表明了马克思构想的民主政制度体系的特点和不足。无产阶级制度有其经验依据，但也带有一些简单化理想化的成分。对古典直接民主和资产阶级代议制民主的批判性吸收以及无产阶级的革命实践，使得马克思的制度设计具有现实的经验基础。但毋庸讳言，由于巴黎公社存在时间太短以及代议制民主发展的不成熟，马克思克服代议制民主弊病的一些制度设计是逻辑推演的结果，难以在实践中完全实行。如人民武装制度、公职人员随时罢免制和工薪制、教师和律师等职位由普选产生等。与此同时，马克思无产阶级专政制度设计由于过于强调国家权力的归属，在一定程度上忽视了约束和监督权力运行的体制机制。这套制度体系也缺少对无产阶级政党制度的论述。

尽管如此，马克思的无产阶级专政理论对民主理论的发展作出了重要的贡献，在民主思想史上具有重要的地位和作用：(1)马克思提出了实现真正的自由和人类解放的价值目标，肯定了民主是人类普遍追求的理想，为当今世界各国政治发展指明了方向。(2)马克思继承了作为人民统治的古典民主理念，赋予人民以社会绝大多数人的内涵而克服了以往民主理论的阶级局限性，发展了民主理论。(3)马克思强调的社会制约国家权力和人民参与的民主原则，深化了对民主原则的认识，使民主从政治领域走向社会领域。(4)马克思主张的代议制度、普选制度和社会自治制度仍然是当今民主制度体系中不可或缺的、基础性的制度；“议行合一”的中央政府体制，可以更有效地把人民的意志转变为国家意志，对于保证和实现人民主权具有重要意义。(5)无产阶级专政理论为科学认识当今资本主义民主的发展提供了理论武器，也为社会主义国家进行民主政治建设提供了理论指南。

当今时代，基于历史发展和人们观念的变迁，专政概念似乎已经失去了马克思时代的民主价值内涵，社会主义国家也逐渐用民主话语替代了专政概念。但概念的替换不应该模糊和否认马克思无产阶级专政理论的原貌及时代价值。马克思的无产阶级专政就是无产阶级民主。今天的社会主义国家应继承马克思思想中具有时代价值的内容，在无产阶级专政国体下，坚持人的全面自由发展的价值取向、人民主权和自治的民主原则，确立对国家权力的社会制约和人民监督理念，完善代议制度、普选制度和社会自治制度，切实建设社会主义民主政治。与此同时，执政的共产党也要立足于时代和社会主义国家实际，扬弃马克思思想中的简单化理想化成分，批判地借鉴和吸收人类优秀民主成果，填补其中缺失的内容，构建符合本国国情的社会主义民主理论和政治制度，保障和实现人民的民主权利，与时俱进地发展马克思的理论。

参考文献

一　中文文献

（一）经典著作

1. 《马克思恩格斯文集》（第1—10卷），人民出版社2009年版。

2. 《马克思恩格斯全集》（第1卷、第3卷、第4卷、第5卷、第7卷、第8卷、第12卷、第13卷、第16卷、第17卷、第18卷、第21卷、第22卷，第36卷、第39卷、第42卷、第44卷、第46卷、第49卷），人民出版社，第1版。

3. 《马克思恩格斯全集》（第3卷、第25卷、第30卷、第44卷、第45卷、第46卷、第47卷），人民出版社，第2版。

4. 《列宁全集》（第6卷、第31卷、第33卷、第34卷、第36卷、第39卷），人民出版社，第2版。

5. 《斯大林全集》（第1卷、第7卷、第8卷、第11卷、第13卷），人民出版社，第1版。

（二）中文著作

1. 程力群：《马克思列宁主义的阶级和阶级斗争理论》，河北人民出版社1960年版。

2. 中国社会科学院哲学研究所：《无产阶级专政学说史（1842—1895）》，吉林人民出版社1979年版。

3. 洪韵珊：《无产阶级专政学说的历史和现实》，四川省社会科学院出版社1983年版。

4. 张式谷、肖贵毓：《马克思恩格斯共产主义社会理论的形成和发展》，江苏人民出版社 1983 年版。
5. 李本先：《阶级论》，华中师范大学出版社 1991 年版。
6. 蓝瑛主编：《社会主义政治学说史》，上海人民出版社 1992 年版。
7. 肖贵毓、张海燕：《社会主义思想史纲》，中共中央党校出版社 1998 年版。
8. 《马克思恩格斯列宁毛泽东邓小平江泽民论民主》，社会科学出版社 2002 年版。
9. 王沪宁：《政治的逻辑——马克思主义政治学原理》，上海人民出版社 2004 年版。
10. 孙代尧、薛汉伟：《与时俱进的科学社会主义》，安徽人民出版社 2004 年版。
11. 刘保国：《马克思恩格斯阶级理论与现代社会研究》，知识产权出版社 2005 年版。
12. 黄宗良、孔寒冰：《社会主义与资本主义的关系：理论、历史和评价》，北京大学出版社 2002 年版。
13. 刘军宁编：《民主与民主化》，商务印书馆 1999 年版。
14. 刘军宁编：《直接民主与间接民主》，生活·读书·新知三联书店 1998 年版。
15. 孙永芬：《西方民主理论史纲》，人民出版社 2008 年版。
16. 应克复等：《西方民主史》，中国社会科学出版社 2003 年版。
17. 佟德志：《在民主与法制之间——西方政治文明的二元结构及其内在矛盾》，人民出版社 2006 年版。
18. 郁建兴：《马克思国家理论与现时代》，东方出版社 2007 年版。
19. 李延明、刘青建、杨海蛟：《马克思恩格斯政治学说研究》，人民出版社 2002 年版。
20. 陈先达：《马克思早期思想研究》，北京出版社 1983 年版。
21. 罗燕明：《马克思恩格斯思想研究》，中央编译局 2002 年版。
22. 刘彤：《马克思主义政治学说》（修订版），东北师范大学出版社 2008 年版。
23. 应奇编：《代表理论与代议制民主》，吉林出版集团有限责任公司 2008 年版。

24. 陶艳华：《马克思政治伦理思想研究》，人民出版社 2009 年版。
25. 臧峰宇：《马克思政治哲学引论——以人学位视角的当代解读》，中央编译出版社 2009 年版。
26. 李惠斌、李义天编：《马克思与正义理论》，中国人民大学出版社 2010 年版。
27. 曹峰旗：《虚幻与批判——马克思恩格斯资本主义政治制度理论研究》，浙江大学出版社 2008 年版。
28. 俞可平编：《全球化时代的马克思主义》，中央编译出版社 1998 年版。
29. 李宗禹编：《国外学者论斯大林模式》（上、下册），中央编译出版社 1995 年版。
30. 尹保云：《民主与本土文化——韩国威权主义时期的政治发展》，人民出版社 2010 年版。
31. 张光明：《社会主义由西方到东方的演进》，云南人民出版社 2005 年版。
32. 周志平：《马克思民主思想研究》，世界图书出版集团广东有限公司 2012 年版。
33. 郭丽兰：《马克思民主观的文本研究》，人民出版社 2013 年版。

（三）中文译著

1. ［英］洛克：《政府论》（上、下篇），叶启芳、瞿菊农译，商务印书馆 1964 年版。
2. ［法］孟德斯鸠：《论法的精神》（上、下册），张雁深译，商务印书馆 1963 年版。
3. ［法］贡斯当：《古代人的自由与现代人的自由》，阎克文、刘满译，商务印书馆 1999 年版。
4. ［法］卢梭：《社会契约论》，何兆武译，商务印书馆 1980 年版。
5. ［美］汉密尔顿、杰伊、麦迪逊：《联邦党人文集》，程逢如等译，商务印书馆 1982 年版。
6. ［德］黑格尔：《法哲学原理》，范扬、张企泰译，商务印书馆 1961 年版。

7. ［法］托克维尔：《论美国民主》，董果良译，商务印书馆 1980 年版。
8. ［法］托克维尔：《旧制度与大革命》，冯棠译，商务印书馆 1992 年版。
9. ［英］约翰·密尔:《论自由》，许宝骙译，商务印书馆 1959 年版。
10. ［美］乔治·萨拜因:《政治学说史》（上、下卷），邓正来译，商务印书馆 1986 年版。
11. ［英］戴维·麦克莱伦:《马克思传》（第 4 版），王珍译，中国人民大学出版社 2008 年版。
12. ［英］戴维·麦克莱伦：《马克思思想导论》（第 3 版），郑一明、陈喜贵译，中国人民大学出版社 2008 年版。
13. ［美］乔恩·埃尔斯特:《理解马克思》，何怀远等译，中国人民大学出版社 2008 年版。
14. ［美］罗伯特·达尔:《民主理论的前沿》（扩充版），顾昕译，东方出版社 2009 年版。
15. ［美］罗伯特·达尔:《论政治平等》，谢岳译，上海世纪出版集团 2010 年版。
16. ［美］罗伯特·达尔:《多头政体——参与和反对》，谭君久、刘惠荣译，商务印书馆 2003 年版。
17. ［美］卡尔·科恩：《论民主》，聂崇信、朱秀贤译，商务印书馆 1988 年版。
18. ［英］戴维·赫尔德:《民主的模式》，燕继荣等译，中央编译出版社 2008 年版。
19. ［美］约瑟夫·熊彼特：《资本主义、社会主义与民主》，吴良健译，商务印书馆 1999 年版。
20. ［意］萨尔沃·马斯泰罗内：《欧洲民主史——从孟德斯鸠到凯尔森》，黄华光译，社会科学文献出版社 1998 年版。
21. ［德］伯恩施坦:《社会主义的前提和社会民主党的任务》，殷叙彝译，生活·读书·新知三联书店 1965 年版。
22. ［德］卡尔·柯尔施：《卡尔·马克思——马克思主义的理论和阶级行动》，熊子云、翁延真译，重庆出版社 1993 年版。

23. ［德］洛尔夫·德鲁贝克、雷纳特·麦科尔：《马克思恩格斯论社会主义社会和共产主义社会》，河南人民出版社1993年版。
24. ［匈］卢卡奇：《历史与阶级意识》，杜章智等译，商务印书馆1996年版。
25. ［美］埃里克·A. 诺德林格：《民主国家的自主性》，孙荣飞等译，江苏人民出版社2010年版。
26. ［美］汉娜·阿伦特：《马克思与西方政治思想传统》，孙传钊译，江苏人民出版社2008年版。
27. ［以］J. F. 塔尔蒙：《极权主义民主的起源》，孙传钊译，吉林人民出版社2004年版。
28. ［英］G. A. 科恩：《卡尔·马克思的历史理论——一个辩护》，段忠桥译，高等教育出版社2006年版。
29. ［英］G. A. 柯亨：《自我所有、自由和平等》，李朝晖译，东方出版社2008年版。
30. ［美］史丹利·阿若诺威兹、彼得·布拉提斯编著：《逝去的范式：反思国家理论》，李中译，吉林人民出版社2008年版。
31. ［德］弗·梅林：《马克思传》，樊集译，人民出版社1965年版。
32. ［英］约翰·密尔：《密尔论民主与社会主义》，胡勇译，吉林出版集团有限公司2008年版。
33. ［美］戴维·E. 阿普特：《现代化的政治》，陈尧译，上海世纪出版社2011年版。
34. ［英］肖恩·塞耶斯：《马克思与人性》，冯颜利译，东方出版社2008年版。
35. ［美］斯蒂文·卢克斯：《权力：一种激进的观点》，彭斌译，江苏人民出版社2008年版。
36. ［美］贾恩弗朗哥·波齐：《国家：本质、发展与前景》，陈尧译，上海世纪出版集团2007年版。
37. ［英］梅格纳德·德赛：《马克思的复仇》，汪澄清译，中国人民大学出版社2006年版。
38. ［法］列菲弗尔：《论国家——从黑格尔到斯大林和毛泽东》，李青宜等译，重庆出版社1988年版。

39. ［加］罗伯特·韦尔、凯·尼尔森：《分析马克思主义新论》，鲁克俭等译，中国人民大学出版社2000年版。
40. ［美］埃里克·欧林·赖特：《阶级》，刘磊、吕梁山译，高等教育出版社2006年版。
41. ［俄］普列汉诺夫：《阶级斗争学说的最初阶段》，生活·读书·新知三联书店1965年版。
42. ［英］拉尔夫·密利德本：《马克思主义与政治学》，黄子都译，商务印书馆1984年版。
43. ［日］城塚登：《青年马克思的思想：社会主义思想的创立》，肖晶晶等译，求实出版社1988年版。
44. ［美］罗伯特·海尔布隆纳：《马克思主义：赞成与反对》，易克信等译，桂冠图书股份有限公司1990年版。
45. ［美］悉尼·胡克：《对卡尔·马克思的理解》，许崇温等译，重庆出版社1989年版。
46. ［希］尼科斯·普朗查斯：《政治权力与社会阶级》，叶林译，中国社会科学出版社1982年版。
47. ［英］伯尔基：《马克思主义的起源》，伍庆、王文扬译，华东师范大学出版社2007年版。
48. ［美］张效敏：《马克思的国家理论》，田毅松译，上海三联书店2013年版。
49. ［英］特里·伊格尔顿：《马克思为什么是对的》，李杨、任文科、郑义译，新星出版社2011年版。
50. ［美］罗伯特·查尔斯·塔克：《马克思主义革命观》，高岸起译，人民出版社2012年版。

（四）中文论文

1. 刘佩弦、曾曼西：《关于过渡时期与无产阶级专政问题》，载《教学与研究》1980年第1期。
2. 马积华：《马克思提出无产阶级专政学说的时间商榷》，载《社会科学》1981年第2期。
3. 张凯飞：《试论无产阶级专政的实质》，载《学习与探索》1981年第

1期。
4. 张震廷:《无产阶级专政理论在马克思学说中的地位——兼论亨特和德雷珀的“新观点”》,载《复旦学报》(社会科学版)1982年第4期。
5. 徐育苗、李晓惠:《关于无产阶级专政理论的几个问题——与洪韵珊同志商榷》,载《湖北大学学报》(哲学社会科学版)1986年第1期。
6. 王先胜:《无产阶级专政实质新说》,载《湖南师范大学社会科学学报》1987年第1期。
7. 华清:《马克思恩格斯关于无产阶级专政形式的思想》,载《社会主义研究》1990年第2期。
8. 戴安良:《对马克思无产阶级专政理论的再认识》,载《理论与改革》2006年第6期。
9. 董德刚:《对无产阶级专政的新认识》,载《理论视野》2009年第5期。
10. 金雁、秦晖:《“无产阶级专政”与“人民专制”——1848—1923年间国际社会主义政治理念的演变》,载《当代世界社会主义问题》2007年第3期。
11. 秦晖:《专政、民主与所谓“恩格斯转变”——19世纪后半期社会主义政治理念述评》,载《炎黄春秋》2008年第1期。
12. 郁建兴:《马克思与自由主义民主》,载《哲学研究》2002年第3期。
13. 郁建兴:《无产阶级专政和民主学说新论》,载《毛泽东邓小平理论研究》2002年第1期。
14. 俞可平:《马克思论民主的一般概念、普遍价值和共同形式》,载《马克思主义与现实》2007年第3期。
15. 贺然:《重新解读马克思的民主批判理论》,载《湖北社会科学》2005年第7期。
16. 郭丽兰:《马克思民主观理论来源初探——以〈克罗茨纳赫笔记〉为例》,载《江汉论坛》2010年第2期。
17. 郭丽兰:《马克思民主观的经济学视阈——兼论〈资本论〉中的民

主思想》，载《武汉大学学报》（人文科学版）2010 年第 2 期。
18. 孙斌、董崇山、王毅平：《马克思的民主思想及其在中国的实践》，载《东岳论丛》1983 年第 1 期。
19. 王菲易：《马克思的民主观：革命后社会的政体》，载《理论与改革》2007 年第 2 期。
20. 周海乐：《巴黎公社的革命实践和马克思的民主理论》，载《江西社会科学》1982 年第 1 期。
21. 阳春志、胡明远《马克思民主思想：从浪漫主义到理想主义与现实主义的统一》，载《社会科学战线》2009 年第 9 期。
22. 张涛：《马克思的民主观及其当代启示》，载《马克思主义研究》2008 年第 3 期。
23. 梅荣政：《马克思主义经典作家对资产阶级民主的批判分析及当代意义》，载《社会主义研究》2002 年第 6 期。
24. 牟宗艳：《“政治终结”进程中的民主——马克思的理想民主模式评析》，载《当代世界与社会主义》2004 年第 2 期。
25. 欧阳康、陈仕平：《马克思民主思想及对当前中国民主建设的启示》，载《马克思主义与现实》2009 年第 4 期。
26. 纪克勤：《马克思主义民主观的历史维度与当代视野》，载《社会科学辑刊》2005 年第 5 期。
27. 栾亚丽、宋严：《马克思的后政治民主模式构想——兼析“政治终结”过程中的民主模式》，载《江苏行政学院学报》2006 年第 1 期。
28. 周全华：《浅谈马克思主义经典作家对无产阶级民主的制度设计》，载《党史文苑》2004 年第 4 期。
29. 孙永芬：《历史地透析马克思恩格斯的民主思想》，载《科学社会主义》2008 年第 1 期。
30. 任志安：《对马克思民主理论的新思考》，载《求是》2008 年第 12 期。
31. 齐格蒙德·克兰斯贝格：《卡尔·马克思与民主》，载《国外社会科学》1983 年第 3 期。
32. F. 凯恩：《异化和无产阶级专政》，载《国外社会科学》1980 年第 11 期。

33. 萨米尔·阿明：《马克思与民主》，载《国外社会科学》2003 年第 1 期。
34. 莫里斯·迈斯纳：《重新思考马克思主义对资本主义的批判》，载《战略与管理》1994 年第 5 期。
35. 王光耀编写：《马克思主义与民主》，载《国外理论动态》2001 年第 11 期。
36. 曲延明编写：《重新认识马克思的无产阶级专政理论》，载《国外理论动态》2001 年第 5 期。
37. 尤·斯·诺沃帕申：《无产阶级专政的神话》，载《国外社会科学》2005 年第 6 期。
38. 刘军：《澄清关于马克思无产阶级专政理论的三大误说》，载《理论学刊》2014 年第 3 期。
39. 应克复：《无产阶级专政理论的再思考》，载《炎黄春秋》2015 年第 2 期。
40. 冯颜利、姚元军：《列宁无产阶级专政思想及其当代价值》，载《马克思主义研究》2015 年第 7 期。

二　英文文献

（一）英文著作

1. O' Malley, Joseph and Richard A. Davis, *Marx: Early Political Writings*, Cambridge: Cambridge University Press, 1994.
2. Carver, Terrell, *Marx: Later Political Writings*, Cambridge: Cambridge University Press, 1996.
3. Walker, David M., *Marx, Methodology and Science: Marx's science of politics*, Hampshire: Ashgate Publishing Limited, 2001.
4. Maguire, John M., *Marx's Theory of Politics*, Cambridge: Cambridge University Press, 1978.
5. Miller, Richard W., *Analyzing Marx: Morality, Power and History*, Princeton: Princeton University Press, 1984.
6. Jennings, Jeremy, *Socialism: Critical Concepts in Political Science*, Vol-

ume I-IV, London and New York: Routledge, 2003.

7. O'Malley, Joseph and Keith Algozin, *Rubel on Karl Marx*, Cambridge: Cambridge University Press, 1981.

8. Avineri, Shlomo, *The Social and Political Thought of Karl Marx*, Cambridge: Cambridge University Press, 1968.

9. Gamble, Andrew, David Marsh and Tony Tant, *Marxism and Social Science*, London: Macmillan Press Ltd., 1999.

10. Chitty, Andrew and Martin Mclvor, *Karl Marx and Contemporary Philosophy*, London: Palgrave Macmillan, 2009.

11. Colletti, L., *From Rousseau to Lenin*, New York and London: Monthly Review Press, 1972.

12. Callinicos, Alex, *the Revenge of History: Marxism and the East European Revolutions*, Cambridge: Polity, 1991.

13. Wolf, R. N., *Understanding Marx*, Princeton: Princeton University Press, 1985.

14. Hunt, R. N., *The Political Ideas of Marx and Engles*, 2 vols, Pittsburgh: University of Pittsburgh Press, 1974.

15. Worsly, P., *Marx and Marxism*,. London: Tavistock, 1982.

16. Benton, T., *the Rise and Fall of Structural Marxism*, Althusser and His Influence, London: Macmillan, 1984.

17. Jessop, Bob and C. M. Brown, *Karl Marx's Social and Political Thought: Critical Assessment*, London and New York: Routledge, 1990.

18. Jessop, Bob, *the Capitalist State: Marxist Theories and Methods*, Oxford: Blackwell, 1982.

19. Hunt, Alan, *Marxism and Democracy*, "*Introduction*", London: Lawrence and Wishart, 1980.

20. Draper, H., *Karl Marx's Theory of Revolution: State and Bureaucracy*, New York: Monthly Review Press, 1977.

21. Kouvelakis, S., *Philosophy and Revolution: From Kant to Marx*, London: Verso, 2003.

22. Teeple, G., *Marx's Critique of politics, 1842 – 1847*, Toronto: Toronto

University Press, 1984.

（二）英文论文

1. Bender, Frederic L., "*The Ambiguities of Marx's Concepts of 'Proletarian Dictatorship' and 'Transition to Communism'*", in Jeremy Jennings (ed.), Socialism: Critical Concepts in Political Science (Volume Ⅱ), New York: Routledge, 2003.
2. Gordon, David, "*Marxism, Dictatorship, and the Abolition of Rights*", in Jeremy Jennings (ed.), Socialism: Critical Concepts in Political Science (Volume Ⅱ), New York: Routledge, 2003.
3. Springborg, Patricia, "*Karl Marx on Democracy, Participation, Voting, and Equality*", in Jeremy Jennings (ed.), Socialism: Critical Concepts in Political Science (Volume Ⅲ), New York: Routledge, 2003.
4. Gray, John, "*Marian freedom, Individual Liberty, and the End of Alienation*", in Jeremy Jennings (ed.), Socialism: Critical Concepts in Political Science (Volume Ⅳ), New York: Routledge, 2003.
5. Cohen, Ira J., "*The Under emphasis of Democracy in Marx and Weber*", in Robert J. Antonio and Ronald M. Glassman (eds.), A Weber-Marx Dialogue, Kansas: University press of Kansas, 1985.
6. Carver, Terrell, "*Marx's Eighteenth Brumaire of Louis Bonaparte: Democracy, Dictatorship, and the Politics of Class Struggle*", in Peter Baehr and Melvie Richter (eds.), Dictatorship in History and Theory, Cambridge: Cambridge University Press, 2004.
7. Jessop, Bob, "*Recent Theories of the Capitalist State*", in Cambridge Journal of Economics 1, 1977.
8. Glaser, Daryl, "*Marxism and Democracy*", in Andrew Gramble, David Marsh and Tony Tant (eds.), Marxism and Social Science, London: Macmillan Press Ltd, 1999, pp. 239 – 258.
9. Daremas, Georgios, "*Marx's Theory of Democracy in His Critique of Hegel's Philosophy of the State*", in Andrew Chitty and Martin McIvor (eds.), Karl Marx and Contemporary Philosophy, Hampshire: Palgrave

Macmillan, 2009.

10. Rubel, Maximilien, *"Notes on Marx's Conception of Democracy"*, in New Politics 1, No. 2, 1962, pp. 78 –90.

11. Rubel, Maximilien, *"Marx and American Democracy"*, in N. Lobkowicz (ed.), Marx and the Western World, Notre Dame: Notre Dame University Press, 1967, pp. 217 –228.

12. Roberts, William Clare, *"Marx Contra the Democrats: The Force of the Eighteenth Brumaire"*, in Strategies Vol. 16, No. 1, 2003.

13. Hunt, Alan, *"Getting Marx and Foucault into Bed Together"*, in Journal of Law and Society Vol. 31, No. 4. 2004, pp. 592 –609.

14. Colletti, L., *"A Political and Philosophical Interview"*, in New Left Review, No. 86, July/August, 1974.

后　记

本书是在我的博士学位论文基础上修改而成的。从2013年6月博士学位论文通过答辩到现在，两年多的时间已经过去了。这期间利用教学之余的闲暇，对论文原稿做了一些增补和修改，主要是增补和改写了有关章节的内容，进一步提炼了文中一些观点，增补了一些最新的学术文献，并改正了原稿正文、引文和注释中所发现的遗漏舛误。

在自己的第一部学术专著出版之际，首先，感谢授业恩师孙代尧教授。博士入学之初，恩师就结合我的研究兴趣，为我划定研究方向，引导我找到适合的研究领域。恩师循循善诱，让我参与他主持和参加的研究课题，耐心地指导学术论文的选题、构思、写作、修改和发表，让我在论文的撰写中学习如何进行学术研究。博士学位论文的选题、构思、写作、修改更是得到了恩师的悉心指导。我从恩师那里收获的是受用一生的做人和做学问的真道理。这本书算是对恩师付出的点滴回报。同时也要感谢北京大学马克思主义学院的仝华老师、尹保云老师、李淑珍老师、郇庆治老师、王文章老师、黄南平老师、林峰老师、王春英老师和王强老师等，你们为我的专业学习、生活和找工作给予了无私的帮助和鼓励。

其次，感谢我的工作单位——厦门大学马克思主义学院的领导和同事给予的大力支持和帮助。正是在他们的支持和帮助下，我能够顺利地完成从学生到教师的角色转变，开启了人生的一段新的征程。学院良好的学术氛围和工作条件也为自己的学术发展提供了平台。本书的出版也得到了学院教师学术专著出版计划的资助。

再次，感谢中国社会科学出版社和田文编辑。在今天追求商业利益的出版事业中，中国社会科学出版社却如此重视没有市场前景的学术著作的出版，实让作者深感敬佩和荣幸。本书责任编辑田文女士付出了很多辛勤的劳动，从而使得本书很快与读者见面。

最后，感谢我的家人。父母是勤劳朴实的农民，没有他们辛苦的付出，没有他们对我的宽容和支持，我不可能走到现在。爱人赵洁伟是我的大学师妹，在我一无所有的时候嫁给了我，成为我的最坚强的后盾。如果没有她一直以来的陪伴、鼓励和默默付出，我不会取得今天的点滴进步。恰逢此时，家女宥恩降临，这是世界给予我的最好的礼物，让我感受到生命的奇迹和生活的美妙。谨以此书献给我的爱人和女儿。

刘洪刚

2016 年 3 月 8 日于厦门大学